图解世界
战争战法

古代武士（公元前3000年—公元500年）

装备、作战技能和战术

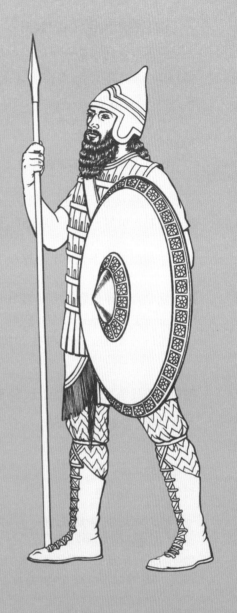

著者／［英］马丁·J.多格蒂
译者／孔 刚 魏 丽
校对／周桂银

黄河出版传媒集团
宁夏人民出版社

图书在版编目（CIP）数据

图解世界战争战法. 古代武士：公元前 3000 年—公元
500 年 /（英）马丁·J. 多格蒂著；孔刚，魏丽译. —银川：宁
夏人民出版社，2017.12
　书名原文：Warriors of the World：The Ancient Warrior
3000BC–AD500
　ISBN 978-7-227-06824-2

　Ⅰ.①图… Ⅱ.①马… ②孔… ③魏… Ⅲ.①作战方
法—史料—世界—前 3000-500　Ⅳ.①E19

　中国版本图书馆 CIP 数据核字（2018）第 002010 号

版权贸易合同审核登记宁字第 2017025 号
by Martin J. Dougherty
Copyright © Amber Books Ltd 2010

[英]马丁·J. 多格蒂　著
孔刚　魏丽　译

图解世界战争战法·古代武士（公元前 3000 年—公元 500 年）

责任编辑　周淑芸　管世献
责任校对　王　艳
封面设计　小　勉
责任印制　肖　艳

黄河出版传媒集团
宁夏人民出版社　出版发行

地　　址　宁夏银川市北京东路 139 号出版大厦　（750001）
网　　址　http://www.yrpubm.com
网上书店　http://www.hh-book.com
电子信箱　nxrmcbs@126.com
邮购电话　0951-5052104　5052106
经　　销　全国新华书店
印刷装订　宁夏凤鸣彩印广告有限公司
印刷委托书号　（宁）0008160

开本　787 mm×1092 mm　1/16
印张　13.5　　字数　265 千字
版次　2018 年 7 月第 1 版
印次　2018 年 7 月第 1 次印刷
书号　ISBN 978-7-227-06824-2
定价　68.00 元

目 录

导　言

　　人类历史，无论有无文字记载,始终充满着战争。在两万年前的最后一个冰川期，冰层覆盖面积达到了史无前例的程度，人类主要是为了生存而与自然环境进行斗争。人与人之间的冲突，毫无疑问地时有发生，但人口规模不大，以致无须有一个专业性的社会阶层专门从事人与人之间的争战。

　　在冰川期结束和冰层消退以后，有利的生存环境开始居于主导地位，人口数量大大增加。食物来源也由此增多，因此社会秩序一度变化甚小。狩猎仍然是头等要务，无论是狩猎工具还是狩猎技术，既可以用来对付人类，也可以用来对付动物。

　　实际上，在人类群体为

这些北非岩画展示了公元前第四个千年的两支弓箭兵部队之间的一场战役。这些岩画很有可能刻画了两个狩猎群体或战争群体之间为争夺资源或领土而大打出手的一场战役。

了争夺良好狩猎场所等资源而发生的冲突日益成为家常便饭之时，他们所运用的手段，却与狩猎方式相差无几。那些拥有掷枪或弓箭的人群，使用投射武器对付其他人类目标，而且可能采取伏击方式。在近身作战中，人们使用长矛或原始斧钺，这些武器往往由一块石头和一根木棒制作而成。

洞穴岩画表明，人们不仅使用这类武器进行作战，甚至还采取了防御性手段。有些图像似乎刻画了人们穿着类似于护身铠甲的装备，用树皮或兽皮制成，而且使用了看上去像是盾牌之类的武器。

这些防御性手段引起了我们的极大兴趣，因为它们是专门用于作战的，而不是用来狩猎的。枪矛、棍棒、刀剑或弓箭，其获取或制作的灵感可能是源于狩猎，然后被转用于人与人之间的作战，但是，大自然当中却少有那些需要运用盾牌或原始铠甲来加以对付的威胁。因此，这些工具必定是用来对付其他部落的战争团体所使用的武器。人们不会耗时费力去制造他们并不需要的东西。因此，人们有理由认为，在这些岩画的时代，即大约一万年到五千年以前，人与人之间的冲突已经司空见惯了，以致需要专门的工具。

然而，狩猎—采集部落却供养不起那些专门与其他人群进行作战的个人。猎人为自己和他人提供食物，但是，部落却需要适量的多余食物，才能维持武士的生存。当时又不可能通过袭扰其他部落而获得食物。因此，这些原始武士必定自己也是猎人，他们只是偶尔发动对付其他人群的战争。

从猎人到武士

当人类开始定居并转向农业生产以维持生存之后，适量的剩余食物愈益成为可能。这也使得定居点成为袭扰目标，因为对于人们所需的生活产品而言，偷盗要比种植来得容易。具有讽刺意味的是，当人们转向耕种而不再狩猎之时，绝大多数人类共同体却不再熟悉弓箭和枪矛技能，而这正是猎人赖以与其他人进行作战的看家本领。人们保卫财产的需求不断增长，而绝大多数人又忙于耕种或手工制作，以致不可能去操练他们在保家卫国时所需的那些技能。

在石器时代晚期或青铜器时代初期，典型的农民不再需要学习投掷枪矛或射击弓箭，他们有很多其他事情要做，以致在需要之时他们甚至腾不出时间去进行操练。几种解决办法应运而生。一种措施是，通过建造某种形式的堡垒

这是公元前第七个千年新石器时代的一幅岩画，刻画了两群武士正使用长矛和盾牌进行战斗。

来保护定居点，从而使得进攻者难于攻取。方法林林总总，包括壕沟、栅栏和路障，甚至把定居点建造在打进湖床的木桩上。

这些消极措施多多少少有些作用，使得住在定居点内的人们掌握了一些优势，但是，任何一种并非旨在积极防御的障碍，都无法阻挡一个意志坚定的进攻者。当然，任何人都会抓住或随手利用一种武器去奋力作战，尤其是在不战而必死无疑的情况下。但是，绝大多数社会都逐渐形成了一个社会阶层，其职责包括（并在一些情况下是唯一的职责）保卫自身的社会共同体，同时去伤害其他的社会共同体。

在许多社会，这些人构成了武士贵族阶层的基础，这也许仅仅是因为他们能够通过武力把自己的意志强加给他人。尽管具体情况因各个地区而大不相同，但定居点的军事组织，通常由一群规模不大的装备精良的人组成，他们专门从事某种备战训练，其他人起着辅助作用，运用不那么精良的武器，竭尽所能地奋力作战。

并不是所有的文化都采用了将武士阶层作为保护者和统治者的模式，但是，随着人口总数的不断增加，以及在规模上超过单一农业定居点的社会组织的逐渐出现，这种模式成为不断崛起的许多国家的基本制度。

缔造战争

毫无疑问，武士的作用是上阵打仗并打败敌人。然而，如果上阵打仗要超越肆意妄为的杀戮行动的话，那就必须服务于某种更大的目标。最为清晰明确而又迫在眉睫的目标，就是赶跑袭扰者和其他侵略者。这种做法也许不应被看作是战争行为，仅仅赶跑前来袭扰之敌，至多是自卫之举而不是军事行动。

青铜器时代的武器

这里汇集了从新石器时代到青铜器时代初期的一些武器的头部，包括一把丹麦的叶片形燧石匕首和黑石战斧，以及一把斯堪的纳维亚石槌，年代大约为公元前2500至前1000年。

然而，一旦掌握了一定的军事能力，就有可能为着战略目标而使用武力。这可能包括从其他定居点夺取贮藏物资，控制某个枢纽地区，虏获奴隶，或通过摧毁另一个群体的军事或经济能力而消除某种威胁。

有两种服务于缔造战争的目的：一是增强自身共同体的实力，二是削弱其他社会的力量。这两个目的在某种程度上是相互重叠的，至少，当某个社会重创其对手而把注意力转向其他目标之后，就不再有过分担心自身安全之虞。

战争与外交携手并进。一个社会如果显然有能力打退侵略者或派遣军队为害其周边四邻的话，不大可能受到袭扰之难，而且往往会发现其外交使节的言辞发挥着很大的作用。同样的，一个羸弱的社会可能会成为其他社会的觊觎目标，或至少可能会屈服于强大邻国提出的苛刻要求。

在军事冲突爆发之后，交战双方中任何一方的失败都会成为随之而来的谈判过程中的有用筹码。但是，战争目标，尤其是古代世界的战争目标，很少是仅仅为了在战场上打败敌人。更为普遍的,是战胜者无所不用其极地大肆掠夺,无所不用其极地进行毁坏。

这种"焦土政策",是古代战争的共同特征。这不仅是一种恶意泄愤行为,更是一种好战略。如果通过焚烧庄稼、杀戮平民或毁坏财产而破坏对手的经济基础的话,就会直接冲击对方社会发动战争的能力。以这种方式惩罚敌人,可以让其他潜在敌人对于可能发生的战争是否值得要三思而后行。

这种战略表面上粗糙原始,但却堪比现代民族国家的那种做法,即运用空袭和巡航导弹去瘫痪另一国的工业生产能力。两者之间的原理毫无二致。将一个地区化为焦土,不仅削弱敌国用来装备和供给军队的能力,而且确保一场迅速取胜的战争会获得长远的战略利益。

当然,鉴于古代社会的许多领导人本身就是武士,不得不耗费资源去维持其军事力量,因此,他们自然而然地要为其军事支出寻求一定的额外回报。这样的

这名塞琉古重装步兵接受的训练是,使用马其顿式的步兵方阵进行作战。然而,其装备反映了希腊和罗马的双重影响,传统的步兵小盾牌由仿照罗马的圆形盾牌所取代。

目标,可以通过袭击、勒索贡金或征服领土而加以实现。所以,根据武士精英原则而建立的国家,往往会千方百计地使用其军事力量。胜利会带来更大的权势,造就一个不断增强能力的循环过程。然而,世间万物无一能够永恒,古代世界的那些军事大帝国,迟早会遇到更强大的对手,或滑入衰落与败亡的覆辙。

军队的性质

所有的军事力量都是多种因素影响下的产物,包括社会的、经济的、政治的或技术的因素。现成的武器系统以及即将面临的威胁之性质,终将决定一支军队的总体性质,而经济和社会因素则塑造其具体形态。

一些社会更青睐于把军事能力集中在一群规模不大的职业军人手中,而这些人通常成为统治精英阶层的一部分,或至少在维持其统治上拥有既得利益。这样的社会往往拥有一个规模不大而又训练有素的武士阶层,其装备处于最高水平,通常由人数更多、装备较差、能力有限的大规模部队提供支持。

在其他地区,公民士兵的观念根深蒂固。这样做在一些方面拥有优势,因为通过这种模式可以组建大规模的军队。如果各人都只负责自身的装备,那么对于整体经济的消耗就颇为轻微。然而,非职业军人的训练水平永远都不会太高。公民士兵也无法经受得起长期远离其工场和农田。一场长期战争,不仅对于人口有着毁灭性的伤害,而且还会对国民经济产生灾难性的影响。

武器装备的选择,通常取决于技术和经济因素。例如,斧头的制造要比刀剑容易一些。还可能有其他因素的影响。一群训练

水平欠佳的士兵,如果组成一个密集阵形,而不是作为小役分队四处分散在战场上,更有可能留在战场上与敌人拼杀。对于青睐以密集阵形而进行作战的部队来说,枪矛是一种极佳的选择。所以,步兵选择长矛或长枪作为武器,并不是因为其所向披靡的能力,而是取决于参战部队的性质。或者可以这么说,枪矛既便宜,又容易制造。

例如,古希腊城邦国家使用的重装步兵方阵,其应运而生和付诸实践,并不是因为有一个设计委员会认为其无所不能。重装步兵战争脱胎于当时的社会和经济条件。城邦国家之间的战争需要速战速决,只有如此,公民士兵才能回去从事其正常的经济活动。在希腊的地形条件下,军队可以采用的行进道路颇为有限,因此,他们能够拦截侵略者,打一场速决战,然后回到家乡,而这对经济造成的干扰是最小的。

为了征集所需的军队人数,公民士兵制度得以确立,而这种制度排除了强化军事训练的前提。所以,组织和战术都必须贯彻简单原则。枪兵方阵符合所有这些要求,此外,它还能打败另一支以同样方式作战的步兵方阵。实际上,这样的方阵所发起的正面冲锋几乎是无法抵御的,除非有另一个规模相当的方阵与其相抗衡。

如果所有人都遵守相同的游戏规则,那么方阵战争的一般规则就会大行其道。那个发起最勇猛冲锋并且拼命推压敌人的一方,终将取得胜利。但是,方阵却会败于一个采用不同战法的敌人之手。其他希腊城邦国家并不会这么做,因为他们受到同样因素的影响,因而也把方阵战争作为首选。

亚述人从公元前 9 世纪起开始使用骑兵,但主要是作为侦察兵和散兵。美索不达米亚人和埃及人极为青睐战车,只是从公元前 4 世纪西徐亚(斯基泰)弓骑兵出现之后,骑兵才成为古代战争中的一支重要力量。

但是,希腊地区以外的人,却有着自身的作战方式。如果罗马军团试图坚守阵地并承受方阵冲锋的话,那将会必败无疑;而如果军团的指挥官利用其力量优势,迂回包抄方阵侧翼,那就会打垮并摧毁方阵。一旦方阵遭遇军团,两者高下即刻显现。然而,希腊人并未采用一种弱势作战体系。他们形成了一种满足其自身需求并经由那个时代的各种因素所塑造的体系。

古代时期的所有军事制度都是如此。它们脱胎于各种内部因素,又经由外部因素的修正,比如他们所面临的敌人之性质。那些军事制度最能满足自身需求的国家,最终成为主宰力量,至少直到内部因素导致衰落,并因为下一个新兴强国的崛起而黯然退幕。

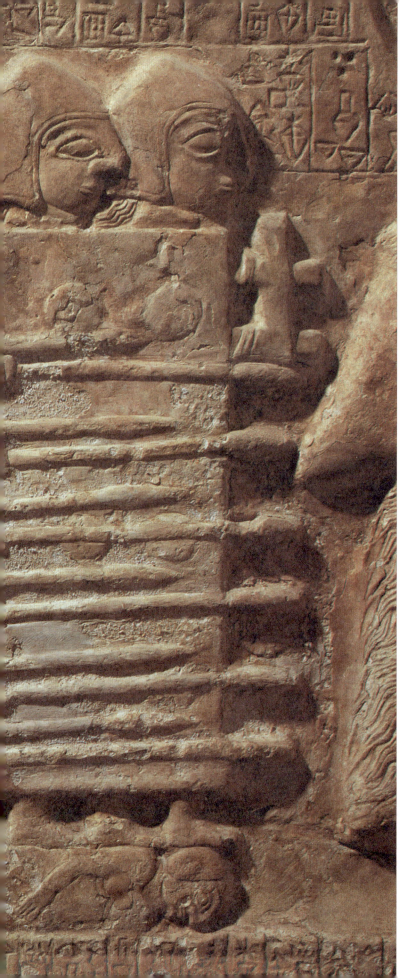

第一章

美索不达米亚：武士的诞生地

美索不达米亚是世界公认的文明摇篮之一，但这里同时还是第一套有组织的军事制度的诞生地。这并非是由于人性中固有的野蛮主义，恰恰相反，一个有效的军事制度是创造伟大文明的绝对必要条件。

只有当人类从居无定所、勉强糊口发展到定居生活方式，能够生产出富余产品的时候，规模更大的社会结构才有可能出现。定居点不仅能够发展到比一小群游牧的猎人大得多的规模，而且定居群体之间还能够建立起彼此的联系。

游牧群体当然也能够时不时地相互见面。有证据表明，原始的游牧民族会因为

"镇敌石柱"（约公元前2600年）是在恩吉尔苏发现的一根苏美尔人的石灰岩浮雕。其中的一部分表现了一个队形紧密的苏美尔士兵方阵。他们装备着长矛，有头盔与盾牌的保护，脚下踩着敌人的尸体。

庆祝仪式或者社会原因，以及相互贸易和彼此通婚等原因，而安排每年的会面或者每过几年会面一次。但是正规的贸易只能在定居群体之间存在。

一个固定的群居点可以在任何时候建立，并且催生出定期或不定期的贸易。更重要的是，固定的群居点只能接触到在本地发现的资源，任何缺少的货物或商品都必须到其他地方去采集。一开始，这使得定居点能够生存下去，那些拥有其他地方所需的剩余商品的定居点，以及那些经商高明的人，就逐渐变得繁荣起来并猎取了权力。

早期文明的军事能力

有些早期文明建立在贸易的基础上，甚至那些采取直接手段以获得所需物质的文明——例如袭击或彻底征服，也需要使

商品流通起来。即使在最具侵略性的社会中也有贸易存在。

这些贸易路线需要保护，以防止入侵者和外部的敌对社会。这就日益需要建立某种军事系统，而即便是对征服和扩张不感兴趣的国家也必须这样。

因此，军事能力往往是与文化的形成发展齐头并进的。当农业剩余产品和必要商品的流动通过贸易方式，使得一个社会的生活水平高于温饱之后，军事力量对于保证其生存就是必需的了。一个武士群体可以击退敌人的入侵，保护贸易路线和定居点，并且强制贯彻统治者的意志。

当然，武士们并不创造直接的经济效益，除非他们经常被派到其他地方掠夺资源。但是他们的贡献是非常真实的。军事力量以及使用军力的意愿能够创造稳定，而稳定对于农业、手工业和贸易等经济活动至关重要。

但是，拥有一群武装人群从而能够在需要之时上阵打仗是一回事，而部署一支有效的军事力量则是另一回事。早期文明对于小型定居点而言，拥有的一个关键优势是有能力集中兵力对付一个问题，在解决了之后，再去解决另外的问题。

这就不仅仅需要个人的训练以及拥有说得过去的武器了。一支军队必须能够组织起来，听从指挥，拥有军粮和给养。这就需要建立起一种军事制度——这里指一支军队及其支援和管理机构，而不只是一小群武装起来的乌合之众。

连续向前的发展既符合逻辑又显而易

这块赫梯石碑刻画了一名商人的形象，他手拿一把天平秤。早期军队的一项关键任务就是确保商路的畅通。

见。当社会发展壮大之时,它需要的不仅是更多的武士,而且还有更有效的军事制度,为他们提供部署和支持。这反过来又经常催生出新的思想和技术,使社会总体上受益无穷。为了支援军事而兴建的道路、仓库和作坊等等经常使广大的老百姓从中受益。因此,拥有一个良好的军事制度的好处大大超过了另一种公认的重要优势,即保护土地和家园不被敌人焚烧、人民不被敌人屠戮。

面对袭扰或者军事行动威胁的民族和国家,往往通过在城市或定居点周围建造防御工事来保护自己。如果看上去不太可能取得野战的胜利,防御者就会退守到城墙的保护范围以内。因此,早期文明军事能力的增强迫使人们建造要塞与之抗衡。

城市要塞

即便是相当小的定居点也能够建立某种防御工事,而更大的城市经常通过大规模的城墙和其他防御措施加以保卫。对于一小群袭扰者来说,不值得为袭击一座设防的城市付出代价,尤其当可能的结果是大量的伤亡而又一无所获时。一套坚固的防御墙也许能够威慑住企图掠夺财富的袭击,但是城市或者国家之间的战争就是另一回事了。政治上的需要或是征服的欲望可能使得国家发动对一座拥有防御城墙的城市的进攻。

受到进攻而躲在自己要塞中的敌人,会在条件允许、成熟之时出来发动反攻。这对攻城者是个严重威胁,而且只有通过进攻并征服他们的要塞阵地才能加以消除。如果不想造成不能承受的巨大伤亡的话,实施城市包围战的能力就显得至关重要。

人们可以让城市处于饥饿状态而最终屈服,或是通过偷袭或收买叛徒来进入城市。除此之外唯一的选择就是进攻。必须发展相应的技术以削弱城市的防御,或者从地下或者中间越过。攻城战变成早期军事能力的一个关键部分,特别是在对付那些在战场上已被击败而不愿出城交战的敌人。

然而，攻城战要求把军事组织和后勤水平提高到一个全新的层次。实施攻城战的军事力量要能够在更长的时限内继续待在战场上，而且能够在敌人眼皮底下建造大规模的工程设施。攻城战所需要的军事组织的标准远远高于同敌对部落或是来自其他城镇的袭扰者打一场小型遭遇战。

因此，高效军事制度的形成发展绝对是一个不断兴起的文明的标记，并且与即便是无侵略性的社会的崛起有着难解难分的联系。古代武士并不仅仅是这些正在形成的国家的政治工具，他们已经成了一个大型的、有组织的战斗力量的一部分。而这支力量对于任何想要存活下去的文明来说，都是不可或缺的。

从许多方面看，早期文明都有自身的军事制度这一特征，而这一特征和其他因素同样清晰可见。

苏美尔的兴起

最伟大的早期文明均兴起于三条大河——底格里斯—幼发拉底河、印度河与尼罗河——流经的肥沃地区。其他大江大河流域地区则是较次要的社会的家园。今日属于巴基斯坦和伊拉克境内的大多数河流地区都有一些社会存在，但它们只是次要的文明。不过这些社会并没有融入到一个大型的经济或军事体系之中，而是在世界上第一批伟大文明逐渐诞生的过程中发挥了次要的作用。

一般认为，第一个伟大文明诞生于美索不达米亚（两河流域）南部。到公元前3500年时，那里已经出现了城市化的人

这些埃兰士兵装备着掷石器，那是一种被许多部落民众所青睐的有效的投射武器。掷石器可以用来打猎和保护畜群，其珩磨技术也可以被用于战争。

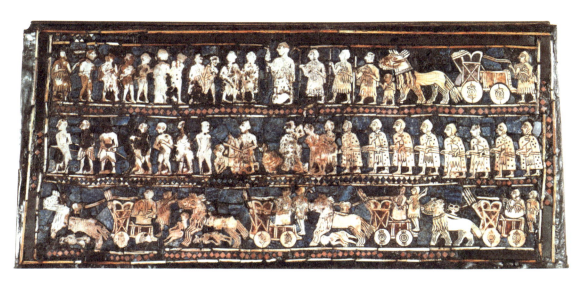

这根"乌尔柱"的年代大约是公元前 2600—前 2400 年。它描绘了一些轻型部队即受到铠甲斗篷保护的步兵,以及早期的战车或曰作战马车。更轻更快的战车在后来的历史中得到了发展。

口、书写文字,以及建造大型建筑的充足资源,而这些建筑与迫切的生存需要并无联系。这一文明的主人是苏美尔人,他们在几个世纪以前作为游牧民来到这里并取代了当地的居民。

苏美尔人从以前的居民那里继承了灌溉系统并加以改进,不仅提高了自己的农业生产能力,而且为生产提供了运输能力。这就为文明奠定了基础,包括十几个或更多的大型城市,其中每个城市都充当了由小型城镇和村庄构成的边远地区的中心。

从公元前 3000 年开始的 700 多年里,苏美尔各城市处于一种相互之间或是与外敌军队经常作战的状态。萨尔贡大王结束了他们的内部冲突,把苏美尔统一起来,建立起军事独裁。

在苏美尔的敌人中间,有位于今天伊朗北部的埃兰人。在公元前 2700 年第一次有历史记载的事件发生前,冲突可能已经持续了几个世纪。经常发生的战争使得作战的战术和技术都取得了飞速发展。公元前 2600 年时的历史记载表明,苏美尔城邦的国王们拥有一支由数百名职业士兵组成的常备军,而且他们的装备也是统一的。这

些人并不使用他们个人的东西去打仗,而是由国王出钱装备起统一的武器。

装备与组织

一块公元前 2525 年的雕刻描绘了拉格什城邦和乌玛城邦之间的一场冲突。在雕刻上,拉格什国王驾驶着战车并装备了一把战斧,但在当时,苏美尔军队绝大部分都是步兵。战车只是一种新发明,还没有发展到能够作为有效的作战平台的程度。主战兵种还是步兵。

据记载,苏美尔城邦保持了数百人的职业士兵,但如果需要的话,他们能够征召起规模更大的军队。然而标准的战术队形是一个密集的方阵,头排八人,纵深六人。以如此紧密的阵形作战需要正规训练,因此很可能补充的军队只有轻型装备,他们被用于支援这些职业士兵,而不是竞相模仿。

职业步兵的主要武器是长矛或长枪。个人防护采用的是青铜护身铠甲以及一顶

里面有皮革衬垫的铜制头盔。早期的铠甲后来发展成了缝有金属圆片的披风。尽管按照后来采用的标准，这样的铠甲实在不怎么样，但仍然能够提供良好的保护以对抗那个时代的武器。

实际上，采用颇为基本的护身铠甲保护引起了武器设计上的一场革命。在石器时代，把一块沉重的石头（可能会打制成带有尖角或利刃的形态）捆绑在木棍上，就构成了一件基本的、有效的近战兵器。随着冶

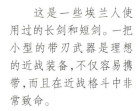

这是一些埃兰人使用过的长剑和短剑。一把小型的带刃武器是理想的近战装备，不仅容易携带，而且在近战格斗中非常致命。

金工艺日益盛行，石斧要么被带有金属锤头的狼牙棒所取代，要么被带有金属锋刃的战斧所取代。

战斧的种类

最早的金属斧头就是简单地把金属头捆绑在木柄上，而不是用木柄穿过金属头上的那个插孔。这种设计完全能够有效地击打一名没有铠甲保护的人，或是打碎他的骨头。不过在金属铠甲和头盔广泛使用之后，这些早期的战斧就显得过时了。它们无法穿透铠甲，实际上在与坚硬物体接触的时候，金属斧头很容易从手柄上脱落。

大约在公元前 2500 年，苏美尔人发展出了带有插孔的战斧，这在当时是一件超级武器。这种战斧的头部不是简单地用皮带捆上，而是安全地固定在手柄上面，而手柄本身则从石头中间穿过。对斧头形状的改良创造出了一种武器，能够可靠地把力量集中在斧刃的后面，并且在击打铠甲的时候斧头和斧柄也不会脱落。

这一类型的战斧能够有效地对付护身甲，并且在一千多年的时间里成为一种标准的近战武器。中世纪的萨

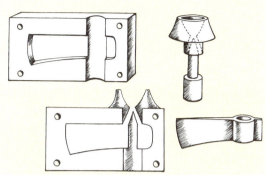

苏美尔战斧兵与战斧铸模

　　这位苏美尔士兵拿着的插孔战斧使他能够击穿敌人的铠甲,但需要特殊的铸模才能把战斧的头部装上。士兵的头部得到了保护,不受钉头或者棍棒的袭击。而他拿的盾牌则能够防御弓箭或手持武器的打击。

克森侍卫或骑士们手持的武器在基本设计方面,并没有多大区别。发展盔甲保护以打败手斧,和改进战斧以便穿透新型盔甲,这可能代表了世界上进攻性技术与防御性技术之间永恒的竞赛的第一个例子。

　　在盔甲的保护下,装备着长矛和插槽战斧的苏美尔城邦军队相互之间战争不断,同时也对外敌发动战争。被俘的敌人成了奴隶,城邦的军队经常专门为了获得奴隶而发动袭击。

　　苏美尔城邦的许多对手都没有发达的技术。苏美尔是世界上第一个文明,因此享有对敌的巨大优势。这些包括在武器和军事组织,以及资源方面的明显优势。苏美尔城邦负担得起支持一场有组织的战役,而文明程度较低的对手只能进行简单的袭击

和部落战争。

　　在军事组织方面,苏美尔创造了一种全新的战争形式。在新石器时代或未开化的青铜器时代,冲突往往会卷入整个部落或整个社会,虽然有众多的人竭尽所能地战斗,但却不能以协调统一的方式保持战斗。相反的,苏美尔仅仅派出一小群训练有素和组织良好的职业军人去打仗,人口的其余部分虽然也卷入了战争进程,但他们的卷入形式却是继续从事日常工作并且向城邦贡献资源,城邦再用这些资源去供养军队。

　　这意味着每位苏美尔武士要比那些并不参战的部落成员拥有强得多的能力。苏美尔军队训练有素、经验丰富,习惯于协同作战。再加上技术优势,使得他们在与边界上无组织的部落民作战时几乎是战无不胜的。

　　当然,与苏美尔人的冲突让邻近民族也学会了一些他们的军事技术,苏美尔人

苏美尔长矛兵

　　苏美尔长矛兵以紧密队形作战，其打击范围远远超过大多数敌人。即使那些能足够靠近他们，并与之战斗的敌人也面临着艰难的挑战。因为就算成功突破了苏美尔军队的盾牌墙，许多敌军战士所使用的手持武器也无法击穿苏美尔士兵的铠甲斗篷和头盔。

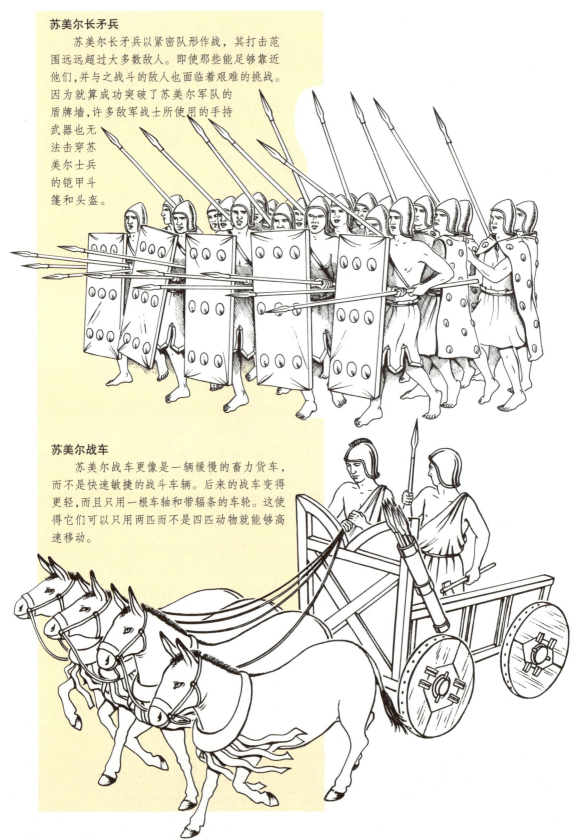

苏美尔战车

　　苏美尔战车更像是一辆缓慢的畜力货车，而不是快速敏捷的战斗车辆。后来的战车变得更轻，而且只用一根车轴和带辐条的车轮。这使得它们可以只用两匹而不是四匹动物就能够高速移动。

的军事科学逐渐越过边境扩散到了广阔的外部世界。但至少在最初阶段,大部分周边国家都缺乏能够应用这些知识的资源。

萨尔贡大王与阿卡德人

历史资料特别是苏鲁帕克泥板(即保存在苏鲁帕克城里的泥板上的记载。该城可能是两河流域最大的谷物存储中心,泥板得以保存至今,归因于大约公元前 2350 年该城发生的一场大火严重地烧透了这些泥板。)证明,苏美尔城邦国家能够供养 3 万~3.5 万人口,其中包括偏远的定居点以及农村人口。这就足够供养一支规模相当大的军队了,但实际上城邦只维持了一支小规模的常备军。它们大概有能力在需要之时征集起一支大得多的军队,而且可能已经有一套现成的征召制度。

到公元前 2400 年,国王作为世俗统治者身兼僧侣作为精神领袖和顾问的作用已经发生了分化。国王们此前扮演的重要宗教角色逐渐转移到了正式的神职人员身上。这使得统治者们能够专门管理商业、工业以及工程建设等领域,当然也包括战争。

乌玛国王卢加尔扎格西凭借自己作为统治者和战争领导人的才能,在整个苏美尔确立了统治地位。但他的帝国并没有带来任何大规模的变化,城邦国家还是保持着自己的基本认同和生活方式。

大约在公元前 2270 年,萨尔贡对卢加尔扎格西的统治发起了挑战,而萨尔贡本人的身世则是个谜。他可能是个女祭司的儿子,尽管有的史料上记载了他父亲的名字,其他文献则特别强调他的出生无人知

这是国王麦斯－卡里姆－杜格的金银合金头盔,时间为公元前 2500—前 2400 年。到那个时期,国王的宗教性角色已经淡化了,他的主要职能是作为政治和军事领导人。

晓。萨尔贡成为基什宫廷的一位官员,最终又通过令人捉摸不透的手段成了它的国王。作为基什国王,萨尔贡开始了他反对卢加尔扎格西帝国的战役,他的第一个目标是乌鲁克。

据记载,萨尔贡征服了乌鲁克之后拆毁了它的城墙。他在短时间内就征服了很多城邦,以至于每次时间都不够用来让防御者饿到被迫投降的程度。因此他一定掌握了某种突破防御者城墙的手段,例如某种工程机械或用来实施围攻战的知识。

萨尔贡发动的战役使得他一路直抵波斯湾,对整个苏美尔地区建立了统治权。一些城被夷为平地,而另一些则被并入了他的帝国。人们相信是萨尔贡建造了阿卡德(阿加德)城,但另一些文献则暗示早在萨尔贡时代之前,阿卡德就存在了。如果确实

如此，他可能是为了把阿卡德变为自己的首都而扩建了这座城市。无论怎样，萨尔贡都以"阿卡德的萨尔贡"之名闻名于世，而他统治的人民被称为阿卡德人。

萨尔贡用武力扩展自己的帝国，成了统一的两河流域的统治者。他把他的帝国

这块纳拉姆辛的石碑刻画了一场成功的攻城战。看上去进攻者建造了攻城槌以攻击要塞。这在整个古代世界是十分常见的做法。

疆域向外扩展到了地中海沿岸，进入了安纳托利亚高原，向南方甚至远达今天的阿曼。萨尔贡本人直接统治着阿卡德帝国，采用了一套有效的官员和行政系统来监管他的领土。阿卡德军队是萨尔贡的政治工具，使得他的帝国成为获取世界上第一个军事独裁头衔的竞争者。

据记载，萨尔贡在统治的 54 年里打了 34 场战争。一开始这些战争属于征服和扩张，后来的许多冲突是为了保卫阿卡德的领土或者其贸易路线。

萨尔贡的帝国建立在良好的经济基础之上，通过河流、大海和陆上交通贸易带来了可观的收入。这一经济基础得到了充分重视，所以阿卡德人建立了一连串的要塞来保卫他们的主要粮食生产地区。对贸易和生产活动的重视为建立一个帝国官僚系统提供了额外的动力。

阿卡德帝国在文化和语言上具有多样性，它所兼并的一些地区和城邦都有着强烈的自我认同意识。阿卡德语是帝国贸易和外交事务的通用语言，而行政体系和官员则帮助保持国内秩序和稳定。因此帝国得到了充分的良好组织，至少大部分时间里能够在应对外部威胁的同时，使国内的大部分民众安居乐业。然而，威胁是很常见的，从外部入侵到内部叛乱，应有尽有。在晚年，萨尔贡曾经被一场大规模的叛军围困在自己的首都。但是他有能力击败这些叛军并重新恢复稳定，直到他本人去世为止。一般认为，萨尔贡死于公元前 2215 年。

装备和组织

　　萨尔贡继承了一套在当时非常典型的军事体系:一支穿戴着铠甲和头盔的职业军队,装备着长矛,以密集阵形进行训练并战斗。支援这支军队的是那些征募来的士兵,他们装备的武器不需要太多的训练。

　　在萨尔贡征服战争中,他的部队快速地获取了经验,但是他们的人数却不足以控制一个不断拓展的帝国。萨尔贡有可能从被征服的城邦里招募士兵以补充他最初的军队。这一做法被后来的帝国所沿用。从一个地区征召的军队有可能被派往另一个地区去服役或驻守,以减少叛乱的概率。

　　有资料表明,萨尔贡大王麾下有一支5400人的常备军。这远远超过任何一个单独的城邦能够长期维持的兵力,尽管在短时期内召集一支这种规模的军队还是有可能的。但这样一支部队无论在训练、经验还是装备方面,都不是萨尔贡的那些沙场老兵的对手。

　　阿卡德军队不可避免地要被划分成多支地区性的部队,这些地区能够在需要的时候提供兵力以组成一支野战部队。后勤方面的努力一定付出很多,因为这包含了

阿卡德弓箭手

　　阿卡德职业化军队的核心,是大批轻装的非正规军人,其中很多人使用的是弓箭或标枪。这些人受到的训练少得可怜,但他们将狩猎技术带到战场上,因而充当了散兵。

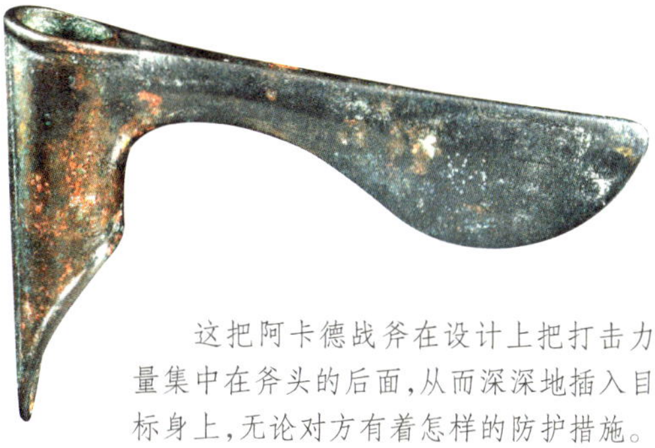

　　这把阿卡德战斧在设计上把打击力量集中在斧头的后面,从而深深地插入目标身上,无论对方有着怎样的防护措施。

19

装备、供养并运动这些军队。但是阿卡德人拥有一套运作良好的官僚体系的优势，这一体系可以根据军事帝国的需要加以扩大或者改善。

阿卡德人被迫对设防城市发动了许多场攻城战。实际上，那个时期的记录提到了作为治国手段之一的攻城战，暗示战争是阿卡德人的外交与国内政策的经常性的组成部分。

阿卡德人在某个时期发明了一种具有革命性的新武器，即复合弓。这可能是在萨尔贡的孙子纳拉姆辛统治时期。弓箭已经在战争中使用了许多个世纪，但是比那先进得多的复合弓能够射得更远，能够在 100 米甚至更远的射程中击穿当时的铠甲。

阿卡德人采用了灵活机动的作战方式，先用自己的轻装弓箭手在敌人坚固的长矛阵形中打开缺口，然后近战步兵充分利用这些缺口，以冲锋行动打败敌人。

这些战术在对付苏美尔人作战方式之时非常有效，后者依靠密集的步兵阵形。那种阵形是在早期时代能够打赢会战的发明。在一段时期内，它们唯一的对手就是部署在战场上的带甲步兵密集阵形。复合弓所代表的技术创新使阿卡德人能够进行一种综合运用不同武器的战争，从而赋予其在战场上的巨大优势。

综合运用火力和冲锋，要求一种高水平的训练得到全面发挥。不过阿卡德人的军队是由经验丰富的职业军人组成的。就组织、后勤、战术、武器以及单兵保护等方

> 后来到他年事已高的时候，所有地方都起来反叛他，将他围困在阿卡德。萨尔贡出来与他们战斗并打败他们。他最终平息了他们的叛乱，摧毁了他们肆虐各地的叛军。
>
> ——《列王纪》

面而言，阿卡德军队代表了军事发展史上的一个新高度。实际上直到 3500 年后，也就是步枪和卡槽式刺刀发明之后，那种"长矛与弓箭相伴"或是"刺杀与射击并用"的步兵作战方式才宣告寿终正寝。

阿卡德的衰亡与巴比伦帝国的兴起

萨尔贡死后，阿卡德帝国发生了一系列叛乱，不同的地区纷纷谋求独立或是利用这一局势。但是，萨尔贡的儿子们有能力制服这些叛乱并逐渐使帝国恢复了稳定。然而从大约公元前 2150 年开始，可能是来自于扎格罗斯山脉地区的古蒂人逐渐推翻了阿卡德帝国。

古蒂人并没有入侵和征服阿卡德，而是在许多年里发动了一系列的袭扰。他们避免与占有优势的阿卡德军队展开正面交锋，而是通过抢劫并"蹂躏"的方式给阿卡德造成经济损失。这是部落战争一种极为常见的战术。领土不足以支撑自身部落，而长此以往就会走向衰弱，并最终会被别人征服或赶走，或者至少在一代人左右的时间内不能威胁他人。

有可能正是在这个时候，阿卡德人因瘟疫或饥荒而衰弱。甚至在阿卡德帝国建立之前，苏美尔人的农田就开始遭受到土地盐碱化的危害，而阿卡德人继续有这个问题。外部袭扰造成的破坏和经济损失与帝国内部可能的叛乱彼此纠缠，在这一背

萨尔贡大王站在生命之树面前。古代两河流域的国王们不仅仅被人们视为权势强大的人，而且还是背后有着神灵庇护的超人。

景下,阿卡德逐渐地衰落了,直到古蒂人能够侵占其北方的大部分领土。

阿卡德城本身被摧毁殆尽,其原先的方位何在,现代考古学家从未能够弄清。虽然还有一些城邦保持了独立,但古蒂人征

亚摩利贵族

亚摩利人最终统治了巴比伦之后,就形成了一个高度组织化的繁荣的城市文明,而且这个文明是在世界已知的首个正规的法律体系统治之下。他们的众多政治创新之一,是所谓的"王国"概念,这个王国由一些城邦组成,而不只是一个松散的城邦国家联合体。

服了两河流域北部的大部分地区。在南方,先前那些属于苏美尔的城邦能够用贡金去贿赂入侵者以换取他们离开,并逐渐恢复了权力。

从大约公元前2050年开始,苏美尔人获得了一段短暂的复兴时期。他们对古蒂人开战并把他们逐出了两河流域北部。但是苏美尔人随即遭到了亚摩利人从西方以及埃兰人从东方发动的进攻。到公元前1950年时,苏美尔诸城邦已经惨遭入侵者洗劫,从而宣告苏美尔时代的终结。

亚摩利人是游牧民族,但是他们中的一些人定居在了幼发拉底河沿岸,并且与巴比伦城建立起联系。此时,由于更加恶劣的农业生产条件,两河流域的人口数量已经大大地减少。

有人曾经认为,巴比伦是由萨尔贡大王建立的,但是这看起来不太可能。一种可能是,新亚述帝国的统治者萨尔贡二世在一个更晚的时期重建了巴比伦。因为萨尔贡大王的首都阿卡德城从来没有找到过,有时候人们推理认为巴比伦大体上是建立在阿卡德基础上的,因此其废墟埋在巴比伦的地下。

更有可能的是,巴比伦城邦是从位于幼发拉底河沿岸的肥沃土地上一个不起眼的小定居点逐渐发展起来的。到公元前2300年时,它已经是一个大城了。但是像两河流域大部分地区那样,巴比伦城被亚摩利人所夺取,后来有些亚摩利部落就定居在那里。

巴比伦的亚摩利国王里就有一位汉谟拉比(公元前1792—前1750年),以制定法典而著称。众所周知,汉谟拉比曾经与拉尔萨结盟以对付埃兰人的入侵,但随后他

MEISUOBUDAMIYA: WUSHI DE DANSHENGDI 【美索不达米亚:武士的诞生地】

又掉转矛头对付先前盟友,打败了拉尔萨。然后他又与马里结盟,联手打败了阿舒尔。不过巴比伦马上就背叛了这位盟友,将其并入自己的帝国。随后,巴比伦发动了针对两河流域其他城邦以及部落领土甚至更远地区的一系列战役,最终建立了一个从波斯湾延伸到哈兰的巴比伦帝国。

这些征服给巴比伦人带来了新的问题。在北方与赫梯帝国之间确立了边界,但这导致了更多的冲突。与此同时,就像扎格罗斯山区那些部落一样,巴比伦以南的独立王国也发动了袭扰。巴比伦的军事力量逐渐削弱。到公元前1595年,赫梯人已经能够沿着幼发拉底河长驱直入并洗劫巴比伦本身了。

巴比伦随后成为喀西特人的领土。这个部落吸收了巴比伦文化的许多方面,逐渐演变成新一代巴比伦人。巴比伦在随后

的几百年里黯然失色,虽然保持了独立地位,但重要性相对不大。

赫梯人

赫梯人在安纳托利亚和叙利亚建立了帝国,并与两河流域的文明发生了冲突。尽管他们是个青铜器时代的民族,但早在公元前2000年时就能够制造出数量不多的铁制器具。由于铁器仍然过于昂贵,赫梯武士和他们的对手一样也用青铜武器作战。

赫梯历史上的第一个时期一般被称为"古王国"(公元前1750—前1500年)。到这个时期,赫梯人已经强大到能够挺进两河流域并洗劫巴比伦,尽管他们并不曾作为征服者而留下来。第二个时期即公元前1500—前1430年,是"中赫梯王国"时期,此时期的赫梯相对衰弱。

"新赫梯王国"(公元前1430—前1180年)则见证了赫梯权势的复兴,及其向叙利

赫梯步兵
　　按照某些标准,赫梯武士只配有轻武器,但他们能够以有组织的队形前进,而不是一帮散兵游勇。训练有素的阵形会让敌人胆怯万分,觉得自己没有几成胜算。

赫梯战车

赫梯人的战车不仅速度快而且足够坚固，能够搭乘除了驾车手之外的两名武士。采用辐条式的车轮极大地减轻了战车的重量。多年的战场实践表明，轮轴安装在车体后部比安装在车体中央更有效率。

利用战场上的各种机会。

赫梯人可能是第一个在战争中使用战车的民族，不过，战车的概念很快也被埃及、迦南以及两河流域的军队所采用。骑兵出现后，战车就不再被广泛使用了。因为骑在马上的部队能够提供战车的所有优势，同时还不用准备额外的后勤支持以及保持战车处于良好状态所需要的消耗。

亚和迦南地区的扩张。这导致了它与埃及之间的冲突，尤其是公元前1274年著名的卡迭石战役。在这个时期，内部冲突以及海上民族发动的袭扰削弱了赫梯。赫梯帝国逐渐分崩离析，只留下一些残余小国，在苟延残喘了很长一段时间后，最终被并入亚述帝国。

赫梯人也是运用战车的高手。当时的马匹还没有强壮到足够承载一名骑手参加战斗，尽管它们有时候被用于传书送信。然而即使是一对相当小的矮种马也能够拉动一辆战车。

战车提供的机动能力，在重要性上是第一位的。因此，赫梯军队能够对敌人的薄弱环节实施迅速打击，从不利的战场环境中撤退，围绕着战场调动后备队，以及能够比一支纯粹由步兵组成的军队更加轻易地

装备与组织

赫梯军队的主力突击部队由战车兵组成。在大约公元前1380年前和公元前1180年后，军队使用一种轻型战车，其成员通常为一名车夫加上一名弓箭手或标枪手。这些战车发挥的作用非常类似于后来的骑马弓箭手，向前迅速推进以到达射程之内，发起投射攻击，最后在敌人能够做出有效的反应之前急速离开。

其他类型战车的人员组成包括一名车夫加上一名装备着长矛的战士。他们的作用首先是进行骚扰和小规模战斗，实施"打了就跑"的进攻。作战模式通常是实施"飞车而过"的刺杀，即战士们充分利用武器的长度，在敌人够不着的地方实施打击，然后战车会在敌人实施报复行动之前把战车成

员拉到相对安全的地方。

如果大量使用的话,这些战车搭载的长矛兵能够给敌人造成巨大的混乱。在扬起的一片沙尘中,战车小组呼啸而出,向前猛冲发动进攻,然后骤然消失。这种蜂拥而上的进攻能够引起极大的混乱并打击敌人的士气,在赫梯人没有把自己暴露在巨大的危险之前,就已经消耗了敌人的力量。

然而从大约公元前 1380—前 1180 年,赫梯人转而将其战车用于冲锋进攻。他们使用了一种更重的战车,人员由一名车夫加上要么是两名长矛兵,要么是一名长矛兵配上一名持盾兵组成。这些战车被用于大规模集中进攻,利用它们的规模在敌人的阵线上冲出一个缺口。在理想的情况下,每一辆战车都将突破敌人的阵线,车兵将刺杀周围的敌人,然后再干净利落地脱身而去以便重新集结发动另一次进攻。如果困在敌人阵形中央,战车将遭到敌军步兵蜂拥而上的袭击。

步兵并不经常出现在赫梯军队中间。如果部署步兵的话,那是为了在开阔的战场上支援战车作战,或是在崎岖的地形中替代战车作战。步兵是青铜器时代战士的典型代表,一般由长矛兵和标枪兵或弓箭兵混编而成,再加上一些装备弯刀的士兵。弯刀成为这个时期标准的随身武器。

在战车被击退的情况下,步兵可以被用来保护战车,使得机动性强的战车有机会撤回来并重新编队,而步兵此时将拖住敌人。或者,当重型战车发动冲击并在敌人的阵线上打开了缺口之后,步兵可以利用这些缺口冲进敌阵。

胡利安人

如同赫梯人那样,胡利安人有时候也被认为是把战车引入了战争。一些历史学家指出赫梯人发展其战车部队,是为了对付胡利安人的战车。同样有可能的是,在大约公元前 2000 年时,胡利安人把马匹引入

这位赫梯弓箭兵戴着头盔,携带着长剑和弓。因此他更有可能是有组织的大军的一部分,而不是非正规军。

了这个地区。

胡利安人在公元前 2500 年左右到了两河流域北部，他们可能是从北方来的。到阿卡德帝国的时候，他们已经在该地区牢牢地站稳了脚跟，并建立了一些小王国和城邦。随着与赫梯人、亚摩利人以及其他对手发生的冲突，他们的命运也起伏不定。

最初，这一地区的胡利安人各个部落和城邦并没有联合起来，而是经常相互征战。但是在巴比伦遭到洗劫以及苏美尔诸城邦全面衰落之后，胡利安人变得更加团结并利用了他们邻居的弱点。

最重要的胡利安人国家是米坦尼王国，公元前 1500—前 1300 年，该王国统治区域的中心地带主要位于今天的叙利亚。像那个时期的许多国家一样，米坦尼也采用一种封建制度，武士贵族们通过这一制度进行统治并在战争时期指挥军队。米坦尼在其力量达到顶峰的时候，控制了沿着底格里斯河以及幼发拉底河的非常重要的贸易路线，把他们的影响力向南远远扩展到了两河流域。

北方的赫梯人有能力阻止米坦尼的前进，但是胡利安人在其他地方却占有优势。亚述和其他邻国都成了它的附庸国。不过，埃及向这一地区的推进产生了一系列的冲突。其中，最著名的是在公元前 1457 年发生的美吉多之战。

尽管在美吉多被打败，但米坦尼并没有把统治权拱手让给埃及人。一些地区变成埃及的领土，但是米坦尼的力量并没有削弱。实际上，其他领土都是通过征服才获得的。最终，米坦尼与埃及缔结了和平条约并安排了与法老之间的王朝联姻。

像赫梯人一样，米坦尼也把战车兵作为主力兵种。这赋予他们以优势，胜过了许多当地国家和部落组织的以步兵为主的军队。但是在与技术先进的埃及军队和赫梯军队作战时，就会棋逢对手。

米坦尼的权势被一场争夺王位继承权的内战所摧毁，这使赫梯人席卷了他们在北方的附庸国。来自外国特别是亚述与赫梯的影响力使米坦尼的内部冲突愈益恶化，最终，米坦尼的首都被赫梯军队所攻占。

部落战争

随着人类从石器时代进入青铜器时代，野战部队有可能配备有效武器和防护装。甚至连游牧部落都能够获得或者制造金属工具和武器，尽管这些东西无论在

一位赫梯国王将敌人辗压在他的战车之下。他绝非只是个能说会道的人，统治者和大贵族都要亲自率领战车部队上阵鏖战。

数量还是质量上,通常都是有限的。

制造先进的盔甲和武器所需要的复杂的、大规模的金属加工业,要求有大量的人口来支持金属加工人员,以及基础设施来运输原材料。两河流域的许多民族以及位于北方和西部的土地都属于那些部落,他们建造小型城镇和村庄,并且相互进行贸易。但是他们缺少一个真正的国家组织。因此,当这一地区的城邦和国家已经能够制造精良盔甲和武器的时候,部落文化却做不到这一点。一般来说,部落也不能从事先进武器的交易,当然,数量极少的情况例外。

武 器

因此,虽然部落领袖及其随身扈从可能拥有精良武器和一些盔甲,但是一般村民和部落民众的装备却很简单。最常见的武器是一柄装着青铜尖头的短矛。长矛既便宜又容易制造,它使得武士能够在大部分手持武器的攻击距离之外进行刺杀。

在许多方面,长矛都是一种非常基本的武器,但是其功能却毫不逊色。一般来说,刺杀武器的效果要比砍杀或击打攻具更加致命。尽管刺杀可能会完全错过目标,而挥动的武器至少也能够与目标发生轻微的接触。但是在近战时,使用长矛却比短剑或手斧显得更加笨拙。

匕首和短刀经常被用作工具,但也可以作为个人防身的最后一道防线。虽然攻击距离短,但匕首的刺杀可以和长矛一样致命,而且在近距离或是在战斗情势紧急的情况下比长矛更容易携带。

手斧和弯刀也是常见的随身武器。后者是一种看起来像斧头但却带有金属刀刃的武器,弯刀的刀刃在靠近刀尖的地方向

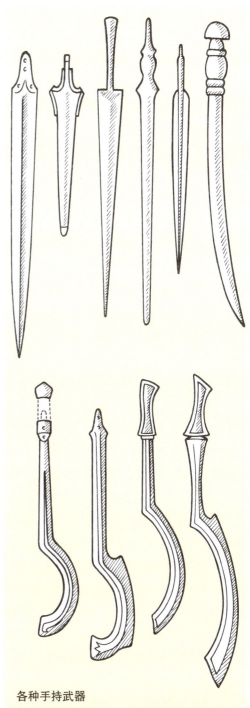

各种手持武器

所谓"霍佩什",又叫作镰刀型的刀(下面一排),是用战斧的方式而不是长剑的方式在战场上使用的。随着冶金技术的发展,它被源于匕首的基本形状的一系列铁质手持武器所取代(上面一排)。

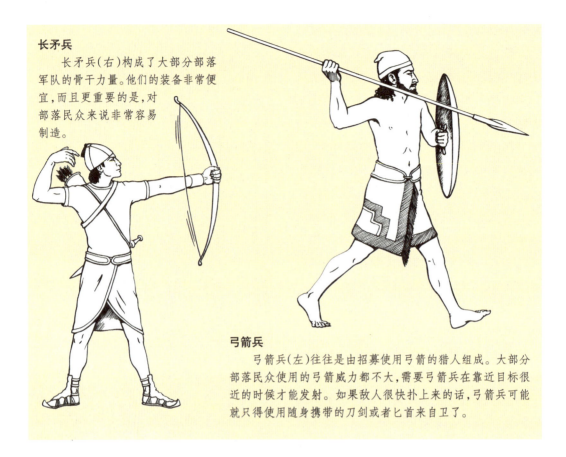

长矛兵

长矛兵(右)构成了大部分部落军队的骨干力量。他们的装备非常便宜,而且更重要的是,对部落民众来说非常容易制造。

弓箭兵

弓箭兵(左)往往是由招募使用弓箭的猎人组成。大部分部落民众使用的弓箭威力都不大,需要弓箭兵在靠近目标很近的时候才能发射。如果敌人很快扑上来的话,弓箭兵可能就只得使用随身携带的刀剑或者匕首来自卫了。

里弯曲成一个弧形,然后再弯回来。虽然弯刀不能用来刺杀,但可以像斧头那样挥舞起来,从而很有杀伤力。不过与斧头直接砍入目标的效果不同的是,弯刀的杀伤力更加依赖在目标上划动以及切割式的接触。

弯刀只需要很少的训练就能够使用,因此在武装由城邦所征集的募兵以及部落武士方面很受欢迎。弯刀在对付盔甲时没那么有效,但这并不影响用它去杀伤非正规部队,因为那些士兵不太可能得到很好的保护。

标枪、弓箭和投石器是常见的投射武器。所有这些都可以用来打猎,因此即便是小村庄或者部落群体,都可能至少有一些个人掌握并使用这些武器的技巧。

标枪虽然射程不远但却能造成致命的

创伤,它的主要缺点是其相对笨重的体积。一个人最多只能携带2~3柄标枪,而且当需要奔跑起来以便投掷的时候,他将不得不把一些标枪丢在或是插在地上。这样的结果只能是火力发射的低速率,再加上很快就会把储备武器消耗精光。然而标枪手却是普遍标配,而且在战场上能够发挥作用。

就致命性而言,弓箭和投石器可谓半斤八两,尽管它们的使用方式相当不同。投石器更容易携带,因为它可以被卷起来携带,而且任何尺寸合适的石头都可以被当作弹药。

有效地使用投石器需要技巧,许多民族都学习使用投石器,以便保护自己的牧群不受掠食者的伤害。投石器射出的石头弹道很平,这意味着只有直接射击才有可能击中目标。武士们不可能从装备着长矛的同伴们的头顶上方进行射击，也不可能实施齐射。但这些战术更多的是属于训练有素的职业军人的职责领域，并不适用于部落战士。

部落文化社会在战争中对弓箭的使用基本上就是把狩猎行为转而用于对付人类目标。尽管其射程和威力都不是很大，但是造成对方毙命或者瘫痪性的伤害，的确是完全有可能的。一名弓箭手能够比较轻易地携带自己的弓和相当数量的箭矢，这赋予了他相对于标枪兵而言的持续性的火力优势。

虽然护身铠甲并不普遍，但是许多战士用盾牌保护自己。盾牌的设计多种多样，长方形、椭圆形、圆形的盾牌，以及各种尺寸的盾牌都很常见。盾牌能够提供很好的防护，从而不受投射以及手持武器的攻击。同时盾牌还可以用于进攻，例如把敌人的武器推到一边，或是砸向敌人以迫使其后退。

战术和技术

部落武士的战斗风格是高度个性化的。弓箭兵、标枪兵以及投石兵会各自确定一个目标，然后以单个射手而不是作为训练有素的齐射系统的组成部分的方式打击目标。同样的，武士参加战争实际上是大量单兵作战。战士个人可能会帮助其他战友脱离险境或利用受困敌人的有利条件，但是既不存在任何复杂的战场机动，也没有分队战术可言。

尽管部落民族在战争中采取的方式相当原始，毫无精致复杂可言，但是战争目标却与组织良好的国家所进行的战争没有多大区别。战争并不是一件为了纯粹打败敌人的事，冲突必须要造成有用的战略性的结果，这样才值得作战。在部落领土遭到入侵的情况下，将入侵者驱逐出去是一个明确目标。如果入侵者遭到了惨败，他们就会被逐出部落领土，促使其在将来发动袭击或侵略时会瞄准一个更弱的目标。

如果战争被引入敌人的领土，通常的目标是迫使敌人无法或不愿重启战端。实施"焦土政策"并不仅仅是表达一种恶意。通过摧毁敌人的粮食供给并焚烧其村庄，这个部落就能够削弱其敌人。一个遭受了毁灭性入侵的敌人即使恢复过来，也不太可能成为威胁。那些领土曾经被夷为废墟的敌人，可能会非常恐惧这样的结果，以至于不敢挑起新的冲突。

有的部落发动征服战争，兼并敌人的领土。其他部落则不是这样，有时是出于宗教原因。但是，掠夺几乎是所有冲突中的共同现象。家畜、财产以及有时连人口都被掳掠过来，以增强本

掷石兵

部落中的很多男人都有一个投石器以防身或打猎。投石器是对弓箭的有效替代物，在经验丰富的使用者手里也会是同样致命的武器。其主要缺陷是无法从障碍物或者友军部队的上方投射过去。

梅龙河谷之战
（约公元前1400年）

在许多方面，希伯来人称得上是中东地区的典型的部落民族。他们在这里长期四处游荡，最后才确定向北方的迦南（今天的巴勒斯坦）移居。在那里，他们与当地居民发生了冲突。

迦南名义上是埃及的属地，但在希伯来人到达之时，埃及对那里的控制已经非常松弛了。北方的赫梯帝国以及东北方的米坦尼王国对该地区也有一定影响力，并且是当地许多冲突的根源。迦南原本是一些不同民族的家园，他们的技术发展有些落后于那些生活在比较安定地区的民族。

迦南是由部落和小城邦构成，因而为希伯来

梅龙河谷（约公元前1400年）

希伯来人在梅龙河的胜利，是通过将一往无前的进攻与在敌人中制造混乱结合起来而做到的。面对着迦南同盟，希伯来人在迦南人组织完备之前就果断地发起进攻。有些迦南的分队甚至在尚未与敌人交战之前就逃跑了。

人提供了征服这个地区并在此安家落户的良机。

希伯来人一直没有机会安定下来，也自然不能为自己的战士制造武器和装备，因此他们只有一些轻装备。然而在之前四处游荡的过程中，希伯来人与形形色色试图将他们从自己祖先的土地上赶走的民族发生过冲突，结果，希伯来武士非常有战斗经验，而且经受了长途跋涉的磨炼。此外，他们还有坚定的宗教信仰。

即便希伯来人不相信迦南是上帝对他们的应许之地，宗教也是这场冲突的推动因素。希伯来人信仰耶和华，而迦南人信奉多位神祇，其中包括太阳神。信仰上的冲突是不可避免的，而在宗教与政治相互交织的不同社会中，战争变得完全不可避免了。

尽管在兵力数量上处于劣势，但经验丰富的希伯来武士能够在向北推进的过程中打败了好几个城邦。如同那个时代的惯例，希伯来人将某些敌人的城市夷为平地，并且在认为必要的情况下杀死那里的民众。结果，有些城市不战而降，或者与希伯来人结成同盟。另外一些城市则在后来的冲突中保持中立。然而，仍有一些城市匆匆忙忙地组成同盟，出兵抵抗希伯来部落，从而开启

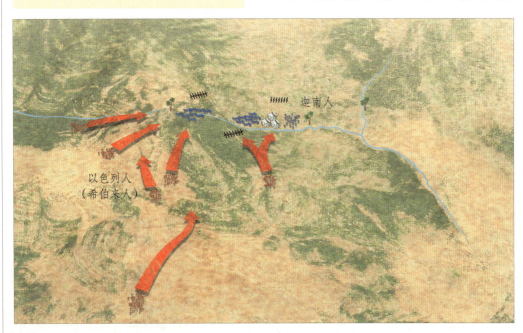

以色列人
（希伯来人）

迦南人

了新一轮的冲突、征服和一切被夷为平地的循环。

迦南北部组建了一个反希伯来同盟，其中的成员不仅仅包括当地的城市和部落，还加入了北方赫梯王国的一些部队。尽管那并不是真正意义上的联军，但是同盟所集结的兵力却拥有一个重大优势，那便是他们拥有野战战车。

希伯来军队没有战车，但是他们得以从战败的敌人那里夺得一些武器装备。因此许多希伯来武士在装备方面与他们的敌人不分伯仲。更重要的是，希伯来人对自身的能力充满信心。因而即使在兵力处于劣势而且面对着装备战车的敌人的情况下，他们还是决定，在敌人安营扎寨于梅龙河谷之时，果断地主动发起进攻。

迦南本地的军队并没有明确的军事指挥系统，他们是由来自不同国家的部队组成的，从而使这支军队在备战的时候产生了一定程度上的混乱，以致为希伯来人提供了进攻的大好机会。

希伯来人孤注一掷，迅速向前推进并向处于混乱之中的迦南人发起冲锋。希伯来人的领袖约书亚与强大的迦南城邦哈措尔的国王展开了捉对厮杀并将其击毙。领袖的表现在这种类型的战争中具有相当重要的作用，因此迦南人被这次失败同时也被希伯来人的勇猛进攻吓得魂飞魄散。

迦南军队崩溃后开始逃跑，希伯来人则紧追不舍。正如古代战争中常见的那样，一方在战败后的伤亡要比在会战中大得多，而希伯来人在追击中又格外地强劲有力。哈措尔城化为废墟，其民众尽遭屠戮。这是希伯来人向其他城邦发出的警告，如果他们还胆敢起来反抗的话。反希伯来同盟的其他城市也被攻占，其人口也被屠杀殆

那个时代很常见的做法是处死战败的敌人国王或领袖，以作为对其他人的警告并防止他们集结援军。希伯来人并不比那个时代的任何其他部落更加残忍或特别仁慈。

尽。希伯来人选择把这些城市据为己有，而不是将其付之一炬。

对北方同盟的胜利使得希伯来人控制了绝大部分迦南。经过一场对那些拒绝与其结盟的城市的大战之后，希伯来人最终完成了对迦南的征服。然而，尽管希伯来人获得了几个城市，但一个中央集权王国的出现还是许多年以后的事情。希伯来人很大程度上仍然是没有中央组织的部落民族，而且继续以部落民族的方式进行战争。

部落。不过，如果说城市能够提供一定数量的掠夺物资的话，那么敌方部落的村庄却不大可能提供除一群家畜和少量奴隶以外的大量财富。

因此，部落之所以进行战争，是因为他们受到威胁，是因为宗教分歧引起冲突，或者是因为出现了从中获利的大好时机。冲突之所以发生，通常是由于一帮乱糟糟的轻装战士碰到一起，这种遭遇战一般并不具有战略上的决定意义，但却使村镇和城市遭到洗劫，土地化为废墟。

亚述帝国

位于底格里斯河上游河谷的地区，通常被称为亚述，这里是一些城邦和小王国的家园。阿舒尔是其中最重要的国家。从大约公元前 2000 年起，阿舒尔成了该地区支配性的力量，揭开了被称为"古亚述时期"

典型的圆锥形头盔通常是铁制并镶嵌着青铜材料，或者完全用青铜制造。头盔的形状有助于使敌人的打击偏离方向，同时还使戴盔者看上去更加高大，从而更具有威慑力。

（公元前 2000—前 1500 年）的序幕。

阿舒尔城邦的显赫地位建立在贸易之上，它的政治制度反映了这一点。权力集中在一小群富裕并享有高度影响力的个人手上，即长老。世袭统治者执行长老的决定。另有一个职位是由每年通过抽签选出的人担任的，他负责处理经济事务。阿舒尔与两河流域以及安纳托利亚的城市保持着商业关系，逐渐成为该地区的主要国家。这座城市从亚摩利部落的征服中幸存下来，但后来又被巴比伦打败，成了它的附属国。

当巴比伦落入喀西特人的统治之下时，阿舒尔则成了胡利安人的领地。大约公元前1300年米坦尼王国的毁灭使阿舒尔得以重获独立，并由此开始了"中亚述时期"（公元前1300—前911年）。亚述主要针对赫梯人采取了一系列军事行动，从而扩展了自己的领土，提高了威望。

赫梯人的威胁随着其帝国的土崩瓦解而迅速消失后，亚述卷入了与巴比伦之间的竞争，争夺由亚摩利入侵者所定居的地区的主导权。在这一时期，提格拉·帕拉萨一世成为亚述国王。

亚述弓箭手。所有战士都手持盾牌作为保护，正如最左边的那位。他的盾牌上部呈现出弯曲的弧形，这是为了防止从天而降的箭矢。

提格拉·帕拉萨被普遍认为是亚述帝国的创建者。他的军事行动把他带到了地中海岸边，此外他还声称抵达了黑海。这个时期与巴比伦的冲突十分频繁，在两度击败了巴比伦之后，提格拉·帕拉萨给自己冠以"苏美尔和阿卡德之王"的古老头衔，宣称对整个两河流域地区拥有统治权。

亚述对所有男性公民都推行一套强制性的军事服役制度，并利用一个高效的官

33

僚系统控制其领土。但是它与巴比伦之间的争夺一直持续着，而亚述的国运在一段时间内还有所衰减。

"新亚述时期"被认为开始于公元前911年，当时阿达德·尼拉里登上了王位。在他的领导下，亚述再一次开始扩张。到公元前670—前620年时，亚述控制了整个两河流域。

随着公元前745年提格拉·帕拉萨三世登上王位，亚述帝国焕然一新。权力在每一个省份都予以集中化，由一个地区性的

这里刻画的是公元前701年拉基什围攻战中的亚述国王赛纳克里布。当国王亲临战场的时候，亚述强大的官僚机构正在治理着整个帝国。但如果有要事的话，就必须将其呈报于国王面前，无论他身在何处。

官僚机构统揽所有事务。每一个省都向国王所在的中央政府交纳贡赋并宣誓效忠。

公元前674年，一支亚述军队开进埃及并夺取了孟菲斯，然后一路向南攻到了底比斯。但是不到十年，亚述人就被逐出了埃及。此外与埃兰人之间的一场长期战争也耗尽了帝国的资源。

新亚述帝国的末日相对而言来得很快。由于受到外部冲突和内战的削弱，又受到西徐亚人、米底人以及埃及人的进攻，再加上恢复元气的巴比伦寻求独立，新亚述帝国最终崩溃了。亚述的首都曾经迁至尼尼微，该城于公元前612年沦陷。

亚述的末代国王亚述巴尼拔在哈兰登上王位，坚持与米底人和巴比伦人相持了3年（公元前612—前609年）。公元前609

年，哈兰的陷落标志着亚述帝国的终结，以及一个巴比伦尼亚霸权的全新时代的开始。

装备与组织

亚述人是第一个在战争中大规模使用铁制器具的强国。这使他们拥有了对敌人的巨大优势。亚述人的武器更加锋利，更经久耐用。铁制武器与青铜武器相比更加轻便也更加耐用。亚述军队享有的一个关键性的优势是他们的军靴。凉鞋根本无法保护双脚，而亚述士兵穿着齐膝军靴，鞋底

有防滑钉。在高低不平的地形上，军靴不仅支撑着士兵的踝关节，还保护他们的双脚不受地面上危险物的侵害。而在战斗以及密集队形的机动中，军靴又使双脚不受践踏。军靴同样为小腿提供了一种保护。使用军靴使得亚述部队甚至在非常崎岖不平的地形以及恶劣天气的情况下，也能够保持机动自如，并避免由于脚部受伤而造成伤亡。

亚述人的盔甲和防护装备也比他们的敌人更好。由一片片铁条制作而成的片甲是非常管用的，但是只有精锐部队才能装

亚述民兵

亚述军队是由职业化的骨干部分与根据需要征召的编外部队构成。当地的防御任务由各座城市的民兵负责，而各地总督负责向国王的军队提供兵员。

亚述近卫军

尽管装备的武器很大程度上和民兵毫无二致，都是一根长矛与一面盾牌，但常备军的职业士兵的战斗能力要强得多。除了战斗经验与训练之外，职业军人还受益于护身铠甲、一顶头盔以及一双结实耐用的战靴的保护。

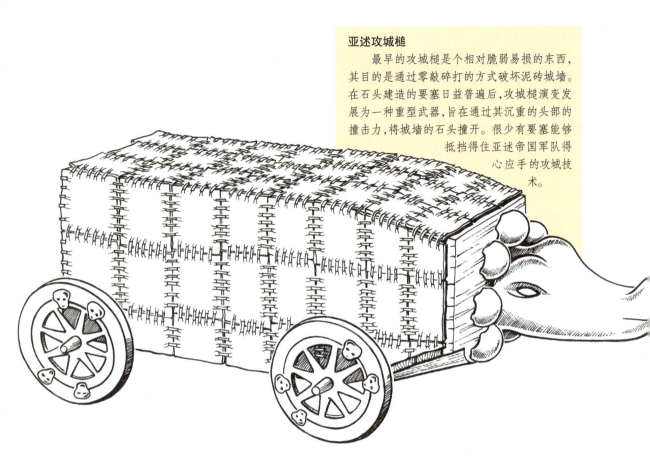

亚述攻城槌

最早的攻城槌是个相对脆弱易损的东西，其目的是通过零敲碎打的方式破坏泥砖城墙。在石头建造的要塞日益普遍后，攻城槌演变发展为一种重型武器，旨在通过其沉重的头部的撞击力，将城墙的石头撞开。很少有要塞能够抵挡得住亚述帝国军队得心应手的攻城技术。

备。不过即便是普通士兵也比同时代其他地区的军人享有更好的保护措施。

后勤优势

装着铁制尖角的撞城车也被用来对付敌人的堡垒。最初，这些撞城车并不像后来的军队所使用的那样，作为一部沉重的机器去撞开敌人的城墙，而是像长矛的矛头那样，把城墙表面一点一点地敲碎。这样一种武器在对付石墙时几乎没多大用处，但却能成功地对付泥砖墙。一个铁制尖角当然比更柔软的青铜尖角有效得多。后来，随着更加坚固的防御工事成为标配，亚述人改用沉重的撞城车，这是与后来比较接近的一种武器。

工程技术即使不用于攻城作战也是大

有用处的。通过有效地使用浮桥或借助于充满空气的动物皮囊所产生的浮力，亚述人变得越来越善于跨越河流。

但是，不仅仅是技术上的优势使得亚述军队成为那个时代的支配性力量。亚述军队不仅训练有素，而且得到了一个大规模后勤支援系统的支持，这个系统能够保证野战军在战役开始之时得到武器装备、粮食以及衣物方面的充足补给。

亚述人是第一个使用骆驼作为后勤运输工具的，他们还建立了一个骑马信使系统，这些信使依靠沿着道路设立的驿站而换骑现成可用的马匹。这使得命令和消息能够迅速地传出或传入首都，减少了对叛乱、危机以及入侵做反应的时间。

改 革

在提格拉·帕拉萨三世登基之前，亚述的军事模式一直是那个地区典型的代表。亚述军队的组成是一支规模不大的职业常备军，外加一些根据需要征召的辅助部队。这个制度的主要缺点是大部分军队所受的训练是有限的，尤其是当战役季节结束而部队不得不返回家乡收割粮食的时候。

提格拉·帕拉萨三世将亚述军队改造为一支全面职业化的军队，其中包括了大量外籍战士。有些部队是附庸国作为贡金或税收的一部分而向亚述提供的，但许多是从两河流域甚至希腊招募的职业士兵。

在巴勒斯坦和叙利亚的战役

公元前734—前732年，提格拉·帕拉萨三世被迫在巴勒斯坦与叙利亚镇压一系列叛乱。亚述军队的赫赫声威使得叛乱者根本不敢集合一支野战大军与其对抗，而是躲在他们自己的要塞中消极等待。但这却迫使亚述人不得不一个接一个地解决掉他们。

外籍部队主要作为步兵作战，他们与亚述当地人混编在一起。

亚述步兵的大部分是长矛兵，他们身着铠甲和头盔，组成密集阵形作战。负责支援他们的弓箭兵的弓在设计方面比他们大部分敌人的弓都具有优势。这些再加上使用了铁制箭头，使得他们无论在射程还是射击力量方面都具有优势。

亚述军队的机动力量主要依靠战车。亚述战车属于一种轻型设备，只有两名乘员。后来，战车部队配备了少量骑兵部队。后者主要是从贵族中抽调，他们的作战效率很高，但人数却不多。

战车部队最主要被用于在敌人的战线上冲开缺口，然后由步兵去利用这个缺口。弓箭兵对战车的进攻提供支援，由此创造出的一支联合兵种部队被证明是战无不胜的。

亚述的另一项发明是把投石兵与弓箭兵组合在一起。投石的抛物弧线相当平直，

迫使敌方士兵把盾牌立在身前以保护自己。弓箭兵向高空射出箭矢，从上而下落在那些没有保护的敌人头上。反之亦然。若把盾牌举过头顶以挡住空中落下的箭矢，那又无法对付投石兵的正面攻击。

亚述在战场上的优势所带来的结果之一，是许多敌人拒绝在开阔场地上交战。反之，他们躲在由城墙保护的城市里面。大规模的防御工事在那个时期并非不常见，需

要特殊的技术才能够突破它们。

亚述军队发明了一系列攻城武器，其中包括轮式攻城塔、攻城槌以及移动的盾牌用来保护弓箭兵。军队也为攻城作战进行了大规模训练。尽管在城墙攻破、攻击一切就绪之前，步兵没有多少事情可做，但他们可以运用盾牌保护弓箭兵或者那些从事工程作业的人员。工程作业包括建造斜坡以使攻城槌和攻城塔能够抵达城墙，等等。

亚述战车

除了作战功能外，战车还被用作流动的指挥所和运送一些重要官员。就像作为作战平台那样，战车很大程度上也是地位的象征。亚述战车在设计上美轮美奂，其轮轴位于车体后部的最佳位置。

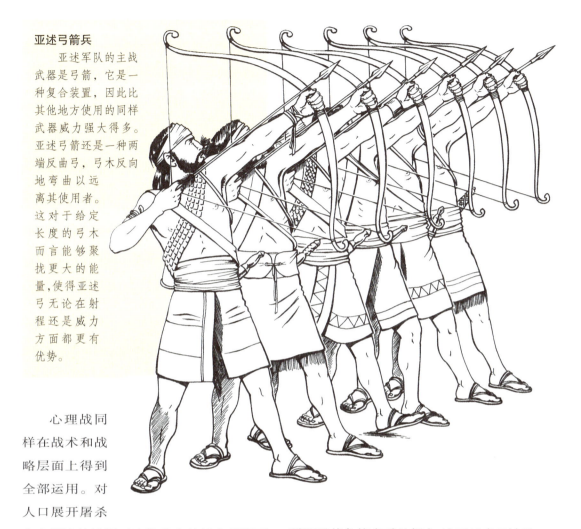

亚述弓箭兵

　　亚述军队的主战武器是弓箭,它是一种复合装置,因此比其他地方使用的同样武器威力强大得多。亚述弓箭还是一种两端反曲弓,弓木反向地弯曲以远离其使用者。这对于给定长度的弓木而言能够聚拢更大的能量,使得亚述弓无论在射程还是威力方面都更有优势。

　　心理战同样在战术和战略层面上得到全部运用。对人口展开屠杀和全部流放被用于迫使敌人的城市投降而不是抵抗。亚述人利用自己战无不胜的神话对敌人施压,让他们相信与亚述开战在实际战斗还没有发生之前,就已经走在通往失败的道路上了。许多敌人因此简单地放弃出城作战,而是躲挤在自己的堡垒中。与此同时,亚述人则为攻城做好了准备。这种消极被动注定非失败不可。

　　新亚述帝国成功的关键之一,在于发动整个国家投入战争。地方总督有责任向一支为作战而集结的军队提供一整套后勤支援。如果做不到这一点,会被视为叛乱行为并面临着可怕后果。在经济上附庸国的贡赋以及战争掠夺受益颇大,这反过来又被重新用于支撑一支训练有素的职业军队。

迦勒底人与新巴比伦帝国

　　经过了喀西特人四个世纪的统治之后,巴比伦在一个新王朝的带领下享受了一段短暂的复兴。尼布甲尼撒（公元前1126—前1104年在位)领导了一场对埃兰的成功战役,恢复了巴比伦失去的崇高威望以及大量有形的物质财富。战利品中包括埃兰人在前些年掠走的一座马杜克神的圣像。

　　但是这场复兴可谓时运不佳。这一时

这块公元前 7 世纪的雕刻展示的是亚述掷石兵。尽管重要性不敌弓箭兵，掷石兵仍然是亚述军队的有效部分。他们有时候会被编入弓箭兵的部队。

公元前 7 世纪的巴比伦战车

这辆巴比伦战车显示出战车部队固有的效率缺失。四匹马和四名士兵（一名车夫、一名持盾兵、一名长矛兵和一名弓箭兵）要发挥与两名骑兵每人骑一匹马时同样的战斗能量。不仅如此，战车本身的制造和维护费用都很昂贵。

期的历史记录很少，与此形成鲜明对比的是，那些更加繁荣的时期的文字记录倒是相对常见。这一时期有时被称为降临在两河流域大部分地区的"黑暗时代"。它的特点是城市的衰落以及国家的分崩离析。正是在这一时期，迦勒底人抵达了两河流域。就像之前的征服者那样，迦勒底人也被巴比伦人所同化，而巴比伦开始重新焕发了它的古老力量。

尽管受到了亚述的统治，但巴比伦作为一个圣地以及亚述帝国最重要的城市之一，仍享有相当大的威望。亚述帝国意识到巴比伦的重要性，它始终是一个难以对付的附庸国并多次发动叛乱。有时候需要做出妥协并拿出可观的贿赂，才能让巴比伦重新回到亚述的统治之下。在其他情况下，只能动用亚述军队兵临城下。

公元前 626 年，巴比伦再次发动叛乱。但这一次亚述帝国正处于动乱之中，无法

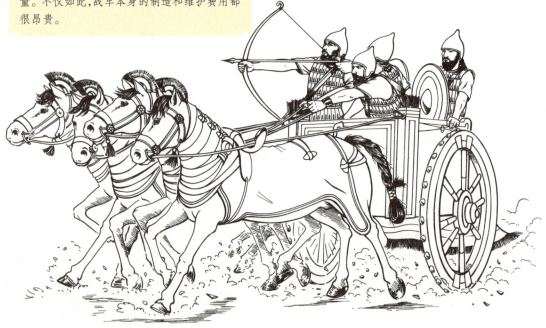

做出有效反应。亚述国王亚述巴尼拔之死所引起的权力争夺，加上外部冲突，使亚述帝国严重削弱，以至于巴比伦能够在一位具有迦勒底血统的贵族纳波波拉萨的领导下独立建国。

巴比伦与米底人建立起同盟，它的军队逐渐打败了亚述，并于公元前612年夺取其首都尼尼微。亚述的最终失败在三年后到来，这使得巴比伦重新崛起为这个地区的大国。在巅峰时期，新巴比伦帝国像一轮新月伸展开来，其领土从红海岸向北直达叙利亚，再向东南延伸到了朱代和阿拉伯半岛。

新巴比伦时代相对比较短暂。从公元前549年起，一个新帝国开始在波斯崛起，其奠基者是居鲁士大王。到公元前539年，居鲁士的军队已经攻入了巴比伦。巴比伦军队在俄庇斯被打败之后宣布投降了。巴比伦城变成波斯帝国的一个省。巴比伦是如此重要，以至于就连居鲁士都采用了"巴比伦之王"的头衔，以帮助他增强统治这个地区的合法性。

巴比伦故态复萌几次起来叛乱反抗波斯统治，并在随后的战争中被摧毁殆尽。随着将波斯诸王供奉于神庙中的传统被放弃，以及在塞琉西亚建立起了新的地区首府，巴比伦逐渐失去昔日光彩而变得默默无闻。

新亚述帝国骑马弓箭兵

骑马弓箭兵将机动性与火力合而为一，使武士们能够在打击敌人后迅速脱身以避免报复。骑兵比战车的费效比低得多，而且一旦马匹能够在作战中承载骑手的做法万事俱备，那么骑兵就会将战车取而代之。

米底人和波斯帝国

古代希腊人所熟知的被称作米底的地区，位于两河流域以东。相对来说，关于米底人的大部分历史，人们所知甚少。最早提到米底人的确切记载是在公元前 836 年，当时这个地区曾被前后几代埃兰王朝所统治。尽管米底的西部地区被亚述人所征服，但始终处于叛乱状态。

有可能直到亚述帝国末期，米底人还不是一个统一的民族。有许多部落、城镇以及地区似乎同时并立。尽管希罗多德认为在大约公元前 715 年，米底人建立了统一的王国，但现代学者认为公元前 625 年是个更加可能的日期。

随着亚述势力的衰落，米底人开始向西迁徙。他们在公元前 616 年侵占了亚述的盟邦马纳，并与巴比伦结盟共同摧毁了亚述帝国。这场征服战争使米底人对两河流域北部的大部分地区确立了支配地位，在一段时期内，巴比伦和米底彼此共处，相

互间只有小规模的冲突。

公元前 553 年，波斯国王居鲁士起兵反抗米底人并俘虏了他们的国王阿斯蒂亚格斯。尽管已经成了波斯帝国的一部分，米底人仍享有重要地位。他们的许多风俗被新的波斯帝国所采纳，而且相当一部分波斯帝国的官员来自米底贵族。

居鲁士大王及其继承人的波斯帝国是现代学者所熟知的阿契美尼德波斯帝国。在居鲁士的继承人的统治下，帝国继续发展壮大。战争蔓延到吕底亚、色雷斯和埃及，甚至向东远至印度河谷。公元前 490 年，波斯企图入侵希腊，但是在马拉松的海

犹太的陷落（公元前 588—前 586 年）

以色列人的犹太王国先后在公元前 597 年和公元前 591 年两次反叛巴比伦帝国，并与埃及结盟。战争期间，犹太人躲在要塞里等待埃及的援军，但是前来解救他们的军队却被巴比伦击败，被迫回师撤退。巴比伦军队降服了一些犹太城市，接着包围耶路撒冷 18 个月，最终攻占了它。作为独立国家的犹太王国宣告灭亡。

岸边遭到失败。入侵希腊的后续行动最终导致公元前 480 年在温泉关和萨拉米斯的著名会战。

波斯帝国对其统治下的不同文化群体持有高度宽容的态度，允许被征服的民族保持他们自己的传统生活方式。这一做法缓和了帝国内部的紧张状态，使其他帝国不得不对付的叛乱在波斯帝国内要少得多。改善道路交通的计划提高了帝国内部不同地区之间的贸易和联系水平。不过，帝国的统一未能达到应有高度，这在战争期间将被证明是一大劣势。

与亚历山大大王的马其顿帝国之间的冲突暴露了波斯帝国的弱点。尽管规模庞大，但波斯军队却苦于种种指挥和控制问题，而且从来没有全力以赴地投入战争。整个帝国被迅速推翻，并于公元前 330 年成为马其顿统治下的领土。若干年后，波斯又重新成为由亚历山大的将领们统治的继承国之一。

组织与装备

最初，阿契美尼德波斯帝国使用的是波斯人和米底人部队，他们得到了雇佣军以及在征服地区招募或是由征服地区提供的部队的支持。这些辅助部队在装备方面大不相同。其中大部分是按他们自己的传统方式作战，仅仅装备了一些相当基本的武器。这些部队中最常见的是标枪兵和弓箭兵，他们几乎没有其他多余的装备。他们一般是作为散兵参加作战。

在波斯军队中服役的许多雇佣军都是希腊重装步兵，他们装备着长矛和盾牌，穿戴着护身甲和头盔。这些重装步兵以密集

这把波斯匕首是以标准的作战武器为依据，用黄金打造的装饰品。它的造型非常简单，有一把宽刃，却没有护手。匕首带在身边主要是作为工具以及用餐器具，但在没有更好兵器的情况下，也可以当武器使用。

步兵方阵作战，而且通常并非不愿意和自己的同胞对阵厮杀。其他雇佣军来自西徐亚，这个地区拥有令人称道的弓箭兵。后者中的一些人还被延聘为波斯军队的弓箭兵教练。

帝国的职业部队拥有统一的装备。步兵用长矛和盾牌作战，并且穿着夹心棉甲或是钉在棉短上衣表面的鳞片铠甲。尽管军队中间也有职业弓箭兵，但他们并没有装备护身铠甲。

部队的编队是根据十进制而进行组织的，即 10 人、100 人、1000 人和 10000 人的分队分别由军阶逐级升高的军官所指挥。这些军阶的晋升是基于在战场上的功勋和勇气，不过一个普通人能够期待的最高的军阶就是 1000 人的指挥官。更高的军阶是为贵族阶层保留的。

在军队内部，像"长生军"这样的军团拥有很高的威望。"长生"这个词所指的并不是这支部队的成员寿命很长——恰恰相反，在作战

43

波斯帝国的长生军

　　长生军被给予了许多特权，例如允许在战争时期带上自己的妻妾。这是为了确保不会因为新兵不足而无法填补空缺员额。正如历史上其他国家的精锐部队那样，长生军的斗志高昂，是一支不可战胜的作战部队。

　　波斯军队的圆锥形头盔为防御来自上方的打击提供了很好的保护，它可以让本来瞄准头部的打击偏离方向。然而在面对着瞄准头部或颈部的水平刺杀或劈砍的时候，这种头盔的作用实属有限。

中这支部队的伤亡率往往很高——而是指这个军团从其他部队获得人员补充，从而总是保持满员的事实。长生军定期获得报酬并享有其他特权，例如允许在战争时期携带妻妾。这就保证了人们会争相要求在这个军团服役。

　　波斯军队并没有大规模地使用战车，而是将其作为高级军官们使用的流动指挥所。其中一个例外是西徐亚战车，即将其作为一种武器进行部署，而不是作为士兵的作战平台。车夫站在仿佛教堂里的讲坛一样的木架里驾驶战车。安装在车轮上以及木架下的刀刃使得战车成为外表十分骇人的武器，但是它的战斗效果如何却

大成问题，因为波斯人的使用规模非常有限。

阿契美尼德波斯人还使用一种野战式的攻城塔。这其实是一种公牛牵拉的轮式货车，但可以用作运输和部署攻城机械，也可以被用作部署在主阵地后方的、供弓箭兵使用的制高点。

围攻战

任何建筑物都可以发挥临时堡垒的作用。人们筑起各种墙壁以便把野兽拒之门外，而成片的墙垒则成为抵御入侵者的屏障。因此，当人们学会了为自己建造遮风挡雨的庇护所之时，他们也逐渐掌握了建造要塞堡垒的技能。

最简单的防御工事可以使用带刺灌木建造而成，要么直接把灌木枝条砍下来并拖过去而制造障碍，要么栽种灌木而使其成长为屏障。一道篱笆只要比圈养家畜的围栏更加结实，就可以用来保护定居点。这

西徐亚战车将其沉重的车身和安装在轮子上的刀刃结合起来，去突破敌人的方阵。尽管波斯军队视若珍宝，但它并没有得到广泛运用。

种防御工事容易建造，而要逾越起来也不太困难。对一个小村庄来说，与更加重要的照看家畜或耕种田地所需的大量时间相比，修建防御工事所耗费的时间可多可少。然而，组织良好的村镇和城市能够通过合理地利用劳动分工来建造更加坚固的防御工事。

设计高明的防御工事有效地利用了各类自然条件，例如沟壑、河道和山丘等等。其中，高度是非常重要的。因为它既使得进攻者的任务变得更加困难，也使得防御方能够从高往低实施打击。因此一座设防定居点的选址非常重要，巧妙地利用自然条件既能够加强防御，也可以减轻建造防御工程的工作量。

在城墙或其他防御工事前方挖掘的壕沟能够发挥多重作用。如果它离城墙很近，

就可以增加城墙的有效高度。即便不是这样，壕沟也可以迟缓进攻者的步伐，迫使他们先下到沟底再爬上另一侧。在壕沟里面灌水或放置其他障碍物可以给进攻者制造更多的问题。壕沟使得进攻者很难把攻城器械靠近城墙，防止他们破墙而入。壕沟既可以是一道简单的人工沟渠，也可以是为了特殊目的而加以建造。有些壕沟的一侧比另一侧陡峭，这取决于其用途。一道"进

攻性"壕沟使得进攻者能相对容易地通过并扑向城墙；但如果他们想要撤退或是后退从而获取更多的弓箭和攻城梯等武器的话，他们就会遇到陡峭的斜坡，以致很难爬出壕沟并远离城墙。而面对着防御者的平缓斜坡，使其获得更加开阔的射击视野，让他们能够使用弓箭或标枪杀死更多的敌人。

反之，一道"防御性"壕沟使得企图靠近城墙的进攻者面对着一道陡峭的斜坡，从而很难靠近城墙并发起进攻。有些要塞的建造者挖掘了同心壕沟，而每道壕沟都最大程度地发挥了防御者的优势。

这块浮雕刻画了亚述士兵守卫的要塞。高度是非常重要的作战优势，它可以使防御者身处敌人手持武器的打击范围以外，同时又能让他们的弓箭获得更大的射程。

从壕沟里挖出来的土可以用来建造土墙或壁垒,还可以在上面加上一道简易的栅栏或篱笆,以增加其有效高度。但是这种障碍物能相对容易地用战斧劈开或被付之一炬,因此,坚固的城墙更受青睐。

人们最初用泥砖来建筑城墙,泥砖易于制造但是相对易碎。石墙最终成为了普遍现象,尽管这比用泥砖建造城墙需要耗费更多的财力和劳力。

当然,要塞如果不加防御的话就仅仅是一道障碍而已,因此城墙上要有容纳士兵站立并进行作战的地方,在理想的情况下,还要让他们得到某种保护,因为暴露在外的士兵很容易成为别人的靶子。投射部队特别是弓箭兵是要塞防御的主力,因为他们能够远距离地进攻敌人。墙顶或敌楼(墙台)的位置赋予了弓箭兵一大优势,即他的射程要比还击他的敌人远得多,而且他通常至少还能部分地躲避还击火力。

大部分要塞在建造时都会考虑到投射部队。伸到城墙之外的敌楼能够让里面的弓箭兵射击敌人,如果敌人企图破坏墙基或是使用攻城器械的话,同时也射击那些攻城敌军。

亚述军队正在进攻一座要塞,一架攻城器械沿着坡道由下而上去攻打城墙。亚述武器库里的另一件关键性武器是制造恐怖,在浮雕中表现为背景中那些挂在杆子上的敌军尸体。

两河流域的攻城槌

这架两河流域的攻城槌是用来进攻泥砖城墙的,或用来敲碎更坚固城墙的合缝部位。攻城槌利用粗大木块加以保护,木块上覆以兽皮,而兽皮用水浸湿以防止敌人火烧器械。尽管安装有轮子,但攻城槌还是需要平坦路面才能通过,这就必须修筑一条攻城斜坡。

如果城墙被打开缺口，或者敌人发起了总攻的话，负责近身作战的部队就必须在缺口设置障碍物从而击退敌人的进攻。但是如果战局发展到士兵需要为保护城墙而进行肉搏战的话，那形势就岌岌可危了。

攻打固定的防御要塞

在面对这类防御工事时，进攻者的任务十分艰巨。即使一次成功的进攻也将付出非常高昂的代价，因此对付这类设防城市的理想办法是不战而降。进攻者武器库中的首要选项是外交、纳叛、欺诈以及饿敌。

耶路撒冷围攻战（公元前 1000 年）

由于缺少攻城器械，希伯来部落武士只有一次机会去突破耶路撒冷的城防，那就是蛮攻。在弓箭兵与掷石兵的掩护下，希伯来武士向城防工事发起冲锋并尽力在城墙上夺取了一个立足点。虽然遇到了反击，但他们逐渐扩大了立足点的范围，将防御者赶离城墙并夺取了进入城市的通道。

进入城市的一种办法是，说服防御者相信让出城市符合他们的最大利益。积极的利诱包括直接贿赂、提供贸易特惠、领土补偿，或是其他由于不抵抗潜在进攻者而产生的机会。

另一种做法是激起某种恐惧，以致防御方宁可打开城门而不是殊死抵抗。基于这个原因，许多国家都采取残忍手段对付那些宁死不屈的人。屠城或是刺瞎全体居民并不仅仅是滥施暴行，还是将来迫使其他城市采取合作态度的一个办法。在选择投降以获得宽大处理，还是坚决抵抗后任由宰割后，很多城市决定不要冒险抵抗。

无论是利诱、恐吓，还是二者兼而有之，进攻方都需要让防守方明白防御有可能是徒劳无益的。基于这一原因，炫耀武力并非不常见。一支大军会在目标城市面前摆开猎猎军旗，炫耀巨大兵力规模，或

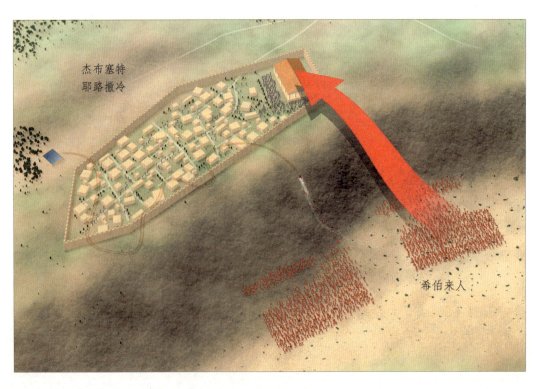

杰布塞特
耶路撒冷

希伯来人

发起象征性的攻势迫使其投降。有些国家是如此强大，以至于一提到它们的名字而不是凭出动武力就能够或足以让敌人闻风丧胆。

如果外交手段无功而返，进攻方就会采取欺骗手法让防御者工事陷于瘫痪。一些看上去善良无辜的商人或农民被派去渗透进城市，然后在夜里打开城门，或夺取一道城门并坚守下去，直到快速先头部队冲进来并占领城门。

《圣经》里面记载的对杰里科城的进攻就属于这样一次欺诈行动。犹太人军队每天都在城市周围行军，好像在进行某种宗教游行。无疑这种行为一开始引起了防御者的注意和警惕，但渐渐地防御者习以为常，觉得不会构成真正的威胁。一旦防御者放松警惕，犹太军队就把行军变成行动，在防御者没有反应的情况下抵近城墙。最后，犹太军队在杰里科城守军做出任何有效的反应之前，敲响战鼓迅速发起进攻，一举占领了城墙。

纳叛、饿敌与疾病

纳叛也是进攻者进入城市的一种办法。城市居民中的不忠分子或恐惧不安的人会下定决心或者在受到利诱之时为敌人打开大门，要么将某个不设防的入城通道告诉敌人。在希伯来人成功夺取迦南各个城市的过程中，这个因素可能就发挥了作用。当希伯来人一路流浪到迦南之时，有大量希伯来人定居在这些城市里面，他们决定与新来者同甘苦共命运。这将有助于解

释一支装备很差的部落民族为什么能够在没有攻城器械的情况下，一战而快速夺取了一座又一座的防御坚固的城市。

如果这些手段都不管用，那还可以通过制造饥饿让防御者屈服。通过围困城市并切断粮食供应——有时是切断水源，如果城内没有其他供给的话——就可能诱使防御者投降。然而这样可能会耗时很长，因为许多城市能够支撑数个季节。长期被拴在攻城阵地上的进攻军队不仅不可能再用于其他行动，并耗尽了己方的后勤资源，而且容易受到疾病侵袭。

疾病对任何军队都是个严重威胁，特别是围攻一方的军队。目标城市也面临着同样的威胁，但是进攻者可以选择承担这个风险，而防守者却别无选择。

> 由于犹太国王希西家不肯臣服于我的统治，我才前来对付他。在本王大军和本人神力的打击下，我夺取了他的46座防御坚固的城市。
>
> ——亚述国王塞纳克里布

因此，攻城指挥官必须权衡各种选项。如果其他办法都不管用，而且又不值得在围困中消耗几个月的时间，那么唯一的选择就是武力攻城。有些军队非常善于围攻作战行动，其中就包括亚述人。由于大部分亚述的敌人都深知，出城与亚述军队野战对垒必败无疑，因此亚述人被迫实施无数次的攻城战。所以，亚述人被他们自己在战场上的赫赫威名所累，在压力之下竟也成了攻城战的行家里手。

进攻城门和城墙

所有城市防御的薄弱之处都在于城门。一个千真万确的事实是，城门的设计宗旨就重于开启，所以没有哪座城门会和泥墙或石墙一样坚固。因此必须尽可能地保

　　正如这座尼尼微城墙所显示的那样，要塞工事并不能阻止决死进攻的大军夺取其入口，而只是发挥着防御者"力量倍增器"的作用。不可避免的重大伤亡也许能足够震慑进攻者，使其不敢轻易发动进攻。

住城门不致失手。弓箭兵在坚固的城楼与墙台内向前来进攻的敌人射击，是保住这个薄弱点的必要办法。

　　即使城门失守，也可以用步兵牢牢地把住或是从里面把路堵住。人们经常使用有内部和外部两道门的防御体系，或是从城墙上伸出来的附加工事来保护城门。这些措施营造了一块杀戮场地，防御者能够尽可能痛快地杀伤进攻者。但是城门依然是任何进攻者的首要目标。一旦城门被攻陷，进入城市就相对容易了，而且城市几乎

肯定要沦陷。

　　当然，进攻者不可能把全部精力都用于夺取城门。实际上，在许多例子中，城门的防御都足够有效，足以将一次进攻变为一次自杀行动。因此城门仅仅是进攻者的目标之一。

　　城墙构成了重大障碍，但可以采取两种办法之一将其攻克。进攻者要么找到办法爬上城墙，要么弄垮其中一块城墙以清除障碍。

攻城武器

　　最简单但却最危险的爬上城墙的办法就是使用梯子。正在攀爬攻城梯的人极易受到从上而下的攻击，而有时会有一些专

门工具也被用来对付攻城梯。

简单地把攻城梯从墙头向外推开也许会给爬梯子的人带来恐惧，但梯子却可以被扶起来重新使用。更有效的方法是把梯子硬拉硬拽进要塞中，让敌人再也用不上。在一个相对缺乏木材的地区，寻找到能替代梯子的工具颇为困难。简单地抓住梯子并将其拉上城墙并不难，但如果哪怕是只有一个敌人趴在梯子上或是用力拉着梯子而产生的重量，就使得这件事很难成功。有时候，使用带钩子的长棍可以把敌人的梯子套住，从城墙里面拉过去或者吊进去。

使用攻城塔没有使用梯子那么危险。所谓攻城塔，实际上就是把几个木头柜子一层层地架在带轮子的大车上，柜子里面用一把梯子直通上下，然后将攻城塔推向城墙。部署在攻城塔顶端的弓箭兵或是轻型攻城武器可以在突击部队冲上墙头的那一刻，为他们提供掩护火力。

在大多数情况下，让攻城塔靠近城墙其实是一个棘手问题。如果城墙位于壕沟后面，或者位于斜坡上，又或者周边是崎岖不平的地形，攻城塔就无法靠近。这时候的应对办法就只能是修建"坡道"或"土坝"，将地面铺平，或是修建一道通往城墙的平缓的斜坡。这种办法同样可以使得攻城塔达到城墙那样的高度。

毫无疑问，修建这样一座攻击平台绝对是一项浩大的工程，而且要在防御者的火力打击之下进行。一项与之类似而且同样危险的任务是通过破坏城墙的墙基，导致一段城墙倒塌。在后来的历史时期，这一

> 我统治并管理着黑头民族；我摧毁了拥有青铜战斧的强大山脉；我登上了高山之巅并横扫一座座丘陵；我还三次围攻海洋国家。
>
> ——阿卡德国王萨尔贡

做法被称为"坑道攻城战"。奉命执行修建坡道或是破坏墙基任务的部队，暴露在敌人从上方射来的箭矢，以及其他从城墙上投掷下来的打击物面前。滚烫的水或是加热后滚烫的沙子从上面倾倒下来覆盖进攻者的身体。煮沸的热油和铅水也可能被使用，但是由于成本过高、数量有限，这些东西很少使用。

为了保护施工部队，同时也为了消耗防御者的兵力，进攻方会使用弓箭兵或攻城机械向敌人发射标枪或小石块。在一切可能的地方，进攻者采用土方工事或大型手持盾牌进入施工部队、弓箭兵以及工程机械所在的位置，为他们提供不受敌方火力打击的保护。

攻城槌

人们还可以用攻城槌这类机械将城墙攻破。攻城槌最初的形态可能更像是某种装在木架上的镐或长矛，可以用来一点点地敲碎或者挖开砖墙的表面。用这种方法挖开城墙是个非常缓慢的过程，而且在石墙一统天下之后，这种办法就不可行了。于是攻城槌开始变得更加沉重，前面安装了一个巨大的撞角，不再对城墙表面敲敲打打了。

重型攻城槌可以把城墙的石头硬生生地撞开，或是直接撞开城门。根据最简单的形态设计，攻城槌使用的是一根坚固的木头横梁，用一块金属片罩在撞角外面，几个人就可以将其向前推进。然而，如果用一个架子将攻城槌悬挂起来使用，作战效果会

亚述攻城塔

攻城塔无论在体积还是样式上都多种多样。但大部分都不止有一层，并装备着除了攻城槌之外的一系列火炮武器。攻城塔的高度抵消了城墙顶部的防御者拥有的高度优势，而且还能向城墙顶部投下桥梁。进攻部队能够在相对轻松的条件下，依靠攻城塔的外部保护顺着里面的梯子向上爬，然后轻而易举地穿过城墙顶部。

好得多，因为架子上方的顶盖能够保护下面的操作人员。此外，这种设计还使得攻城槌可以前后拉动，并在重力的作用下反复向前撞击目标。

在一些文化中，形成这样一种不成文的规定，那就是当攻城槌向城墙发起第一波攻击之后，防守方弃城投降不仅可以接受，而且也在预料之中。一支部队坚持到这一步，说明防御者表现得很英勇，而且体面地放弃了战斗，用不着迫使进攻者承受最后攻击的痛苦代价。投降后的防御者期待着得到仁慈的对待，而且经常如愿以偿。

然而，如果防御者坚信能够赢得胜利，或者没有什么可以失去的话，他们就会拒绝投降。由此一来，进攻者将被迫发动对城墙的猛攻，或者在城墙上打开缺口并将其

这块新亚述时期的浮雕刻画了在公元前701年战役中，一架攻城槌进攻拉基什的防御工事。攻城战中的基本工具——坑道、攻城槌以及攻城塔等等——在早期历史中就得到了发展，直到火药大炮问世之前都没有出现重大变化。

摧毁。这样通常会付出惨重的代价。而在这种情况下，防御的一方就别指望敌人会开恩了。这条规则并非放之四海而皆准，而且也经常得不到尊重。许多要塞守军在体面地投降后，还是被杀得一干二净。

在对付攻城器械和施工部队的时候，防守方的选择相对比较少。他们可以用箭矢射杀敌人的工兵，在敌人靠近城墙时直接把投射物砸向攻城器械，利用突袭冲出去将敌人的施工部队和攻城器械人员赶走，或是将敌人的攻城器械整个予以摧毁。

通常的做法是向攻城器械发射火箭，它自行烧毁。这种做法在大部分时期并非都管用。用粗大木头建造的攻城器械根本不怕火烧，进攻方通常会用皮革或者浸水布匹把木头包裹起来。只要攻城人员保持警惕，一旦着火也很容易扑灭。

坑道作业

攻城部队还有另一种办法可以进入城市。他们可以在城墙下挖掘一条通道。这种做法通常被称为坑道作业。但一般情况下并不是挖一条通道然后将部队利用地道送进城里。实际做法是，进攻部队会把地道一直挖到城墙正下方，然后把地道扩大成小型的洞穴。洞穴先用可以燃烧的木头支撑起来，当一切就绪后，支撑木头就被点燃，而进攻人员也会从地道中撤离出来。理想情况下，这个小洞穴将会塌方，导致上面的那段城墙随之倒塌。一旦城墙上出现缺口，马上就可以发动正常攻势了。

如果守城部队发现了挖掘行动，他们可以采取反制措施。其中的关键是要尽早发现敌人在挖洞。在地面上靠近城墙的地方放上一个个盛满水的碗，挖洞所引起的振动将使水面荡起阵阵涟漪，这样守城部队就可以确定敌人挖洞的大致方位了。反挖掘行动能够让守城部队打断敌人的地道，使它在到达城墙之前就已崩塌。如果敌人的地道当时就被守城方占领了，那么一场拼死一搏的近战将不可避免。

因此，攻城作战绝不是仅仅包围一座城市，等待着守城者最后饿死那么简单。即便救援大军无法前来解围，守城部队还是有可能发起突围作战。小股部队可能会冲出来破坏攻城器械，或者摧毁进攻者的补给线。与此同时，进攻方会逐渐逼近城墙，填平防御用的壕沟，将攻城器械进一步靠近城墙。

当攻城大军试图突破城墙或城门时，弓箭兵和攻城器械将给敌人造成持续不断的伤亡。从事挖掘地道和坑道的部队试图将敌人的一段城墙推倒的同时，其他的工程兵正在准备用攻城槌和攻城塔展开进攻。

波斯人的坑道技术

波斯军队使用的攻城技术经过多年发展已经成为标准做法了，需要很高的技巧才能有效地运用。只有经验丰富的坑道作业人员才能估计出地道什么时候才能挖到敌人城墙的下面，或已经足够靠近城墙而大功告成。这项足够重要的工作有时候需要雇佣外国专家来做，一旦成功的话，他们会收到丰厚的回报。

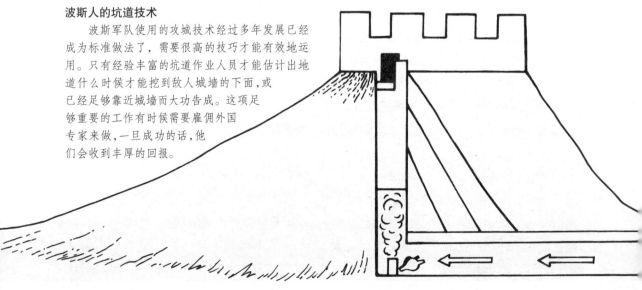

最后的总攻

最后的总攻终于开始。多点发起进攻司空见惯。在主攻部队进攻城墙缺口的时候，还会同时用攻城梯进攻没有被突破的城墙。多点进攻分散了守城部队的兵力，削弱了主攻方向的防御能力。尽管有时反而是牵制性的攻势而不是主攻方向取得了胜利。

在任何情况下，如果攻城大军夺取了一段城墙，守城部队都不得不马上反攻将敌人赶出去，否则就面临着失去整个城墙的危险。如果全部城墙都失陷了，攻城大军就将迅速地相对自由地进入城市的通道，那么守城部队就败局已定了。即便他们还可以在要塞或是其他的坚固据点再据守一阵子。

坚守到最后一刻的城市通常都会遭到洗劫，而其居民也将惨遭屠杀。即使攻城大军的统帅能够慈悲为怀，那些刚刚从攻城作战的紧张与残酷状态中解脱出来的士兵也会肆无忌惮地烧杀抢掠。这就是为什么一旦被围城市受到了攻城器械的进攻，守军大多会投降的原因。因为决心使用攻城器械的大军，通常都誓将夺取城市。在这种情况下，再抵抗到最后，就会是个十分致命的冒险决定了。一场成功的守城战将扭转整个战局，或是被英雄史诗所传唱。但如果失败的话，结果将是恐怖万分、血流成河！

这里描绘的拉基什围攻战更像是对一座欧洲城堡的进攻，而不是古代的围攻战。这说明此画的作者对中世纪的围攻战而不是古代的冲突更加熟悉了解。

拉基什围攻战

（公元前 701 年）

亚述帝国在战场上取得了大规模的胜利。这要归功于很多因素，其中包括使用铁制武器和铠甲、良好的训练与组织，以及创建了一支职业化的大军。这类军队能够保留在一场战役中获得的经验，不会因为士兵们解甲归田回去照料他们的农田和作坊而失去宝贵的作战经验。

亚述军队能够将任何敌人从战场上赶走的能力使得他们有必要发展出良好的围攻战术，因为许多敌人都会在亚述军队逼近的时候躲在自己的要塞里面。因此，亚述帝国的军事学院会教授使用攻城器械的技术，以及夺取城市的战术。

犹太王国通过进贡和保持低调的方式，小心翼翼地保持着对亚述帝国的独立。但很明显，迟早有一天，亚述帝国也将兼并犹太王国。为了未雨绸缪，犹太加入了由埃及人、非利士人以及腓尼基人所组成的同盟。

在亚述人迅速击败了同盟中的主要伙伴埃及之后，犹太马上请求议和。不同寻常的是，这一请求竟然被答应了。然而，犹太国王又企图利用亚述国内的政治混乱，并且加入了另一个反亚述同盟。而这个同盟后来也被亚述打败了。

尽管这次犹太又逃过了惩罚，但只是短期喘息而已。亚述新国王塞纳克里布很快就决定要惩罚犹太王国的行为并随后发动了入侵。亚述大军先后攻占了 46 座要塞，但并没有试图夺取耶路撒冷。耶路撒冷的防御已经大大增强。但是拉基什却被亚述占领了。

亚述对拉基什的围攻战是以常见的方式开始的。亚述军队在城市前面阅兵以炫耀武力，然后要求城市的守军投降。要求中列出了守军取得胜利的渺茫希望，以及战败后的可怕后果。要求中还保证如果守军不战而降的话，亚述将对其慈悲为怀。

但拉基什没有投降，于是迫使亚述人开始了围攻行动。第一步是包围城市并切断外援。此举完成，接下来就必须决定如何以最佳的方式展开进攻。直接攻打城门是不现实的，因为那里的防御工事非常坚固。因此亚述人决定进攻城墙。

亚述人开始建造一条通往城墙的坡道，这可以让他们的攻城槌以及其他攻城器械抵近城墙。守军竭尽全力干扰坡道的建设，从城墙上向其射箭，扔砸投掷物。然而亚述筑路兵人员得到了重装铠甲弓箭兵的保护，这些弓箭兵向任何暴露在城墙上的守军射击。

筑路人员本身大多都是此前战役中的俘虏，因此亚述并不关心其死活。随着土制坡道逐渐成形，上面铺上了一层石板，以便攻城器械更容易靠近。一旦坡道完全竣工，攻城槌就被推上去开始撞击城墙。

在攻城槌撞墙的时候，守军们竭尽全力防止城墙被突破。他们建造起自己的坡道以支撑住城

> 然后亚述国王的私人代表将这个消息带给了希西家国王："这是伟大的亚述国王说的：你相信的何物竟使你如此自信？"
>
> ——《圣经·列王纪下 18:19》

墙,但无济于事。城墙最终被突破,而亚述的进攻准备也开始了。在攻击主要突破口的同时,亚述人还用攻城梯进攻城墙的其他部分,以分散守军的反应。在弓箭手火力的掩护下,亚述步兵猛烈攻击城墙并穿过了突破口。尽管守军们拼死抵抗,但还是被压制了。亚述进攻部队血洗城市,将其民众全部处死。最终,这座城市的领导者被钉死在尖桩上,以作为对其他胆敢无视亚述权势之人的警告。

拉基什(公元前701年)

拉基什围攻战展示出古代的数种攻城技术:孤立目标城市、建造坡道、使用攻城槌,以及严厉惩罚守军以震慑其他拒绝亚述统治的人。拉基什围攻战在这方面没有什么不同寻常之处。它之所以引人注目主要是由于完好的历史记载,并不是围攻战有什么独到之处。

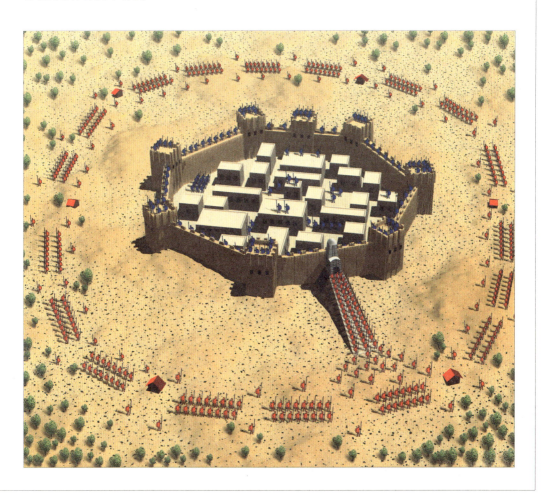

第二章

古代埃及和巴勒斯坦地区的武士

尽管开始之时并不复杂，但古代埃及发展出了一套先进的军事制度，拥有训练有素的军官和效率很高的后勤部队。新的挑战迫使古埃及人学会了从战车上甚至在海上的作战技术。

就像大多数的古代文明那样，古埃及文明也崛起于大河流域。两条彼此独立的河流——青尼罗河与白尼罗河在今天的苏丹境内汇合成为尼罗河，然后向北奔流汇入地中海。

尼罗河流域古文明的兴起

尼罗河冲刷了一片本来是寸草不生的沙漠地区。尽管它周期性泛滥的洪水使得当地的农民生活变得很困

埃及法老将其所作所为刻在石头上作为一种宣传，同时也当作历史记录。这些人物是运送补给的役夫，他们出现在拉美西斯三世建造的一座神庙上。

59

难，但它同时也使当地的农业获得了高得多的产量。尼罗河洪水带来的沉积物使当地的土壤极其肥沃。这个条件推动了当地定居点的出现，一群群狩猎采集者的部落放弃了游猎生活方式，转而定居下来。

尼罗河地区的生产力使得人口快速增长，并催生了一个有组织的社会的诞生。农业人员生产剩余粮食的能力使得人口中的一部分转而从事更加专业化的工作，例如建筑、手工和贸易等等。反过来，这些经济活动又创造出对金属和石材的需求，这些原材料需要被开采、加工并运输到有需求的地方。

聚落群体和贸易路线自然需要得到保护，这又引起了一个武士阶层的出现，武士们能够进行有组织的战斗，同时也能保护他们自己的财产。正是这个武士阶层相继征服了附近的村镇与城市，逐渐缔造了一个中央集权的王国。这个王国的繁荣，从一直留存到了今天的金字塔与宏大庙宇当中可一窥究竟。

建造这些工程所需的人力和资源是十分惊人的，即使在一个长时间段内以普通效率进行的话也是如此。为了让参加这些工程的人力能够暂时离开手工业和农业活动，就必须有一个高效的运输和官僚系统，以确保各个岗位不存在人力缺口，而施工人员的需要也要得到满足。

这反过来又需要一个强大的中央政

一个能够在建设宏伟建筑例如大金字塔和狮身人面像时调配人力资源的社会，在资助、征召以及供给一支军队的时候也几乎不会有什么困难。

府，有能力维持国家稳定，即使不是和平的话。如果这些工程建筑——实际上还包括每天日常的社会管理——不想被内部的不法之徒或是外部入侵者打断的话，那么一个能够专门对付内、外部威胁的高效的武士阶层就是必不可少的。

因此，有组织的军事力量的存在不仅对于王国的安全，而且对于它的繁荣都是十分关键的。像金字塔这样的伟大工程之所以能够出现在世人面前，很大程度上归功于古代的埃及战士以及他们的指挥官。

埃及的历史相当悠久，可以分成几个截然不同的时期。这种分期主要是基于当时统治埃及的不同王朝，而这些王朝并非总是埃及本地人。外国入侵者、地方领导人中的暴发户，以及不忠诚的王室成员都觊觎着埃及的王位，有的人就成功了。

从大约公元前 3150 年王国建立开始，埃及的武士们发展了新的作战技术，并从敌人身上学到了很多。例如从迦南人那里学会了使用战车。埃及的军事制度同样也受到了一波又一波入侵者和征服者的影响。

但是，尽管统治的王朝不断变化，埃及还是作为一个被公认的政治实体存在了许多世纪，直到公元前 31 年罗马大军终结了托勒密王朝的统治，将埃及变为罗马帝国的一个行省为止。

古埃及在只要可能的地方都会雇用外籍部队以支持它自己的军队。这块来自底比斯的壁画描绘了在埃及军中服役的一队努比亚雇佣军。

早期王朝

我们今天讨论的所谓气候变化根本不是什么新鲜话题。当古埃及最初的伟大王朝兴起的时候，尼罗河谷周围的北非地区已经干旱了上千年。以前的草原逐渐变成了沙漠，迫使人们不得不向内迁移，来到沿着尼罗河的肥沃而又能得到充分灌溉的地区。

尼罗河谷地成了各个部落的家园，其中涅伽达部落逐渐占据优势地位。涅伽达部落发源于尼罗河谷地的南部，从大约公元前 4000 年开始沿着尼罗河逐渐扩张起来。这一扩张过程中绝非没有冲突，随着涅伽达部落的人口和领土不断增长，其他的部落要么被征服，要么被逐离。然而扩张是非常缓慢的，从最初的扩张到一个统一的古文明出现，中间历经了好几个世纪。

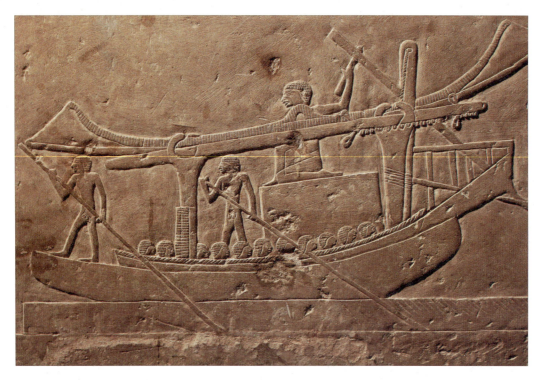

海外贸易对埃及的繁荣很重要。这块大约公元前 2494—前 2345 年的浮雕描绘了一艘贸易船载运着货物和乘客进入港口。

到了大约公元前 3150 年，下埃及已经统一了，处在被认为是最早的几位法老王朝的统治之下。这些法老定都于孟菲斯。这些被历史学家称为早期王朝时期的法老们都极其富有。他们的财富既来自于本国人民的手工业，也来自于同外部世界的贸易往来。后者包括居住在东地中海周边地区的民族，以及附近沙漠地区的居民。

早期王朝采用的是涅伽达的书面语言，这一语言逐渐演变成为随后几个世纪所使用的古典象形文字。他们还带来了一种观念，即认为死去的法老就变成了神。在使得王朝的统治合法化方面，这是个有用的工具。因为它意味着现世的统治者是神的后代，有可能获得神的眷顾甚至是帮助。

在埃及历史的这个阶段，即古王国时期，一个能读会写的中产阶层兴起了，他们满足了抄写员、官僚以及政府官员岗位的需要。中央的权威只能在一个相当有限的地区内才能实现，因此中央政府任命了各地区的总督，而他们的权力也与日俱增。到了古王国阶段的末期，相当一部分有经济实力的权力集团是围绕在总督以及书吏阶层而不是法老周围的。

力量平衡的逐渐变化，使得地区总督能够挑战法老的权威。在公元前 2200—前 2150 年，一段干旱时期严重破坏了尼罗河谷地的农业基础。争夺粮食资源的冲突开始打破传统的国内生产系统。中央权威瓦解了，新独立的各省在相互混战的同时也和法老的军队作战。

随着自然条件的改善，已经独立的各个省份开始竞相争夺控制一片更大的疆域。最终，下埃及在他们自己王朝的统治下重新统一，而另一个王朝则从底比斯统治着上埃及。

这一局面维持了大约一个世纪，直到两个王国开始发生冲突。底比斯的军队取得了胜利，然后它的王朝在上、下埃及都确立了统治地位。这大约发生在公元前 2055 年。

埃及轮式攻城梯

这样一副轮式攻城梯的缩放比例图画，被发现于公元前 2500 年的一座古埃及墓穴。埃及军队进行了少有的几场重大攻城战，他们倾向于在战场上解决问题。埃及军队著名的攻城战包括了围攻哈特瓦雷特以及攻陷美吉多（公元前 1482 年）。

中王国和希克索斯王朝

在单一统治者之下，埃及重新统一并带来了一段繁荣时期，历史学家称之为中王国。通过大规模的灌溉工程，粮食产量得到了提高，进一步增强了埃及王国的实力。

中王国的军队发起了一场征服努比亚的战役，希望以此确保获取石材和贵金属资源。此外，埃及还修建了一些防御工事以确保边界和王国经济财产的安全。在大约公元前 2200 年，埃及修建了一条由 20 座要塞组成的防御线，以保护南部边疆免受努比亚人的入侵。当时努比亚人已经发展成为埃及的一大威胁。

根据当时的资料，在这些要塞上每一处都有 3000 名士兵驻守。如此大规模的常备军只有一个能够享受到长期繁荣的国家才能拥有。通过防止来自南方的袭击，这些军队还帮助维持了国家的繁荣局面。

那时的埃及军队主要由效忠于当地贵族的民兵组成，再加上法老和大贵族的宫廷部队。要召集大规模军队的话，可以要求贵族提供部队。至少在理论上，贵族们要派出他们能够负担的大量民兵。但实际上，民兵制度的运行在很大程度上依赖于埃及国内的政治状况，以及法老和他的贵族们之间的关系好坏。

这个制度在为局部地区或者是一个小王国提供防御的时候，可以运行得非常好。但是埃及太大了，这个制

这块用于仪式性脚凳上的雕刻的主题是庆祝对叙利亚人、利比亚人、努比亚人以及苏丹人的胜利。这些战俘俯身在地，表示他们已经被脚凳的主人所击败。

狼牙棒与威力弱小的弓箭毫无作用。他们还使用威力更强大的弓箭，能够在更远的距离射击敌人，而且杀伤力也提高了。

除了这些优势，希克索斯人还使用了战车，而埃及人直到那时还没有在战场上遇到过战车。埃及军队的射程被敌人的火力所超越，武器无法刺穿希克索斯人的铠甲，此外还要受到一大群高速轮式战车的惊吓。在此情况下，埃及军队根本抵挡不住希克索斯大军的进攻。

希克索斯人因而控制了埃及北部。但是他们不太懂如何治理一个大国，因此很明智地采用了法老统治时期所留下的做法和制度，实质上也就是把他们自己的权威加诸在一个几乎原封不动的体系之上而已。然而，埃及法老并没有被彻底打败。法老保住了在底比斯周边的一些领土，通过向希克索斯人交纳供奉，其统治幸存到了下一个世纪左右，直到最终他们能够再一次扩张到全国。

公元前1555年开始，法老向南方的努比亚人发动战争，最终打破了他们的力量。这一战果使得底比斯的军队能够腾出手来向北进攻希克索斯人。经过一场30年的战争，法老的军队最终大获全胜。

新王国和埃及的衰落

重新控制埃及全国之后，法老们开始扩张领土。而这需要对埃及军事制度做出重大变革。埃及人从希克索斯人那里吸收了一些观念，并造就了自身社会的一个军

度无法有效地对付大规模的外部威胁。因此，在公元前2000—前1700年，出现了一个逐渐的演变过程。专业化的将军和军官被任命去处理后勤事务，以及那些无需法老本人所关注的威胁。

从约公元前1650年开始，中王国受到了干旱的肆虐，经济上开始严重衰落。随着法老权力的式微，居住在尼罗河三角洲的外国工人发动了起义，推翻法老的统治，控制了北部埃及。这些外国人后来被称为希克索斯人，意思为"境外山地国家的酋长"。

希克索斯人是部落民族，可能发源于埃及以北和以东地区。他们的人数相对较少，无法征集起像埃及人那样大规模的军队，但他们在战斗中却有着显著的优势。

希克索斯人能够接触到起源于迦南和美索不达米亚地区的先进军事技术。这些技术包括插槽式战斧，这种武器要比埃及军队使用的单刀式战斧有效得多。希克索斯人穿戴护身铠甲和头盔，使得埃及人的

事阶层。这个阶层的家庭会得到土地上的报偿，但条件是他们要为军队的军官阶层提供人选。

部队是通过募兵制召集到的，采用的征兵系统是在 10 个人里面选出一个适合服兵役的（而非更加普遍地在 100 人里选一个）。组织和政治方面的改革也得到了实施。地方性的民兵力量被整合进一种军区制度，这使得法老更容易召集地方部队。而

地方贵族再也不能掌握民兵部队了，而这并非偶然地削弱了贵族们发动有效叛乱的能力。

在拥有了一支全新装备和重新组织的军队之后，法老图特摩斯一世和图特摩斯三世向北进攻了叙利亚和迦南，向南进攻了努比亚。他们建立了一系列缓冲国以保护埃及的边界，甚至迫使其他强国向自己纳贡，例如亚述、巴比伦和赫梯王国等等。再与新的对外贸易相结合，富有的法老们在建造神庙与雕像方面极为奢侈。

约公元前 1279 年，18 岁的拉美西斯二世成为法老。他可能是所有法老中最奢侈的一位。但登基伊始，他便遇到了赫梯人的军事挑战。赫梯人的势力从他们位于北方的家乡向外扩张，并通过迦南到达了南方。年轻的法老迅速加以应对。他征集了一支两万人的大军，出发前去迎战赫梯人。随

法老们喜欢把自己描绘为武士或者征服者。这块来自于约公元前 2050 年的浮雕描绘的是法老门图霍特普用他的狼牙棒击打一名努比亚敌人。

后的战役在卡迭石展开，虽不分胜负，但战役向双方都表明他们所对抗的是一个强大并意志坚定的敌人。战役的结果则是历史学家所熟知的史上第一份和平条约。

尽管与赫梯人达成了和平，但西面的利比亚人和海上民族却在进攻埃及，后者不断袭击着埃及的地中海沿岸。在此情况下，埃及对迦南和叙利亚的控制逐渐削弱了，直到最终失去这些省份。

与此同时，力量平衡正在发生变化。通过牺牲法老的权力，祭司阶层不断蓄积着他们自己的权力和财富。到公元前 1078 年，王国的南部已经被阿蒙神庙的祭司们有效地控制了，他们以底比斯为首都。法老从塔尼斯统治着北部，但即便是对那片已

在这块大约公元前 1257 年的浮雕上，法老拉美西斯二世被描述为不仅在击杀他的敌人，而且在他们乞求宽恕的时候粉碎他们的军队。

经缩小了的地区，统治权也逐渐丧失了。

到公元前 945 年，多年来不断向尼罗河三角洲地区移民的利比亚人部落已经成了那里的主要力量，借此他们建立了利比亚王朝。利比亚王朝并不去直接挑战埃及南部的祭司阶层统治者，而是渗透到他们中间，逐渐把自己信赖的人打入祭司阶层，直到南方最终也落入到利比亚王朝的统治之下。

但是到了公元前 727 年，利比亚王朝已经被地方性的冲突严重地削弱了。南方库希特人的军队向北推进到了尼罗河，征服了直到地中海沿岸的埃及领土。其后不久，亚述帝国开始从东北方向侵入了埃及。

亚述人对埃及的入侵并没有持续很久。从大约公元前 670 年开始，亚述军队沿着尼罗河向南推进，征服了他们遇到的每座城市。但是亚述人很快又离开了，由地方

总督统治。名义上这些总督都是亚述帝国的属臣，但实际上他们却千方百计要把亚述的影响力清除掉。到了公元前653年，这些人终于成功了，他们以赛斯为首都建立了一个新的埃及王国。

非正规部队、民兵以及公民士兵

绝大多数有组织的国家都拥有一支训练过的职业军队，或者至少是一个武士阶层，他们的职责包括在任何时候都要准备好打仗。在某些情况下，这些正规军对于赢得一场战役或是成功地进行一场战争都是极其需要的。但是通常也需要向战场投入更多的部队，而这种做法一般是不能够长期坚持下去的。

在一个组织有序的社会，要找到足够的人力去组建一支军队并不困难，但简单地发给他们一件武器并不能造就一位真正的战士，而只是徒有其名。能够部分地解决这个问题的办法林林总总，不一而足。

一个选择是在把这些新兵送到战场之前至少对他们进行简单的训练。训练一支新组建的部队去进行复杂的战场机动，或者在短时间内能够以紧密阵形投入战斗，这些都是不可能的。没有经过充分训练的军队很容易在战场压力之下茫然无措并土崩瓦解，而且如果其成员装备的武器只有在保持大规模密集队形时才能起作用的话，他们就不过是敌人的目标而已。

反之，新兵们配发的武器很容易使用，而且制造的成本也不高。对于需要在短时间内征集起大批军队的国家来说，这一点很重要。因此在苏美尔，职业武士手持长矛以密集方阵作战，并且得到了昂贵的护身

迦南的非正规军

埃及面临的许多敌人都是部落民众，他们无法调集起有组织的军事力量。因此典型的敌人是部落武士，他们装备着长矛和盾牌，他们以单兵或者以小分队的方式而战斗。

铠甲的保护，而负责支援的部队却没有铠甲可穿，同时也只装备了简单而容易使用的弯刀，不过，这种武器的杀伤力可就差远了。

征兵、训练与战术

人们使用各种各样的办法，以保证征召来服役的人至少具备一些经验或训练。最常用的做法是维持一支民兵队伍。不管是受到激励去参军还是被迫要求去参军，一支至少是偶尔进行训练的地方民兵部队既能够维持一定水准的军事技能，也能够在当地受到进攻时提供防御力量。

这种类型的民兵当然不可能与职业化的军队相匹敌，但是他们却能够与入侵敌军的非正规的支援性部队打个平手，而且能够给正规军提供有力的支援。

有的国家进一步发展了民兵这一概念，并推行公民士兵的制度。这一制度要求每位男性公民都要履行义务定期报告训练

情况，以及随时准备战斗。在许多方面，这个制度都是职业武士阶层观念的延伸与淡化，是社会中的每一个人，而非仅仅是一小部分人负有随时准备为国而战的义务。

公民士兵的训练水平必然会比职业军的低一些，因为他们还需要花精力干自己的农活或做自己的生意。让这些作为非职业军队的人口长期脱离其本职工作去参加战争，这是战争期间对经济的严重透支。不过，有些国家通过降低对职业军队的军饷供应，而适度地抵消了这个问题。

一种军事训练方法是鼓励人们开展体育运动，这些运动能力在战争中也用得上。摔跤、投掷标枪等等运动既有着明显的军事用途，又能够让人们保持身体强健，并培养出积极进取、自信以及富有竞争精神的思想意识。

另一种替代办法是从社会中征召已经具备了某些所需技能的人，让他们充当支援部队。猎人善于使用弓箭、掷石器或者标枪，而且打仗时能够自带武器。纵观整个历史，部落民族以及那些以打猎为生的人们不断地向本国或者邻国的军队提供了神射手、弓箭手和散兵。

即使能够维持大规模训练有素的正规军的国家，也时常使用这些非正规部队来加强其军队。非正规部队经常被用于支援性的任务，例如卫戍军营的警戒和补给并实施侦察等等。在战役中，他们时常被用作散兵，向敌军的散兵部队投射枪矢，或是保护装备更好的主力部队的侧翼。

一支部落军队可能全部由非正规士兵组成。这些部落民族在酋长的召唤下奔赴战场并全力搏杀。这些部落武士虽然缺乏正规训练，但可能非常有经验，因此在合适的条件下，非正规部队可能比职业军队更有战斗力。然而一旦战场形势不利，他们也更容易溃散逃跑，因为他们并没有长期正规训练所带来的纪律性与团队意识。

因此，虽然职业士兵通常在战场上更有战斗力，但是装备水平低且几乎缺乏训练的非正规部队仍然是军队一支有用的组成部分。非正规军偶尔也能够并确实打败过正规部队，但是更常见的是，在民兵以及非正规的散兵的支援下，职业化的正规军通过赢得战斗并保障国家的安全而证明了自身存在的价值。

征服和衰落

在赶走亚述人之后，埃及享受了一段恢复权力和荣耀的短暂时期。然而那时，阿契美尼德波斯帝国已经成为该地区最强大的国家，它扩张到地中海并席卷了

埃及士兵正在训练，正如法老拉美西斯三世在参加哈布城神庙所描绘的那样。正规的军事训练赋予法老军队以击败其部落敌人的制胜法宝。

法老拉美西斯的海军陆战队

埃及人使用船只用于后勤并且从中学会了发动两栖登陆战斗,但这需要经过特殊训练的部队。这位陆战队员就装备着狼牙棒以支持其长矛。尽管在对付戴着头盔的敌人的时候效率不高,但是狼牙棒在埃及军队中的使用十分普遍,因为没几个敌人会使用盔甲。

公元前 343 年,波斯恢复了统治,这标志着埃及本土统治的结束。亚历山大大帝征服波斯使得对埃及的统治权再次易手。公元前 332 年,埃及行省被割让给了亚历山大的马其顿帝国,这一举动在埃及没有遇到什么阻力。

亚历山大去世后,埃及继续受到希腊托勒密王朝的统治。首都亚历山大港不仅是政府所在地,也是经济与文化中心。闻名于世的亚历山大港灯塔被建造起来,该灯塔至少部分地有利于从事海上贸易的商人们。托勒密王室大规模投资于经济领域,提升了其领地的繁荣程度。

托勒密王朝一如波斯人那样,并不大规模地介入埃及当地的宗教与行政事务。虽然有些文化上的融合在所难免,但希腊人这样做的目的是为了避免触犯当地人的敏感情绪,以期缓和紧张关系。不过,托勒密王朝在这方面仅仅取得了部分成功,他们被迫不得不去对付一系列叛乱,并且调解统治阶级内部野心勃勃的政治斗争。

埃及越来越不稳定的局势引起了罗马统治阶层的担忧,因为他们每年从埃及进口大量的谷物。因为坠入与马可·安东尼的情网,埃及女王克利奥帕特拉卷入了罗马的内政。结果在公元前 31 年,罗马帝国将

埃及。

波斯人的征服开始于公元前 525 年。在战场上打败了埃及法老之后,波斯皇帝自行加冕成为法老。此后,埃及与腓尼基、塞浦路斯一起作为波斯帝国的总督辖区受到统治。波斯对埃及的控制要比亚述彻底得多,但仅仅过了不到 40 年(公元前380—前 343 年),一位埃及本土的贵族就重新夺取了王位。

美吉多之战
（公元前 1457 年）

在法老图特摩斯二世去世之后,他年幼的儿子图特摩斯被其婶婶哈特舍普苏特架空了权力。表面看来是哈特舍普苏特与图特摩斯共同治理埃及,但实际上却是其婶婶掌握着大权,而图特摩斯却被其他地方的事务分散了精力。

图特摩斯三世的目标之一是成为埃及军队的总司令,由此,他成功指挥一系列战役,并成为一名经验丰富的统帅。

哈特舍普苏特死后不久,迦南就爆发了叛乱。尽管那里的许多城邦都是埃及的附属国,但它们中有的觉得可以利用埃及统治者死亡带来的混乱而悄无声息地赢得独立。然而图特摩斯至少在过去的 22 年里在名义上已经成为埃及法老,他已经掌握了适当的权力,不允许别人利用埃及的权力更替。

凭借军事经验,图特摩斯准备发动对迦南的远征。侦察部队确定了一条进军路线,特别强调了对水源的重视,而相应的后勤供应也已准备完毕。在一段相当短的时间内,2 万人的埃及大军集结完毕并出发了。

图特摩斯大军的精锐打击兵种是他的战车部队。尽管战车相对来说还是一件新型武器,而且其战场经验还有待于进一步改进设计和战术,但是图特摩斯很清楚他的战车需要在战场上得到良好的保养,因此战车工坊也随大军一同前进。

图特摩斯的大军迅速杀进了迦南,并且扫清了向北进攻美吉多城的道路。叛军们正在美吉多集结军队。这支叛军由卡迭石国王领导,由来自许多城邦和部落的作战分队组成。

叛军部队

叛军的规模尽管庞大但却不统一。他们的指挥机构几乎就不存在,每个作战分队都只听从自己的国王或部落领袖的命令,而这些人彼此之间却为谁更有发言权而争吵,因为那样就将有权对其他人发号施令了。在迦南军队总体混乱无序的情况下,重大事务往往是无人过问。

叛军队伍中包含了规模相当大的职业军队,他们主要是前来作战的君王们带来的。然而这支军队是在仓促之间组建起来的,大量士兵只是民兵、非正规部队以及几乎未经训练的士兵。加上薄弱的指挥结构,就使得迦南军队在挫折和意料之外的环境面前非常脆弱,在那样的环境中,他们无法做出迅速和有效的反应。

如果有可能召集起大军直接面对敌人,并在一场简单的线式战役中解决掉敌人的话,事态发展就会完全不同。可是,图特摩斯能够通过奇袭赢得优势,他根本无意与敌人打一场简单的、事先精心部署的战役。

在埃及军队前进路线的正前方是由卡迈尔山脊所构成的巨大障碍。有三条路线能够穿越山脊。北面和南面的路线相对容易通过,而且足够宽敞,军队不容易遭到伏击。另一方面,中间那条路线非常狭窄,即使一支小股部队也能够将法老的大军堵在那里。尽管如此,图特摩斯还是大胆决定从中间路线通过,因为那是最快的路线。

尽管图特摩斯的部下心存疑虑,但计划实现得很完美。迦南人正紧盯着北方和南方的通道,认为那才是符合逻辑的进军路线,却忽视了中间路线。不知道是由于组织无序,还是因为迦南指挥官以为没有将领会如此鲁莽地把军队推进一个很容易变成死亡陷阱的地方。因而中间路线没有迦南人把守,甚至也没有人监视。

结果,图特摩斯大军在出乎迦南人意料的位置从山脊中冲进了平原,而且时间也比预料中的更早。他们在黄昏之后到达平原并休息了一个晚上。与此同时,迦南人正忙着重新部署以对付这个意料之外的威胁。黎明到来后,埃及军队在高地上井然有序地组织起阵形,而迦南军队仍然在混乱中忙成一团。

埃及人进攻

埃及军队的进攻是以战车冲锋开场的。埃及战车沿着迦南军队变动不定的前线奔跑,随心所欲地向混乱中的大批军队射箭。迦南人逐渐被这场精力充沛的屠杀吓破了胆。迦南军队没有做出协调一致的反应,而且随着伤亡的不断攀升,他们已经无法承受住压力了。战斗群开始涣散,一场溃败很快出现。

迦南军队溃散后,埃及战车和步兵马上展开精力十足的追击。有些迦南军队逃进了美吉多并躲在它的城墙后面,其他部队则被打散了。在随后的七个月里,图特摩斯将美吉多严加监视,与此同时扑灭了其他地区的抵抗。最后,他回过头来降服了美吉多。

埃及的权威在这个地区得到了稳固地确立,那里设立了总督以确保叛乱不会再次发生。尽管整个战役持续数月时间,但实际上叛乱在埃及人从那条看似错误的道路中一涌而出,并将迦南人的战备冲得七零八落的那一刻起就真正结束了。迦南军队是毫无组织,以致完全无法对付迅速变化的情况,因此从那一刻起就注定要遭到失败。

美吉多(公元前 1457 年)

通过采取意想不到的路线抵达战场,埃及人改变了迦南人原先所预料的战术形势。训练有素的埃及人能够富有效率地组织起战斗队形并打击敌人,而那个混乱无序的对手还在竭力进行着各种战斗准备。

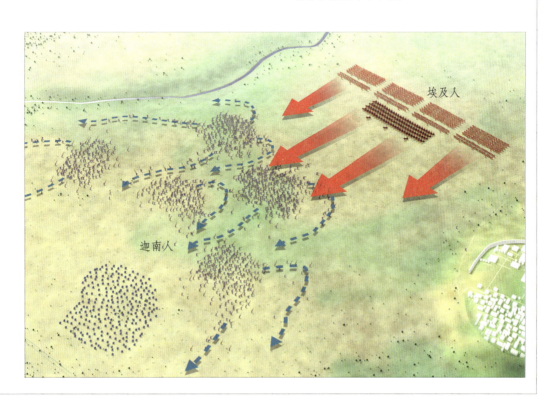

埃及征服，使其成为自己的一个行省。

尽管当地的许多风俗都得到了保留，但埃及本身作为大国的历史已经终结，成了巨大的罗马帝国的一部分。罗马的军事制度取代了埃及的制度，而埃及传统的战争方式经过了许多世纪的演化，并吸收了波斯和希腊统治者的因素。

直到近代，埃及总是作为这个或者那个帝国的一部分而存在。客观地说，现代人对古代埃及活动与文化的兴趣很大程度上归功于一位伟大的军事家。正是拿破仑·波拿巴在远征埃及的时候同时带去了士兵与科学家，这些人使得许多古代埃及的秘密重见天日，从而奠定了现代埃及学的基础。

装备与组织

埃及人拥有高度组织性的文化，在大型工程项目建设方面十分擅长。这需要征集成千上万的工人，并为他们提供住处和饮食。还需要根据中心计划对他们的工作

精心指导，以避免在建造过程中出现阻碍、瓶颈和低效率的情况。这些同样的原则被运用在征集、装备以及组织一支军队方面。

埃及人在其早期历史中主要面对的是以部落形态组织起来的敌人。与苏美尔士兵要对付披盔戴甲的敌人不同，早期埃及军队面对的是没有铠甲防护的敌人。因此，埃及人没有制造那种能够刺穿铠甲的武器，例如插槽战斧。

步兵的基本武器是长矛。长矛制造起来很便宜，而且不需要多少金属原材料，但是作战效能却很高，特别是对付没有铠甲的敌人。与部落武士的战斗群体相比，早期埃及步兵是以相当紧密的阵形战斗的。但他们采用的并不是像苏美尔人以及后来的希腊人那样的紧密方阵。早期的埃及士兵也是没有铠甲的，他们用盾牌保护自己。到图特摩斯三世改革埃及军队之后，铠甲才和其他更有威力的武器例如插槽战斧一起分发给部队。

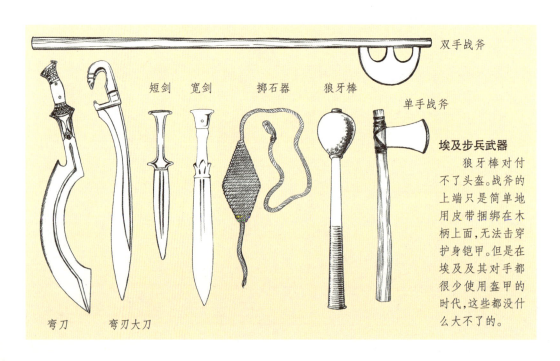

双手战斧

短剑　宽剑　掷石器　狼牙棒

单手战斧

弯刀　弯刃大刀

埃及步兵武器

狼牙棒对付不了头盔。战斧的上端只是简单地用皮带捆绑在木柄上面，无法击穿护身铠甲。但是在埃及及其对手都很少使用盔甲的时代，这些都没什么大不了的。

除了长矛，步兵还会拥有一件基本的贴身武器。这可能是一把匕首或一根狼牙棒，或者是一把所谓的"剑"，但这里的剑和我们现代的设计有所不同。古埃及士兵使用的剑，样式非常简单，仅仅是由一个手柄和锋刃组合而成，根本没有护手，也没有任何横档。

狼牙棒是一种常见的近战武器。狼牙棒不过就是由一个铜球或青铜球加上一个把手所组成，但在砸碎没有盔甲保护的敌军士兵的头颅或骨头的时候，却是非常理想的武器。这种武器在苏美尔已经过时了，因为那里已普遍使用铠甲和头盔。但在埃及却不是这样。直到与希克索斯人的战争之前，狼牙棒都是标准的近战武器，然而希克索斯战争表明这种武器已经不再有效了。

如果没有分发到贴身武器，大多数士兵会在需要的时候使用一把刀具。虽然这主要只是一种日常工具，但在手边没有更好的东西可用之时，仍然可以勉强当作武器。

长矛兵通常会被编成线式队形，弓箭兵为他们提供支援。古埃及的弓箭威力相对较小。在亚述人发明了复合弓之前，弓箭兵都无法将箭射得很远或者穿透敌军铠甲。不过，埃及军队在对付其大多数敌人的时候都不需要用到复合弓那种有威力的武器，因此这方面的需求并不明显。

弓箭兵本身并没有铠甲保护，他们只能依赖于长矛兵的支持或者

自己的奔跑能力，使那些手持武器的敌军士兵无法逮到他们。他们的任务就是靠近敌人并尽可能多地射倒敌军士兵，与此同时，尽量避免用手持武器去攻击敌人。一旦敌人的队形受到了削弱，长矛兵就会发动决定性的冲锋击败敌人。

古埃及军队的两翼是轻装部队。这些人可能是从社会下层募集来的埃及本国人，也可能是从同盟部落召集的人。这些人通常是投石兵和标枪兵。他们的主要任务是防止主力部队被包抄，以及削弱敌军队伍中相同部队的战斗效能。

轻装部队以及某些步兵和弓箭兵来自于社会下层。国家使用

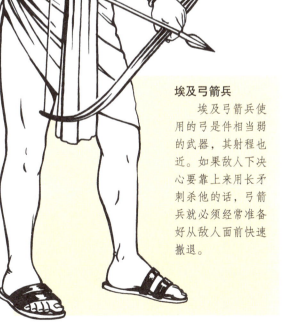

埃及弓箭兵

埃及弓箭兵使用的弓是件相当弱的武器，其射程也近。如果敌人下决心要靠上来用长矛刺杀他的话，弓箭兵就必须经常准备好从敌人面前快速撤退。

73

某种形式的征兵制度以得到所需的军队员额。然而，许多弓箭兵和长矛兵是来自于武士阶层，他们享有较高的社会地位，还有些则是来自于重要的贵族家庭。

战车是迦南人发明的，并被希克索斯人引进了埃及。埃及人被战车的战争潜力的视觉效果震撼了，因此非常热情地予以采用。战车组的成员都是军队的精英，很大程度上正如很多后来的重骑兵那样，也是军队的精英。

埃及战车相当轻巧，在两匹马的拉动下跑得很快。尽管没有赫梯人或者其他强国所使用的战车稳固和耐用，但埃及战车速度快，机动性能好。这使得一排战车能够突破敌人的阵线，然后调转回头沿着原路返回，而不会发生彼此碰撞或者混乱失序。

埃及战车主要是一个射击平台，所以它的速度相当管用，可以避免与敌军重装部队直接接触，如赫梯人所使用的装备更重但速度较慢的战车。在理论上，埃及战车部队能够骚扰敌人，消耗他们直到其最终失败，但却不会被拖入近战。

组织、指挥与控制

埃及人深谙指挥与控制的价值，他们已经在大规模的建筑工程中积累了经验。他们的军队在指挥官之下分成了各个分队，而指挥官对于成功抱有理所当然的兴趣。除了战败会带来的明显后果之外，与法老关系亲近的指挥官一旦成为败将，还会失去其显赫地位。而那些拥有大量家产的指挥官们会拼死战斗以保护自己的财富。

部队认同感的重要性也广为埃及人接受。在卡迭石战役中，法老拉美西斯二世给四个各拥有5000人的师授予了不同保护神的名字。除了表明将得到神明的护佑，通过营造士兵们的归属感，法老以培养部队认同感的方式提高了他们的士气。

具体在什么时候由5000人组成了一个师的标准规模，这一点并不清楚。但是到公元前1300年时，这个制度已经完全形

埃及战车

埃及战车制造轻巧，对其成员没有多少保护。它的主要防御手段是高速奔跑，这使得车辆成为敌军弓箭兵很难瞄准的目标，而且也使得手持武器的敌军步兵根本碰不到战车成员。

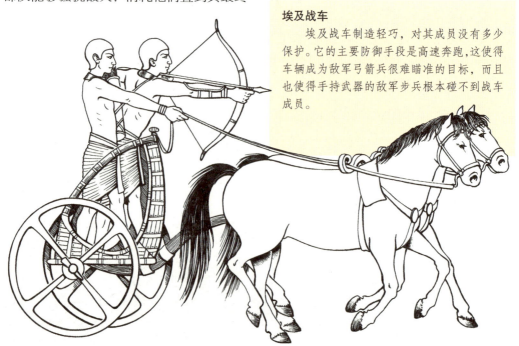

埃及步兵

尽管装备很轻，但埃及步兵都训练有素而且组织有序。建制悠久的部队即使在和平时期也能够保持很高的训练水准，这对于那些为了一场战争而临时征召的民兵或部队来说，是个很大的优势。

成。在每个师的内部，部队又进一步被分成了各 200 人的团，而团本身又由各 50 人的单位组成。每个团的训练水平被注明在它的番号上，这些团的等级可能是新兵团、老兵团或者精锐突击团。

在战车部队中，标准的战术单元是由 25 辆战车组成的中队。他们在需要之时可以被编成 50 到 150 辆战车组成的分队。埃及军队还包括一支后勤部队，他们使用牛车或在可能的情况下通过水路运输，以保持有效的后勤供应链。军官在军校里得到了职业化训练，在那里后勤课程与战术和战略一样受到重视。

埃及军官还擅长利用情报。军事条令载明了日常使用侦察部队，以及对特定目标实施侦察性巡逻的内容。军中会有人担任探子和间谍，他们获得的情报将成为军事计划的有机部分。军官甚至受到专门训练去使用欺骗手段以迷惑敌人，使敌人得不到情报。

埃及军队的主要资本是其组织和兵力数量。相对来说，将大量的战士召集起来比较容易，但是要在战场上维持一支大军，或充分地发挥数量优势，却殊为困难。埃及人的组织技术使得部队能够高效地征集起来，并在长时期内得到供给和进行部署。

因此，尽管埃及的野战军只拥有轻型装备，但他们战斗力颇为强大，并在良好后勤的支援下快速完成长途行军。虽然埃及军队并非苏美尔重甲方阵的有力对手，但作为一个整体，它是一支拥有强大战斗力的部队。

车　战

最早的战车可能起源于迦南地区，但有证据表明某种像战车一样的车辆也出现在了亚洲大草原上。不管它具体的起源地在哪里，战车的确是一种非常有用的武器，大多数国家都采用它在合适的地形上作战。

两种宽型战车相继出现。重型战车经常用四匹动物牵引，它们的速度相对比较缓慢，但却能够利用其庞大的体积冲垮敌军阵线，或者成员将其作为移动的战斗平台，在上面使用弓箭、标枪或长矛进行战斗。重型战车通常拥有 2~3 名成员，一般情况下，这些人分别是一名驾驭手、一名弓箭兵，以及一名持盾兵或者另一名弓箭兵。

战车组成员还装备了手持近战武器以备近身格斗发生，但是与长矛不同的是，战车成员携带的近战武器不是很有威力。无论如何，如果战车成员必须用斧头或者刀剑进行战斗的话，那么一定是发生了非常糟糕的情况。

古代的装甲战车

有些古代国家的重型战车采用了四个木制车轮，很难快速行驶。有些国家确实使用了牛拉的战车，载运着弓箭兵和长矛兵战斗，但这并不常见。有时候用驴而不是马去牵引更重的战车。尽管速度缓慢，但是驴的耐力更强，能够在战场上拖曳一辆巨大而沉重的战车。

许多国家都采用了轻型战车。这类战车有时候是与重装部队一起，有时候是作为整个战车军团投入使用。轻型战车的成员通

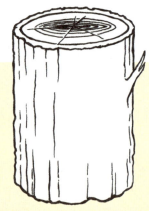

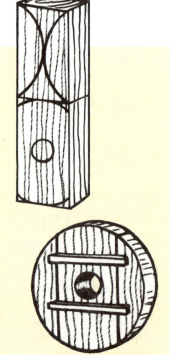

车轮的制造

在辐条车轮问世之前，战车车轮是用从一根合适的大圆木上截取的一片制造的。这样制造出来的车轮非常坚固但也十分沉重。这种车轮适用于牛车或者由四匹动物拖曳的重型战车。但如果要用作投射快速作战平台的话，就必须发展出来一种轻型战车。

迦南战车

人们有时候认为是迦南人发明了战车。他们的战车又快又轻，在大部分情况下都是作为弓箭或标枪投射的机动平台。与迦南人之间的接触有可能影响了埃及战车的发展。

新犹太战车

希伯来人在刚到迦南之时是没有战车的，而且他们在许多年里坚持抵制引入战车的诱惑。实际上，希伯来人的领袖多次发出过明确指示，要求将俘获的战车烧毁而不是将其列入服役。然而，在希伯来人定居并统治了迦南地区之后，他们开始使用根据迦南样式制造的战车。

海上民族的战车

海上民族的多次入侵采取的是部落迁徙的形式，众多家庭跟随在武士们后面，希望找到良好的定居之处。海上民族使用的缓慢而沉重的战车既作为移动的军事堡垒，又能够用来运送补给和家眷。

常包括一名驾驭手和一名弓箭兵，弓箭兵也会带上长矛，以便近战格斗或者在箭用完了的时候使用。战车的常用作战模式是作为机动的弓箭平台，采用的战术与后来出现的弓箭骑兵差不多。战车能够以高速度靠近敌人，它们的车轮与敌人的阵线保持着平行行驶，一路上射出一阵箭雨，然后迅速撤离重新装填矢石，使战马得到休息或是躲避敌人的反攻。

战车的轻型结构使得他们在敌人的弓箭和标枪面前得不到什么保护，尽管它们能够稍微迷惑一下敌人，使得他们把战车而不是上面的成员当作射击目标。更重要的是战车的速度，因其体积使然，它很难成为攻击目标。战车大规模冲锋所扬起的沙尘会迷惑住敌人，使得敌人搞不清楚投入战斗的战车数量。

> 我就像纪念柱上的塞特神那样站在他们面前。我发现了大群战车，我横刀立马站在他们中间，指挥大家将他们驱散一尽。
>
> ——法老拉美西斯二世
> 论卡迭石战役

战车战术

使用战车意味着能够在战争中获得一系列新的能力。在战场上高速度机动能够让火力及时地用在关键点上，并充分利用敌人的弱点。

如果战场形势恶化，战车部队还可以作为机动的战略预备队来使用。战车有时候被用来掩护步兵，但是在保护主力突击部队时，战车本身也是主力部队。步兵届时将会利用由于战车突破敌军阵线所带来的机会，并在战局恶化的时候提供掩护。

这块公元前8世纪的石雕描绘了一辆亚述双人战车。该战车具有经典形态，有着后置的轮轴和6根辐条的车轮。

在战略上，战车部队无法比大军的其他部队行进得更快，除非他们能够扔下支援性的步兵。但是战车部队能够迅速部署用于侦察，或是对敌人的侧翼进行突袭。同样的，战车部队的速度可以使得他们远离灾难，让车上的贵族及其家眷们躲到保护他们的步兵后面，或是干脆彻底放弃步兵而逃跑。

同样的，战车部队能够以步兵无法达到的速度更快地去追击溃逃之敌。敌军方面最惨重的伤亡往往是发生在溃败之时而不是战役进行之中，因此投入一大群战车去追击，战车成员可以随心所欲地使用弓箭射杀或长矛刺杀，一支逃跑的敌军必将伤亡惨重。

拿破仑·波拿巴在评论其麾下骑兵时曾经说："没有骑兵，战役就没有结果。"他的这番话同样可以用来评论古代的战车。一场精力充沛的战车追击可以将一次小的胜利变成一次战略上的大捷。

尽管战车最终被骑兵所取代，但两者还是在历史舞台上同时存在了一段时间。然而，一旦马匹变得足够高大强壮，能够在战斗中承载士兵及其武器之时，战车就迅速从战场上消失不见了。当然，它们还是作为权力与荣耀的象征继续存在了很长时间。古罗马的将军在庆典游行中使用战车，直到罗马帝国的后期，战车竞速比赛始终都是一项很受欢迎的运动项目。

海上民族

被历史学家称为"海上民族"的族群袭击了东地中海沿岸，有时候，他们还深入到

卡迭石战役
（公元前1285年）

埃及与赫梯帝国都对巴勒斯坦和迦南地区虎视眈眈，而且在公元前1285年时都是强国。在埃及，法老拉美西斯二世希望他本人的统治至少能与前辈们一样辉煌灿烂。然而赫梯人也准备向外扩张，而且并不害怕与埃及发生冲突。

拉美西斯下决心要将赫梯人的势力从他自认为的埃及领土上赶出去，于是召集了一支2万人的大军，并将他们分为以埃及众神命名的4个5000人的师。每个师都是齐装满员，他们可以分散行军然后集中起来战斗，这条军事原则（分进合击）在数千年后还在使用。

埃及人能够迅速地进军，得益于他们良好的后勤系统，这也缩短了赫梯人用于备战的时间。埃及人还尽可能多地招募雇佣军，这不仅仅壮大了他们的队伍，而且还剥夺了赫梯人利用这些训练有素的、现成的战斗人员的机会。

尽管如此，赫梯国王穆瓦塔利斯经过一番匆忙的准备，也调集起了一支与对手规模不相上下的大军来迎战。穆瓦塔利斯将其军队部署在卡迭石城墙前方，等待着埃及军队的到来。然而在这个阶段他也并非无所事事。相反，他利用了埃及人喜欢获得所有可能的情报这一习惯，实施了一场精心安排的欺骗行动。

穆瓦塔利斯安排了两名间谍，让他们待在可能会被埃及先头巡逻队抓住的地方。在审讯过程中，间谍告诉埃及人赫梯军队仍然在很远的地方，这使得拉美西斯相信自己还有时间先冲向卡迭石并夺取它，然后真正的对抗才会到来。拉美西斯率领其卫队准时地扑向了卡迭石，然而埃及大军的其他部队还在进军途中，这使得法老本人及其小规模的卫队危险地暴露在了敌人面前。

突然进攻

位于城市另一面的赫梯军队躲过了拉美西斯的视线，他们有机会在第一个到达战场的埃及军队即"拉"师靠近城市的时候，对他们展开突然打击。埃及军队的侧翼遭到了敌人优势兵力的打击，于是出现了溃退。

"拉"师的残兵败将安全撤退到"阿蒙"师那里，从而可能把他们从一场致命的追杀当中解救了出来。但他们的突然出现也引起了"阿蒙"师的严重混乱。与此同时，赫梯人将军队部署在"阿蒙"师的南面，切断了该师与其他埃及军队之间的联系。正在北面的拉美西斯已经无法指挥其军队了，尽管他自己的精英卫队还跟随着他并受到他个人的控制。

但赫梯人也有他们自身的问题。他们的军队在与"拉"师的交战中也变得混乱不堪，而且他们的主力部队在法老营地附近卷入了与拉

尽管卡迭石战役基本上是个平局，但拉美西斯还是命令用浮雕将其描绘为一场胜利，图中的敌人向他乞求宽恕。

美西斯卫队之间的激烈交战。更糟糕的是,穆瓦塔利斯未能在根本上认识到他所面对的仅仅是埃及军队的一部分,而不是全部。

穆瓦塔利斯所切断的"阿蒙"师的撤退路线,恰恰正是其他埃及军队的前进路线。埃及的"卜塔"师与"塞特"师正径直向其后方扑过来。拉美西斯征募的一支雇佣军也正从海岸方向向其靠近。尽管局势有变,但拉美西斯仍然身处巨大的麻烦之中,他决心一举冲杀出去。拉美西斯亲自

卡迭石(公元前 1285 年)

在利用侦察和情报方面,埃及人很有经验,但却在卡迭石中了诡计。结果是埃及军队吃了大亏。灾难得以扭转是因为赫梯人也出现了类似的侦察失败,导致赫梯军队的后方遭到了埃及军队其他部队的打击。

率领卫队发动冲锋,他希望埃及军队仿效这样的英勇壮举,而他的军队正是做出了这样的回应。埃及军队以某种混乱无序的方式发起了反攻,使得其南面的两个师能够进攻穆瓦塔利斯的后方。

在这一出乎意料的攻击面前,赫梯军队很快崩溃,然而许多部队得以进入卡迭石而得到城墙的保护。因此没有出现灾难性的追击,而战略形势也几乎依然如旧。

拉美西斯和穆瓦塔利斯都意识到了自己面对着强大对手,因此决定通过谈判缔结一项条约,因为那样做最符合他们的利益。由此诞生了人类历史上的第一份和平条约,尽管两军的指挥官回到国内都声称取得了重大胜利,但该条约还是缔造了埃及与赫梯帝国之间的持久和平。

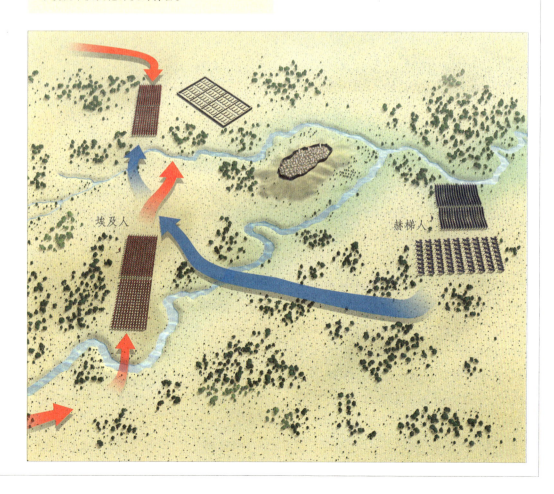

埃及人

赫梯人

海上民族的身份至今仍不得而知，但他们的进攻以及埃及人海上战争战术的发展却被记录于拉美西斯三世的神庙。

内陆并派殖民者占领被征服的土地。据记载，他们已经袭击了塞浦路斯和希腊、安纳托利亚、叙利亚以及两河流域，当然还有埃及。

海上民族的广泛袭击已经被认为是由于青铜器时代的结束，这个事件发生在公元前 1200—前 1150 年。在这个时期，大批的城市遭到洗劫，许多定居点随后被人们抛弃。文化与贸易同样地急剧衰落，好几个地区的中央集权性的经济体也遭受了同样的命运。

所有这些都表明，对整个地区大规模的袭击可以导致一种全面的社会瓦解。如果旅行变得危险而中央政权又无法解决这个问题，那么贸易和交流就会遭殃。这将使一个中央集权的帝国或者王国走向末路。人们已经知道海上民族的袭击造成了赫梯帝国的崩溃，有可能同样加速了大约在那个时代其他王国的衰落，如米坦尼。

古埃及文献指出，所谓海上民族其实是一群部落的联合，其中包括非利士特、切克尔、谢克莱什、德尼恩、威瑟什等部落。但是历史学家对于海上民族的起源问题仍然争论不休。有可能是人们把这个标签贴在了好几个在同样地区进行着类似的袭击行动的族群身上，这些族群都有着不同的起源。

据猜测，海上民族可能发源于克里特岛或者希腊岛屿，后来扩散到了他们新征服的土地上。其他历史学家相信海上民族是希腊或米诺斯城邦的遗民，他们由于战争或家园毁灭而流离失所。还有可能是由于人口过度膨胀或者饥荒而外出寻找新土地的安纳托利亚人。如果任何一种上述理论是正确的话，埃及文献所提到的那些部落的联合，可能代表了海上民族从不同地区的殖民地或新征服土地出发的武装团体，他们在一个共同的文化身份之下联合了起来。

在拉美西斯二世统治期间，大约开始于公元前 1279 年，埃及文献记载了海上民族对埃及的袭击。但是袭击很可能会开始得更早些。海上民族自己没有留下任何记录。或者有可能的是，没有留下任何可以确认是他们的行为的记录。有可能袭击者是个已知文明的分支而已。如果真是这样，他们不可能把他们的受害者用来称呼他们的同样名称按在自己头上。

由于繁荣富裕，埃及是海上民族的首要目标。不仅仅是因为袭击富庶的地区对其更有吸引力，而且海上民族也对征服适合于定居的土地十分感兴趣。如果一个地区已经被一段时期的袭击所削弱，那么海上民族就可以相对容易地将那个地区占为己有，并且抵挡住把他们赶走的任何努力。

对埃及的进攻

在受海上民族袭击的所有国家中，埃及是唯一一个在对抗他们中取得了巨大成功的国家。准确地说，其原因与埃及成为侵略目标同出一辙。埃及的财富使得它能够维持一支强大的军事力量，并对任何袭击做出组织良好的军事反应。

海上民族的入侵（公元前 1190 年）

在洗劫特洛伊城之后，海上民族通过陆路以及沿着海岸线的海路向前迁徙，途经包括赫梯帝国在内的土地，摧毁并洗劫了他们途经的所有城市。他们的横冲直撞最终在尼罗河三角洲被一支埃及舰队所终止。与此同时，他们的陆上力量在西奈半岛的沙漠上被击溃。

埃及海军的撞击战术

　　埃及战舰并不撞击敌舰的吃水线或是吃水线以下而使其沉没，反之，他们撞击目标舰船侧面的高处。其目标是为了让敌舰倾覆，或者至少使其船员落入水中。

海上民族的船只

　　海上民族的船只都是运输船而非战船。人们可以从甲板上用弓箭等武器作战，但是由于没有船桨，这些船在敌人面前进行机动就大有问题。

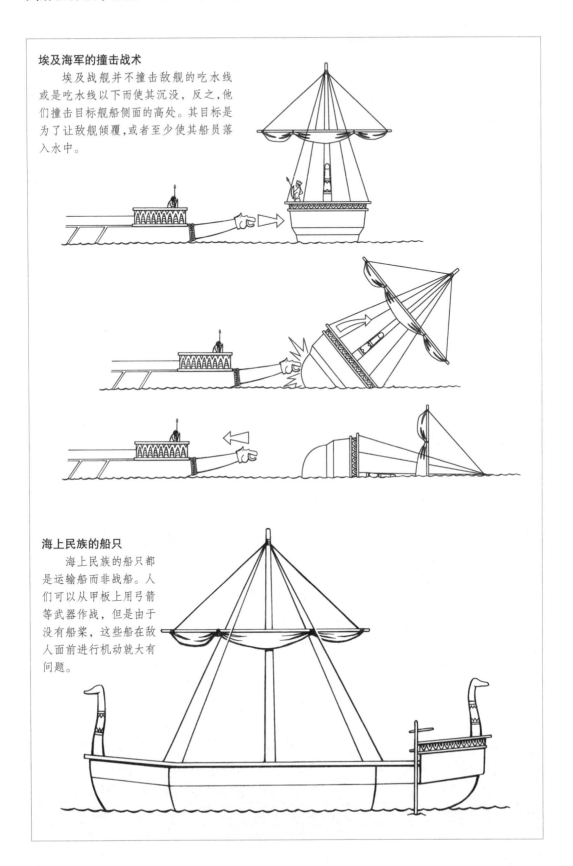

在公元前 1178 或者公元前 1175 年，海上民族洗劫了赫梯人的附属国阿姆鲁，然后开始向邻近的埃及领土推进。在他们靠近埃及边界的时候，法老拉美西斯三世出兵截住了他们，两军在贾伊迎头相撞。

也许海上民族已经习惯了面对被自己不可战胜的神话吓得已经失去一半战斗力的敌人，要么可能是他们对埃及军队的积极进攻大吃一惊。无论是哪种情况，拉美西斯三世发动他的战车部队猛攻海上民族军队，使其大败。随后，埃及军队又展开了强劲有力的追击。

拉美西斯三世并不满足于仅仅打败向自己进攻而来的敌军，他想向入侵者们发出个信号，表明进攻埃及绝对是个失算。但是海上民族并没有被吓住，在陆地上被击败之后，他们又对尼罗河三角洲发动了海上进攻。

拉美西斯三世早已经预料到了这种可

战场指挥官的成功可以通过战俘的数量来衡量，这些人也可以被当成奴隶出售。因此，这幅描绘拉美西斯三世引导战俘的石刻显示了他是一位伟大的战争统帅。

能性，于是命令建造一支舰队。他的战舰可能非常原始，但是他的敌人的战舰同样简陋，那些船只是用来作为登陆的运输工具，而不是为了真正的海上战斗。在此之前，历史上还没有海战的文字记载。那场战役被称为"三角洲之战"，如果战舰技术确实存在的话，那在当时也还处于襁褓之中。

埃及人明智地没有选择在公海上冒险对抗一个肯定在驾驶船舰方面更在行的敌人。相反，埃及舰队躲藏在三角洲，并在海上民族企图登陆的时候伏击他们。埃及人把自己的战舰当作浮动的弓箭射击平台，而海上民族似乎也是这么做的。

埃及海军还得到了岸上弓箭兵的支援，他们向任何靠岸足够近的敌军舰船射击，并机动应战对抗任何登陆企图。任何一名海上民族的武士登上了岸，都会遭到包围并被消灭殆尽。

海上民族企图继续进攻埃及，但都遭到了同样的有效抵抗。对尼罗河的第二次远征被埃及人使用第一次那样的方式解决掉了，而海上民族的陆军也在边界遭到了惨败。还有证据显示，拉美西斯三世出动其海军也对海上民族的据点发起了远征。

驱逐海上民族入侵的巨大开支差不多使埃及破产了，严重地削弱了它的力量。其中的一个后果是，埃及人已经无力阻止海上民族在巴勒斯坦和迦南地区定居下来。

海上民族后来逐渐淡出了历史舞台。他们可能已经定居下来并停止了劫掠，也可能是可供他们洗劫的目标不复存在。无论是何种情况，他们都已经不再是东地中海地区历史上的一支主要力量了。但他们的影响力还是延续了几个世纪。不仅仅是他们与埃及的战争将法老们削弱到再也无法重新掌握权势的地步，而且海上民族对旧秩序的破坏最终为该地区新帝国的诞生创造了必要条件，其中包括新亚述帝国和新赫梯王国。

> 从来没有人知道如何与野蛮的谢尔登人作战。他们大胆地驾驶着战船从大海中间呼啸而来，没有人能够抵抗得了他们。
>
> ——拉美西斯二世论海上民族

装备与组织

相对来说，人们对于海上民族以及他们的军事制度所知其少。但可以肯定的是，他们的作战能力十分强大。不仅城邦国家甚至连大帝国都在他们面前纷纷倒下，那个时代的文献记载了这些入侵者造成的严重毁坏。

海上民族使用舰船来机动，但可能并不具备有组织的海上战争能力。他们的目标都在陆地上，因此不得不登陆进攻。因此，很可能海上民族只是简单地在目标附近登陆，然后用他们搁浅的船只作为补给基地。

在陆地上作战之时，海上民族大都使用十分常规的战斗力量。他们的步兵主要由长矛兵和没有铠甲保护、装备着弓箭和标枪的战士组成。有的战士用长剑和盾牌作战，但护身铠甲并不常见。

海上民族更像是武士而不是士兵。他们倾向于以群体方式进行作战，而不是采用密集有序的战斗队形。指挥与控制也非常松散，战场领导通过率先垂范的形式指挥作战，战场上的机动严格地限制在对最近的形势变化做出反应，而不是遵循一项复杂的战役计划。

战车和牛车

海上民族也使用战车，在设计上与埃及人几乎毫无二致。由于既轻又快且机动性好，战车被用作投射平台，其成员则是一名弓箭兵和一名驾驭手。战车部队很适合于快速推进，通过巨大的噪音和靠近时扬起的沙尘使敌人受到恐吓，然后在撤退以前射出一阵箭雨。

海上民族还使用了四个轮子的牛车。在一些铭文中，它们说成是用来在大部队后面负责运送妇女儿童的工具，不过，它们也同样可被用作速度缓慢的移动堡垒，弓箭兵可以在上面安全无虞地射击敌军。

家庭成员出现在战场上，为海上民族赢得战斗增添了更多的动力。如果战败就会被屠杀，而胜利则可以让他们在垂涎已久的土地上定居下来。这是海上民族战争模式的一个重要层面。他们绝不仅仅是掠夺土地上的财富，而是找寻一块安身之地建立新家园。

希伯来人

根据《圣经》记载，希伯来人早先被埃及人所奴役，然后经过了40多年的颠沛流离他们才到达迦南，也就是他们心目中的"应许之地"。在环境恶劣的荒野中几十年的颠沛流离生活，使希伯来人变得坚毅顽强，但是游牧生活不可能造就出一个有效的技术基础。

因此在大约公元前13世纪的某个时候，当早期的希伯来人到达迦南的时候，他们的装备很差。他们的战争装备都很简陋，主要由长矛和盾牌构成，此外还有些用来打猎的工具，例如标枪和弓箭。但是在希伯来人中最流行的投射武器却是掷石器。当然，他们绝对没有战车或是任何可以被当作攻城车的东西。

希伯来人拥有的所有先进武器都是在长期的流浪生活中，从遭遇到的敌人那里缴获来的。一些部落和国家进攻了希伯来人，希望把他们赶走。这完全是一种自我保护的做法，因为没有一个国家可以承受得了允许一个规模巨大、渴求土地的部落在自己的领土上安营扎寨并消耗当地的资源。在其他地区，希伯来人和当地的部落之间经常由于宗教信仰的不同而发生争执。在每种情况下结局都是一样的，即冲突爆发之后，希伯来人又被迫继续迁移。

希伯来人在流浪中所闯入的地区总是动荡不安和麻烦重重，那些地区位于非洲、亚洲以及欧洲之间的陆桥上。迦南和巴勒斯坦地区见证了许多支大军从这里穿过前往别的战场，同时也经常被列强所争夺。

直到最近为止，埃及都是那个地区的主要强权，它已经兼并了巴勒斯坦并将那里作为对付赫梯人以及东边和北边其他强国的缓冲地带。但是由于和海上民族的

谢尔登武士
海上民族的武士装备精良，拥有长剑和金属加固的皮革盾牌。对身体的保护则是通过皮革或金属铠甲以及一顶头盔。

冲突，埃及被削弱了，它在巴勒斯坦的立足点顶多是苟延残喘罢了。

海上民族还毁灭了赫梯帝国，否则这个帝国也将统治巴勒斯坦地区。此外，海上民族还摧毁了迦南的许多城市。海上民族沿着巴勒斯坦的海岸平原定居下来，随后演变为巴勒斯坦人。他们恰如其时地成为希伯来人的敌人和对手。但是在希伯来人到达之时，海上民族的殖民地还主要局限在沿海的条形地带，而且被希伯来人绕过去了。

不管是否是上帝将那里赐给了他们，希伯来人发现那时的迦南正处于混乱之中，夺取当地的时机已经成熟。他们还发现了早已经生活在那里的其他希伯来同胞。这些当地的亲戚们，有的帮助了希伯来人或者加入到他们中去，使得他们的人数在短时间内急剧膨胀起来。

密抹（公元前 1040 年）

由于前哨驻军受到了一小部分敌人从意想不到的方向发动的进攻，发生了恐慌，腓利斯丁人陷入混乱。这就为希伯来主力部队发动全线进攻创造了良机。当地的村民于是纷纷攻击逃跑的腓利斯丁人，斩杀甚众。

希伯来人的入侵

正如其他地方发生的那样，新来者与当地原住民之间的冲突爆发了。这部分是由于驱逐入侵者的本性使然，部分是由于宗教原因。希伯来人是宗教一神论者，践行十分严格的道德戒律。而迦南人热衷于宗教狂欢，他们崇拜多神，而这是希伯来人所不认可的。

因此不可避免的是，在希伯来人遇到第一批城市时，迦南人直接派出军队与他们作战。希伯来人坚信这片土地是他们的命定之地，而且极其渴望获得一处可以定居的地方，所以他们顽强作战，决不肯被轻易赶走。最终，他们控制了一小片地区。

在那个时代，屠杀一座被打败的城市的居民并非不常见，尽管也并非总是如此。但是冲突中所蕴含的宗教因素使得战斗变得更加野蛮。这使得附近的城邦对于与希伯来人的冲突记忆犹新，生怕自己将成为希伯来人目标名单上的下一个。

关于希伯来人的传言很快散播开来，说他们企图将自己的宗教信仰强加给这个地区的各城市，并且摧毁和屠杀任何一座不愿意加入他们的城市。这一传言已经多

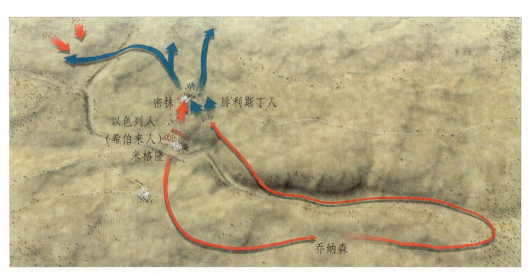

次帮了希伯来人大忙，因为有些城市为了避免被彻底摧毁而与希伯来人结盟。但是，更多的城市还是组成了它们自己的同盟，派出联军反对入侵者。

因此，希伯来人被迫穿过迦南地区的层层阻拦，一路向北杀过去。因为每一个被他们打败的同盟都会催生出其他的同盟。尽管实施征服的时机是对的，但希伯来人征途的前方有很多硬仗要打，因为迦南的城镇都受到了坚固城墙的保护，而且守卫它们的军队也要比那些部落主人装备好得多。尽管如此，希伯来人还是能够席卷整个迦南并将其据为己有。

希伯来人虽然装备很差，但是他们殊为顽强且孤注一掷，并且还有信仰方面的优势。希伯来人的先知已经告诉他们，他们将击败敌人并夺得土地，而这似乎就是正在发生的事。每一个成功都强化了他们的自信。与此同时，敌人开始把他们视为一支不可战胜的力量。许多敌人试图建立同盟，而其他的则已经被希伯来人的声威吓得魂飞魄散。

希伯来人还从当地的同情者身上以及他们自身的足智多谋那里受益良多。在没有什么物质优势的情况下，希伯来人学会了善于利用地形为自身服务，以及派遣侦察人员去发现敌人的弱点并加以利用。主动进攻和拥有自信，这两点帮助他们弥补了先进武器缺失的弱点。

随着赢得了一场又一场战斗，希伯来人获得了越来越多的先进军事装备，直到他们能够以和敌人同样的方式装备起来。一开始，希伯来人不屑于使用战车。事实上，在大约公元前1400年的梅龙河谷战役中，希伯来人缴获了许多战车，但随后就把它们摧毁了。可是后来，希伯来人也像其他迦南人一样使用起战车。

与腓利斯丁人的战争

在席卷迦南之后，希伯来人仍旧保持着松散的部落联盟形式，而不是一个组织有序的国家。尽管如今已经住进城市里，但希伯来人还是保持了以前部落生活的许多方面，直到外界压力迫使他们做出改变。这一压力来自于腓利斯丁人，他们从自己的海岸边的定居点向外扩张，开始征服希伯来人的城市，强迫许多城市向其进贡或者生活在非常严苛的限制之下。

腓利斯丁人要比希伯来人有组织得多，他们的中央权威核心是国王。腓利斯丁人派出一支正规的装备精良的军队，前去对抗希伯来部落派出的临时部队，后者的任务是援助他们的邻国。

为了应对这一威胁，希伯来人在大约公元前1040年指派扫罗担任战时统帅。扫罗开始着手组建一支有组织的军队，不过最终还是被打败了。尽管希伯来人始终对于确立国王这一想法充满怀疑，但扫罗的先例却为建立一个新秩序铺平了道路。他的继承人，也就是大卫王实施了一些重大的军事改革。

骆驼骑兵

有些军队用骆驼作为运输工具，或是弓箭作战平台。它们的长途承受能力以及在艰苦地形中的行动能力使得它们非常有价值，但它们即使在最好的情况下也是脾气暴躁并很难控制的。

腓利斯丁长矛兵

　　与大多数其他古代社会的民族一样,腓利斯丁人将长矛兵作为军队的中坚力量加以依赖。腓利斯丁步兵得到了组织和训练,因此在大多数情况下,他们要胜过希伯来部落武士一筹。

腓利斯丁弓箭兵

　　腓利斯丁弓箭兵一方面作为散兵,一方面支援长矛步兵作战。他们使用的弓相对比较弱,只能有效地对付没有或几乎没有铠甲的敌人。

腓利斯丁战车

　　腓利斯丁人占领了海岸平原,战车在那里使用起来颇为有效。腓利斯丁人的战车可能来源于赫梯人的设计,某些部件是铁制,这使得它们比早期青铜器时代的战车更加坚固耐用。

以色列与犹太王国

在大卫王的统治下，希伯来人组织有序，野战部队装备了铠甲和长剑，此外还拥有装备了新型复合弓的弓箭兵。腓利斯丁人一直使用由青铜条制成的铠甲，并且一度拥有世界上第一款真正可以劈砍的长剑，这给了他们很大优势。现在希伯来人已经能够同他们一决高下了。

希伯来人开始使用战车，靠发动战争来扩大王国的版图。但是他们的征服却是短命的。公元前931年，在大卫的继承人所罗门王去世之后，正如现在所知道的那样，以色列王国分裂成了两部分。其中，南方的犹太王国面积小，相对比较弱，而北方的以色列王国领土更大，人口也多。

以色列和犹太国在相互征战的同时也和外部敌人作战。犹太国建立了要塞以阻止埃及人进犯，而以色列则是该地区的主要政治力量之一，成为了为反对新亚述帝国不断增长的权力而建立的同盟之中的主要力量。

通过对外交手段和军事力量的综合运用，以色列成功地脱离亚述帝国的控制而独立存在了很多年。要塞建立起来并得到了改进，城墙从砖块发展到了坚固石头。类似于腓尼基那样遥远的盟友也加强了以色列的实力，帮助它震慑住亚述的侵略。但最终，亚述帝国还是将侵略矛头对准了以色列并蹂躏了它的城市。这绝不是个小规模的行动——其中对撒马利亚的包围战就持续了三年——然而以色列王国最终还是在公元前721年被征服了。亚述帝国强迫反叛的民族迁离故土的做法，导致以色列的犹太人四散各地，而他们的王国不复存在。

犹太王国继续维持了一段时间的独立，直到公元前701年亚述人发动入侵。亚述军队一个接一个地拔除了犹太国的要塞，其中还包括了拉基什城的要塞——而这个要塞是负责拱卫通往耶路撒冷的道路。

耶路撒冷本身并没有被占领，这使得希伯来人的王国可以在一个大大缩小了的空间内继续苟延残喘。直到公元前586年，这座城市才被巴比伦王国军队占领。流放制度再次被征服者加以实施，而这实际上终结了古代的希伯来人的王国。

撒马利亚之围（公元前890年）

在叙利亚人的领袖喝醉或是睡觉的时候，希伯来人的精锐部队发起进攻，导致叙利亚军队一片混乱。希伯来主力部队接着发起攻击，将叙利亚人击溃并把他们赶出战场。

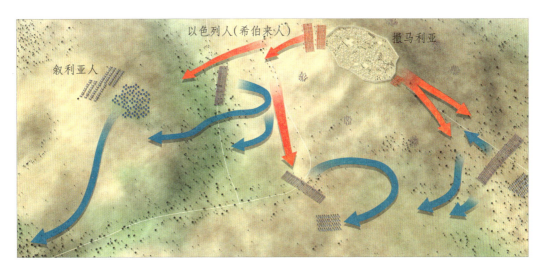

在征服了巴比伦并兼并了它的领土之后，该地区成为了波斯帝国的属地，包括巴勒斯坦。宽容大度的波斯人允许许多被流放的希伯来人重返家园，即便这个地区还是帝国的一个行省。亚历山大对波斯帝国的征服给希伯来人造成的变化不大，虽然亚历山大分别留在波斯和埃及的继任者们为了争夺霸权，而使希伯来人的家园成为了新的战场。

公元前167年，反对塞琉古波斯帝国统治的叛乱在反叛的希伯来人和可怕的波斯军队之间引发了一场游击战。波斯军队既部署了战象又出动了希腊式的重装步兵方阵，但希伯来人最终赢得了独立。直到罗马在公元前63年开始干涉当地事务之前，希伯来人一直拥有一个无足轻重但却独立自由的国家。

罗马人介入了希伯来各个王子之间的政治纷争，以确保对他们有利的人选赢得胜利。这有助于确保朱迪亚仍然对罗马保持友好。但是没过多久，公元前37年，朱迪亚王终于遭到废黜，取而代之的是一个对罗马总督言听计从的傀儡。

一系列旨在逐除罗马人的起义都先后失败，尽管希伯来人在66—74年保卫耶路撒冷和迈萨代要塞的战斗中表现出了高度的英雄主义。135年，希伯来人也被称为犹太人或以色列人，再一次被流放他乡。他们在以后将近2000年的时间里无法再拥有他们自己的国家。

装备与组织

早期的希伯来人军队不过就是大群的部落武士，装备着最基本的武器而且没有铠甲防护。长矛是主要的步兵武器。这些长矛很短，因为它们主要是用来进行游离不定的白刃战，而不是队形紧密的方阵。

在大多数时间里，长矛兵都是自己单兵作战，尽管希伯来人在多场冲突的经验中逐渐获得了某种程度上的纪律性和合作意识，而这又在某种程度上代替了平时训练的作用。大部分战士仅仅拿着一把刀具作为附属武器，而这把刀与其说是武器，倒更像是生活工具而已。

弓箭和标枪也有使用，但是最常见的投射武器却是掷石器。掷石器的优势在于携带起来非常方便，而且其弹药供应充足。不过，在作战之中，根本就没有时间环顾四周寻找适合的投掷石块，因此士兵会在行军路上带个袋子把石头装满。在一些情况下，也会使用铅铸投掷物。除了

希伯来步兵（公元前167年）

早期的希伯来军队由部落武士组成，他们装备着随便将就或从此前战场上缴获的武器。大多数士兵除了使用一杆长矛或掷石器战斗之外一无所有。

比弓箭需要更多的技巧以便射击得准确之外，掷石器受限于多多少少有些水平的弹道轨迹。然而许多希伯来人自孩提时代就开始使用掷石器，技术极为娴熟，而且如果它直接命中目标的话，会和弓箭一样地致命。

早期的希伯来军队十分擅长在山区和崎岖地形开展游击战。然而，一旦被拖进开阔战场正面对抗训练更加正规、装备更好的军队例如腓利斯丁或者腓尼基人的军队时，希伯来人的部落武装很可能就会遭致失败。

希伯来军队基本上属于轻型步兵，这一特点使得它机动性很强，有能力发动突然袭击对敌军进行伏击，而敌人可能认为希伯来人还在数英里之遥。希伯来人的战斗风格也非常适合于袭击城市，在那里近距离攀爬能够确保进攻者一有机会就能冲进要塞。但是爬上城墙或越过城墙对希伯来人来说却是个大问题，对此他们会求助于战略或是施展诡计以求进入城市，有时候还利用住在城里面的亲戚的大力帮助。

指挥领导往往是松散的，而且具有一种英雄主义特质。人们期待部落领袖通过率先垂范去领导大家，随队伍与敌军领袖或部队作战。没有哪个部落的领导人能够命令其他部落派人来援助自己，但是援助

请求通常都会至少使得每一个其他部落都派出一支小队，而那些最友好的部落会派出更多的人，或是在他们认为响应要求也符合其自身利益。

最伟大的领袖例如先知和那些以士师而名之于史的半宗教、半政治色彩的领导人，他们可以从各部落那里召集起大量的人力，但是不可能在战场上长期维持一支庞大的军队，因为希伯来人缺乏复杂的后勤系统。人们很可能在刚到达战场之时就开小差回家，因此即便是最大规模的军队也有可能迅速涣散，除非有一个非常具有魅力的领袖人物带领他们，或是令人十分绝望的局势使得他们不敢逃跑。

后来，希伯来人军队的装备要好得多了，使用了从敌人那里夺取或是仿制敌人的铠甲和武器。一旦各部落重新组织成为王国，一支正规军就会建立起来，其分队也将由训练有素、装备精良并且得到战车支援的步兵所组成。

然而，希伯来人在后期历史中卷入叛乱，这使得他们不可能动员起一支拥有大批战车力量的装备精良的军队。他们还是不得不依赖于夺取来的武器，以及他们的祖先用来打败迦南各城市的那种相同的非正规游击战术。

尽管希伯来人的军事制度随着时间而变化，但其战争方式的主要特点并未变化。他们是极其优秀的游击战士，能够最充分地利用地形和环境。他们的主要资产是个人素质，而不是技术或者组织因素。希伯来人足智多谋且意志坚定，善于把他们被迫拥有的稀少资源的作用发挥到极致。

犹太马加比战役(公元前167—前164年)

巴比伦军队从北方进入朱迪亚，夺取了几座城市，然后又对耶路撒冷展开了长达18个月的包围。从埃及来的援军被打败并被赶了回去，留下犹太人的王国独自承受其自身的命运。

第三章

古代希腊武士

希腊及其周边陆地和岛屿早在文明出现之前，石器时代的狩猎采集者就已在此居住了许多个世纪。大约公元前 2900 年，希腊的青铜器时代开始了，金属武器和工具的使用逐渐变得越来越普遍。

最早的希腊文明是米诺斯文明。它以克里特岛为中心，并传播到了周边的各个岛屿。米诺斯人可能是在大约公元前 3000 年从东面的小亚细亚大陆来到了克里特岛的。在随后的十个世纪里，他们学会了使用金属，并开始建造城市。

米诺斯人的书面语言是一种象形文字，可能来源于与古埃及人的接触。但是，人们对其含义的解读却莫衷一是。结果除了米诺斯人留下的建筑之外，历史学家对他们及其文化知之甚少。

米诺斯人似乎曾经建造了作为统治中心的宫殿。有人认为他们的统治制度是君主制，由一个强大的官僚机构辅助国王。这种统治制度的主要功能是推动并规范贸易活动。

古希腊武士使用长矛和盾牌进行训练，他们利用头盔和胫甲进行防身保护。这幅瓶式雕刻画，时间大约为公元前 5 世纪，来自于伯罗奔尼撒战争时期（公元前 413—前 404 年）。

这是一把米诺斯文明后期的长剑，时间大约为公元前 1500—前 1450 年。设计简单，没有护手。剑刃用青铜制造，把手则是用黄金打造。

米诺斯人与迈锡尼人

米诺斯人建造了一支庞大的船队。他们的船只都不是战舰而是商船，尽管它们拥有一些战斗能力以对付海盗袭击。米诺斯人使用这些商船在东地中海沿海岸开展贸易。考古学家已经在埃及和整个小亚细亚地区发现了他们的货物。大规模的海上贸易使得米诺斯人非常富有。他们留下的建筑表明，即便当时人口很多，他们也能拥有很高的生活水准。米诺斯人甚至还发明了管道技术。在其文明瓦解之后，这项发明失传了多个世纪。

也许是由于米诺斯人的家园处于海岛的地理位置，敌人很难轻易到达，因此他们似乎不太关注军事问题。他们可能拥有某种军事制度，因为他们的城市受到了防御工事的保护。但是这些工事却比不上大陆文明的高大雄伟。小型城镇和统治阶级的宫殿似乎就毫无防御。

米诺斯人看上去是在没有强大军事力量的情况下，安然无恙地生活了几个世纪，但是最终他们遭到了灭顶之灾。据估计，大约在公元前 1500 年，地震摧毁了他们的几处宫殿和主要城市。大规模火山爆发引起的海啸使得沿海地区变成废墟，并摧毁了米诺斯人的绝大部分贸易船队。

被灾难削弱的米诺斯人最终被迈锡尼人征服了，而迈锡尼文明发源于希腊沿海地区。考古学家在迈锡尼挖掘出一座宫殿

和城市，随后将这个遗址命名为迈锡尼文明。

迈锡尼人建造了数座城市，其中包括雅典和底比斯，他们还是一个远比米诺斯人好战得多的民族。政治权力集中在国王一人之手，他通过官僚系统行使权力。迈锡尼人为其宫殿和城市建立了防御工事，并维持着一支既用于征服也用于防御的军队。

迈锡尼人精于贸易，他们从遥远的地方将财富带回家乡。但是这些财富在整个社会的分配却很不公平，上层阶级非常富有，然而贫困阶层数量庞大。不过，作为一个整体的迈锡尼社会与同时代的许多文明相比却很富裕，这使得它有实力建造大型工程和巨大建筑。

尽管与米诺斯人相比，人们对迈锡尼人所知更多，但在考古学家所掌握的资料中仍然有许多空白有待填补。即便是后来的希腊人，对于迈锡尼人的许多认识也主要是通过传说。其中最著名的传说莫过于特洛伊战争。几个世纪之后，荷马通过史诗的方式描述了这个传说，但是有可能他的作品正是基于从迈锡尼时代流传下来的故事。

在迈锡尼时代的传说中，武士身着青铜铠甲，手持长矛、标枪和长剑等武器。传说还提到了战车与战船。人们已无从肯定，这些描述是否由后来的希腊人将他们那个时代的战争图景移植到传说中的事件身上，但是，迈锡尼人可能的确掌握了能够制造这些军事装备的技术，而且如果确实如此的话，他们当然会用上这些武器。考古发

早期的希腊武器

　　希腊武士的主要武器是长矛,它有各种各样的矛头。这里所展示的长剑直到公元前 1300 年还很流行,随后它们就被短剑所取代。

科林斯盔甲

　　装备最好的希腊武士享受着头盔以及由前后两片组成的护身铠甲的保护。两片身甲用皮带扣绑并用铜钉固定住。

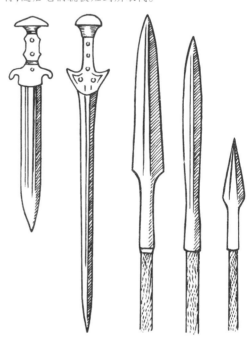

迈锡尼盾牌

　　迈锡尼盾牌是在一个木架上的藤条制品,再在上面粘上数层兽皮。如此制造的盾牌能够提供极佳的保护,它既轻便又极富弹性。

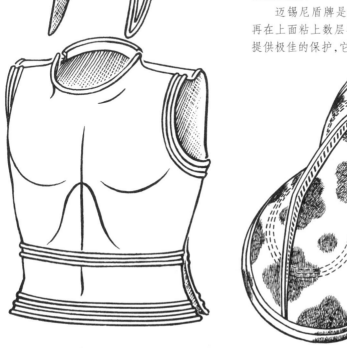

掘在很大程度上证实了荷马所述属实,因为出土的迈锡尼武器和铠甲与《伊利亚特》和《奥德赛》的描述两相吻合。

希腊的"黑暗时代"

迈锡尼时代突然宣告终结,取而代之的是被称为希腊"黑暗时代"的时期。在这个时期,人们放弃了城市,又回到了小型村落甚至是游牧状态。因此毫无疑问,关于这个时期的文字记录屈指可数。

"黑暗时代"大约开始于公元前1100年。关于原因,有着各种各样的理论说法。海上民族经常受到人们的谴责,因为他们在这个时期十分活跃,而且被认为是摧毁了东地中海地区的许多其他城市甚至文明。一种类似的理论认为,来自于北方的一支好战民族多利安人袭击了迈锡尼的城市,以至致其文明一朝倾覆。

人们还设想了其他原因,包括内部叛乱或者内战。无论是什么原因,总之迈锡尼和梯林斯等城市都被彻底摧毁,而迈锡尼文明的其他部分也迅速地瓦解。人口数量出现了大规模的下降。这可能是由瘟疫导致的,但是文明的崩溃直接导致饥荒,因为某个地区生产的食物不再能够被运往需要它的地区。

无论是什么原因,最终结果是出现了一个几乎没有文字记载的时代。因此不仅人们对"黑暗时代"本身所知甚少,而且在它之前发生的很多事情也已不存于历史,只留下一些民间故事和传说。

城邦国家时代

虽然有些"黑暗时代"的希腊人部落跟着兽群在荒野游荡或是追逐打猎,但是其他部落还是在小村庄里定居下来,这些小

尽管比米诺斯人更加好战,但迈锡尼人还是了不起的商人。他们的船只从东地中海各个港口将财富运回老家,但是这些商船并不能从事远海航行。

村庄逐渐发展为城镇，然后是城市。从大约公元前 750 年开始，重返城市生活的现象再次出现。新的城市拔地而起，而老的城市随着人口的增加也被重新占用。

这些规模不大的独立城市，或曰城邦，逐渐掌握了越来越大的权力。它们建立起贸易联系和同盟，而冲突也在城邦国家之间相继发生。城邦国家的内部冲突也并非不常见。最初，城邦的统治者都是某位君主，但是许多新的城邦国家后来放逐了国王并建立起自身的统治模式。这些模式形式多样，从寡头统治，即城市里一小撮最有势力的人执掌大权，到民主政体，尽管只有自由民才有权投票。

僭主即一个人的单独统治，也是一种常见的统治形式。僭主通过一系列手段攫取政治权力。有时，他们得到普罗大众的任命以处理一场危机，然后就抓住大权不放。僭主利用不稳定的局势采取行动，利用阴谋诡计夺取大权。还有僭主想尽办法使得其统治合法化，再让他们的宝座成为世袭职位，最终变成国王。另一些僭主被其他野心勃勃的僭主迅速取代，或者最终被日益不满的人民所放逐。

因此，城邦国家的对内对外政治，始终是充满活力的。一支有力的军队对于维持秩序和震慑敌人——如果战争到头来不可避免就击败他们——都是必要的。然而，小规模的城邦国家无法保持一支只有统一文明才能够支撑的大规模军队。因此，一种完

全不同的军事制度由此问世。

一个克服弱点的办法是使用力量倍增器，也就是那些推动军队更富有战斗力的因素。在防御上，最明确的措施就是修建城防工事。即使是一支小规模的或者缺乏训练的军队也能够利用一套建造良好的城墙工事，去对付人数多得多的敌军，特别是当敌人缺乏攻城装备以突破城墙之时。但是没有哪个城邦有能力承受得起对自己的长期围攻。一支机动的军事力量是打破包围或者防止这个局面发生的必要因素。除此之外就只能在城墙里受困挨饿，因为粮田都在城外，中间还隔着围城的敌军。

军事制度

为了召集起必要的军队人数，城邦实施了一种民兵或是公民士兵制度，男性公民要求在需要之时能够随时投入战斗。每个自由民都有义务自己准备好武器和盾牌，如果买得起的话，还要拥有盔甲。

城邦国家的野战部队，大部分是重装步兵（hoplite），其名称来自他们所持的大型圆形盾牌，被称为大圆盾（hoplon）。他们手持长矛以紧密队形作战，组成的这一纵深阵形被称为"重装步兵方阵"。轻型部队负责保护步兵方阵的侧翼

具有象征意义的物品，以还愿奉献物而著称，通常被用作宗教馈赠。这块公元前 8 世纪的还愿奉献物的盾牌上面有一个半人半马和几名猎人。

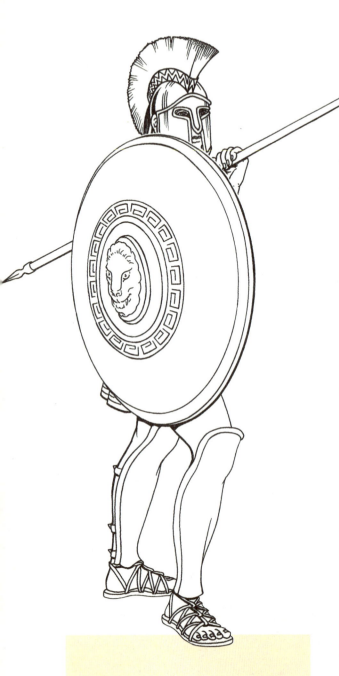

以支援他们。

　　不同城邦的步兵方阵之间的对决，一般都是迅捷而又决定性的。最终是一方被对手打垮，然后被赶出战场。这就使得城邦能够迅速做出决定，也能够让军队班师回城。交战双方都需要其步兵方阵的幸存人员尽可能快地返回工作岗位，因此城邦之间的战争在某种程度上已经程式化了：两支大军都沿着预设路线行军，然后在一块合适的平地上进行方阵会战。

　　许多城邦国家发起海外贸易远征，有的还在海外建立了殖民地。这些殖民地都在地中海沿岸如爱奥尼亚、意大利、西西里和北非，还有在地中海的岛屿上。著名的希腊殖民地包括迦太基和叙拉古。

　　殖民地的管理较为松散，许多殖民地摆脱了母国的控制而成为主宰自身命运的独立城邦。它们受到了当地居民的影响，而且可能由于当地居民与希腊殖民者之间的融合而发展得更快。结果这些殖民地发展起它们自己的文化，而这文化与希腊本土城邦国家的文化有所不同。

　　在这个时期，每个城邦国家都有自身的文化和政府制度。为了夺取本地区或是整个希腊的霸权地位，彼此也进行着激烈争夺。财富和军事实力固然重要，但城邦的总体威望和政治影响力同样关键。城邦之间的联盟组合变化频繁而无常形，而冲突也是司空见惯。

　　那时候，希腊民族这一概念尚不存在，人们只对自己的城市保持忠诚。然而，某种亲密感在希腊人共同面对外人的时候还是存在的，而且也存在于构成希腊人口主体

重装步兵

　　这幅画展示了一名富有的古希腊重装步兵，他能够装备得起头盔和胫甲以及胸甲来保护全身。拥有一幅好盔甲能让他光荣地站在队伍前列参加作战，而那里也最危险。

的几大主要种族群体的成员之间。三大主要部落分别是：伊奥利亚人、多利安人、爱奥尼亚人。

多利安人可能起源于希腊北部和马其顿地区，或者可能是小亚细亚地区。他们不断向南迁徙，取代了其他希腊部落并在希腊心脏区域扎下根来。多利安人的袭击或迁移已经被认为是导致希腊"黑暗时代"出现的一个可能原因。多利安人建立或者征服了希腊的许多大城邦，包括斯巴达、科林斯以及阿尔戈斯。

爱奥尼亚人因为多利安人的迁徙而离开原先的家园，在爱奥尼亚和安纳托利亚定居下来。伊奥利亚人起源于色萨利，并同样因为多利安人而流离失所，最终定居在一些荒无人烟的地区或是被其他民族放弃的地区，包括小亚细亚海岸附近的岛屿。这两个族群有时候被笼统地看成是亚细亚人，尽管在这个名称之下还包括了一些其他民族。

种族和文化上的联系确实在某种程度上影响了城邦国家的政治。例如，某个多利安城邦在处于战争状态之时，一般总会得到其他多利安人的援助。当然这并不能够阻止各个族群内部的冲突，而亚细亚人和多利安人城邦之间的联盟也并非不存在。

总之，文化和族群上的联系多多少少是希腊城邦政治中的一个影响因素。自身利益以及当地政治在决定城邦是否援助邻邦，以及是否利用当前局势方面，要重要得多，甚至在整个希腊面临外国入侵威胁时也是如此。

斯基泰弓箭兵

各希腊城邦国家以及波斯帝国都招募斯基泰人充当雇佣军。他们以善射而闻名于世，以致波斯帝国任命斯基泰教官去训练波斯军队的弓箭兵。

与波斯的战争

公元前 539 年，波斯帝国正不断向外扩张，并企图征服爱奥尼亚的希腊殖民地。在吞并吕底亚之后，波斯大军的兵锋又指向爱奥尼亚希腊人，迅速夺占了他们的城市以及一些希腊岛屿。

公元前 521 年，大流士成为波斯国王，开始寻求扩张其版图。公元前 513 年，他入侵了斯基泰，公元前 511 年又入侵了色雷斯。分崩离析的希腊城邦国家似乎是个很好的征服对象，但是大流士却一度停下了扩张步伐，只留下一位总督负责其征服大业。

波斯与希腊城邦国家之间的和平维持了十多年。但公元前 499 年，在被征服的爱奥尼亚希腊殖民地爆发了叛乱。尽管叛乱的确切原因在史上没有记载，但是一些文

献显示，波斯的统治相当具有压迫性。另一种可能性是那些爱奥尼亚城邦在其希腊本土的同胞的鼓动下举起了叛乱大旗。可以肯定的是，其他希腊城邦提供了援助，尽管那些殖民地很久以前就已经独立于希腊大陆。

爱奥尼亚叛乱持续蔓延，直到公元前 494 年在拉德战役中遭到决定性失败。不到一年，波斯的统治就在爱奥尼亚牢固地恢复起来，而大流士开始盯上了希腊本土，将其视为扩张目标。非常可能的是，大流士还想让希腊人为其干涉爱奥尼亚叛乱一事付出代价。

从波斯的小亚细亚领土入侵希腊，绝不是一件简单的事情。在理论上，可行的进军路线是向北穿过赫勒斯滂，绕道经过马其顿，但这意味着，为确保进军路线安全要打一场长期战役。穿越爱琴海的直接路线更现实可行，尤其是波斯已经拥有了一支庞大舰队，因此，直接路线可谓再好不过。

波斯使节在各个希腊城邦国家走了一遍，要求它们臣服波斯。这通常是一种一般性的要求，顶多是口头上同意效忠于波斯帝国，并在波斯与任何不愿臣服的城邦国家之间发生冲突之时保持中立。许多希腊城邦都答应了大流士的要求，其中包括在战略地位上十分重要的埃伊纳岛。这使得雅典忧心忡忡，因为其对外贸易将由于波斯控制埃伊纳岛而受到威胁。雅典和斯巴达要求埃伊纳退出与波斯达成的条约，因此制造了一起外交事件。这可能正是大流士所希望的开战理由。

马拉松

公元前 490 年，大流士发动了征服希腊的战争。他的大军跨过爱琴海在埃雷特里亚登陆，而后者降服在其铁蹄之下。这座城市被夷为平地，广大民众沦为奴隶。随后，波斯军队再次登船出发，越过不宽的海向希腊本土进发。

波斯军队在马拉松登陆后，一支希腊军队前来迎战。这支部队几乎全部由雅典人组成，因为斯巴达人不愿意在举行完他

马拉松（公元前 490 年）

雅典人的主力部队在没有等待盟军前来支援的情况下，迅速向前开进并在打击波斯军队的中间部分之前先摧毁了其侧翼。波斯军队被赶回船上，他们拼死抵抗之后匆忙开船逃走。

们的宗教庆典之前投入战争。结果大约有一万希腊人到达战场，而有大约两倍于这个数量的波斯人还滞留在海边。

尽管面对着人数上的不利条件，希腊人还是选择了战斗并积极主动地进攻。历史文献表明，希腊重装步兵在距离敌人还有 1.6 公里的地方就发起了冲锋，但是这似乎是不太可能的，因为希腊军队使用的是重武器装备。然而完全有理由认为，希腊人推进得很快而且极其勇猛地冲击了敌人。他们的军队几乎完全是重装步兵，没有骑兵或者弓箭兵部队的支援，因此，以横刺的长矛发动全线进攻只能是唯一的选择。

为了对付波斯人宽长战线，希腊人运用了纵深不大的战线，这就使他们中央变得薄弱而危险。正是在那里，波斯重步兵从最初的打击中缓过神来后，开始迫使希腊人后退。然而，侧翼希腊重装步兵打跑了他们当面的轻装敌人后，像双巨大的铁钳一般包围了波斯战线的中央。波斯军队被击溃，纷纷逃回其战船，并在海岸进行了场殊死护卫行动，从而使得许多波斯人能够登船逃走。

波斯人战败

波斯人在后来的十年里再未企图入侵希腊，直到大流士的继承人薛西斯一世在公元前 480 年重启征服战争。此时，希腊各城邦国家组成同盟以抵抗入侵，该同盟包括雅典、科林斯和斯巴达。

海上力量是这场战争的关键所在，因为波斯军队必须横跨爱琴海才能运送军队和后勤补给。尽管在数量上远远不敌波斯

斯巴达国王莱奥尼达斯在温泉关战役之前向盟友们挥手告别。兵力上远远处于劣势的希腊军队竟然将波斯人的入侵阻滞了一个星期。

舰队，但希腊海上联军还是主动出击，以阻止波斯人通过阿特弥西乌姆海峡。由于海上风暴，波斯的几百艘战船被摧毁或者打散，双方的力量多少有所平衡。但即便如此，只有 271 艘战舰的希腊舰队还是必须面对几乎三倍的敌人。

经过两天小规模的遭遇战之后，双方的一场全面海战最终打成了战术上的平手。但在战略上，波斯人还是取得了优势，因为他们能够承受得起伤亡而希腊人却不行。希腊舰队的残余部分退回到萨拉米斯岛，在那里，来自其他城邦的增援舰船与他们会合。

与此同时，大约 30 万人的波斯大军在温泉关隘口遭遇到一支以斯巴达为首的 7000 人希腊军队。正是这支微不足道的军队得以把波斯人阻滞了一个星期动弹不得，其中的大部分时间都消耗在两军在狭窄道路上的对峙当中。

突破温泉关并打通海上补给线之后，波斯军队穿过皮奥夏，攻占了雅典。尽管这座城市先前预料到了入侵，人们已全部撤离而只留下一座空城。

斯巴达攻城土堆，普拉提亚

由于希腊有很多森林，很容易获得木材，因此攻城斜坡的构架可以采用原木交叉叠放的方式来建造。为了增大承受力，构架结构中的空隙都用土填满了。对于这样的进攻方式，守军的常见应对做法是用兽皮覆盖的临时屏障，加高其城墙高度。

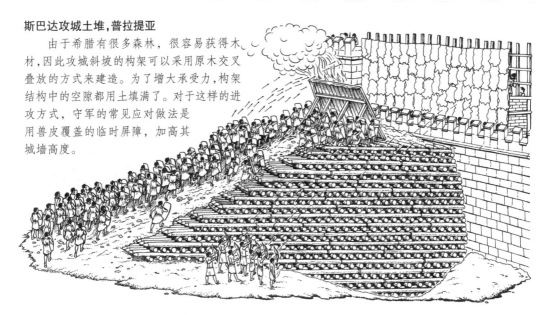

两军舰队在萨拉米斯再次迎头相撞。这次希腊人赢得大胜，而波斯人损失惨重。薛西斯相信海上战争已经失败，因此撤回舰队。这又意味着陆上大军将得不到后勤补给和支援，因此其大部分主力也随后撤退。

波斯军队的残余力量在公元前 479 年的普拉提亚战役中，被一支大规模的希腊联军打败。经过长时间的对峙后，希腊人开始撤退以保护其补给线。这诱使波斯人发起追击。但希腊人随即掉头而打得敌人大败，随后又席卷了敌人的营寨并最终摧毁了波斯军队。

普拉提亚惨败之时海上灾难又如期而至。米卡勒海战击溃了波斯舰队。这两场战役有效地终结了波斯对希腊的威胁，希腊人从此得以展开对波斯的反攻。

提洛同盟

为反攻波斯，希腊人建立了提洛同盟。之所以这么称呼，是因为这个同盟的司库和议事地点都在岛屿城邦提洛。在雅典的领导下，这个同盟矢志于反波斯战争，尽管其许多成员仅仅是做出财政贡献而已。随着提洛同盟的军队将波斯驻军从其所征服的领土上赶走，爱奥尼亚各个城邦又揭竿而起，而这次他们终于大功告成。

埃及也发动叛乱反对波斯统治，提洛同盟派遣军队去支援埃及人。但是，埃及的叛乱最终在公元前 456 年被镇压下去，提洛同盟的援军经过四年的战争，大部分都成了波斯的俘虏。争夺对塞浦路斯控制权的海上战争较为成功。此后，希腊与波斯之间的战火逐渐熄灭。人们并不清楚双方是否签署了正式和约，但在公元前 450 年之后，希腊与波斯再未有过战争。

海上战争

战船的演变发展是个连续不断的过程，从商船和渔船中间衍生出了专业化的战舰。最早的战舰样式可以追溯到公元前 3000 年。那是一些只能紧贴着海岸线航行的商船，要在公海上航行还需要经过许多个世纪的时间。由于吃水很浅，这些船几乎能够进入任何水域，既能够在河流上航行，也可以在夜里被拖到岸上。

地中海地区所使用的各式各样的战舰，以划桨帆船而著称。有几种宽型划桨帆船，而个性化的设计则多种多样。所有这些战船的共同之处就在于它们都能够依靠船桨或风帆驱动前进。

风帆的装配非常简单，而风帆只有顺风的情况下才能起作用。因此，海军战舰都是在能够实施战略机动的地方才使用风帆，而在大部分时间里则依靠划桨动力。在作战时用不着风帆，如果可能，在战斗前就把它们丢在岸上。

早期的战船每一边都只有一排划桨，被称为"五十桨战船"。这些船逐渐被更强大的、每一侧都有两排划桨的战舰所取代，现代历史学家称其为"双排桨战船"。三列桨战船即每侧都有三层划桨的帆船，随后也很快问世了。

新的武器与战术

更加强大战舰的出现，在很大程度上是由武器和战术的革新所推动的。到公元前800年左右，战舰只有两种进攻模式，即投射武器和登船作战。尽管这些模式还依然可行，但是随着撞角的发明，更具有决定性的进攻模式宣告问世。

装备了撞角的战舰能够从侧面撞击敌舰，撞碎其船板使其下沉；或者收起自己的船桨并侧身靠近敌舰，折断敌舰的划桨，造成其桨手因受到划桨折打而重伤。这种战术机动需要技术高超的船员来完成，以避免己方桨手遭到同样的伤害，或是在靠拢

> 陛下，请不要为我们已经遭受的败绩而感到悲痛或沮丧万分。我们所赖以坚持下去的并不是海上的那些木头，而是陆军和战马。
>
> ——波斯将军玛尔多尼乌斯在萨拉米斯海战失败之后所说

敌舰滑行的时候半途停了下来，从而前功尽弃。

有些战舰的撞角在设计上是为了脱离目标船，这就需要撞击船的划桨能够向后划动，从而避免与目标舰及其舰员搅在一起，因为敌人舰员可能会拼死登舰以逃离他们已被撞坏的战舰。其他撞角则强大有力，能够反复撞击敌舰。如果舰船操作技术高超的话，也可能避免与敌舰发生纠缠。

在理论上，一艘战舰的划桨越多动力就越大，从而能够避免遭受敌舰撞击，而自身又能够进入阵地去撞击敌舰。然而，要做到这一点，很大程度上依赖于船员的技能。奴隶不太可能拥有必要的技术和动力，所以通常要使用自由职业的划桨手。

四排桨战舰和五排桨战舰相继投入运用，以期造就出更强大的战舰。由于建造四排或者五排桨的战舰并不切实可行，所以上层划桨位置上增加了桨手。因此，一艘五排桨战舰的最底层的每根划桨的位置上可能只有一名桨手，而上面各层的每根划桨的位置上都有两名桨手。这样，虽然战舰仍只有三排划桨，但要比三列桨战舰更有力，至少在理论上是如此。

实际上，为这些战舰配备大量船员的做法产生的回报越来越小，正如后来的一些国家所建造巨型战舰那样。埃及的托勒密四世曾经建造出一艘拥有多个船体的"多排桨战舰"，每一个桨位上有40名桨手之多。尽管引人注目，但这种庞然大物却不是一种实际可用的战舰。

希腊、马其顿以及波斯帝国舰队的战

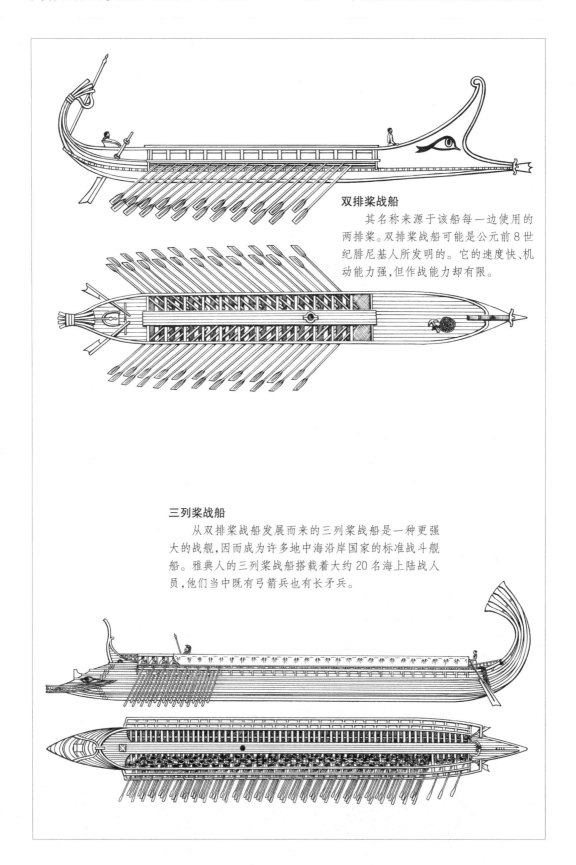

双排桨战船

　　其名称来源于该船每一边使用的两排桨。双排桨战船可能是公元前 8 世纪腓尼基人所发明的。它的速度快、机动能力强，但作战能力却有限。

三列桨战船

　　从双排桨战船发展而来的三列桨战船是一种更强大的战舰，因而成为许多地中海沿岸国家的标准战斗舰船。雅典人的三列桨战船搭载着大约 20 名海上陆战人员，他们当中既有弓箭兵也有长矛兵。

舰块头适中，但都是很有战斗力的三列桨战舰。大部分船员是划桨手，船上另有一支陆战队。这些战舰在设计上取决于陆战队的作用有多么重要。陆战队员经过训练，要能够向敌人投射武器，并参加登船作战，或对付登船行动。那些青睐这种作战方式的海军会把战舰设计得最能够发挥陆战队的作用，而另一些国家的海军则依赖撞角的巨大撞击力。

因此，在萨拉米斯海战期间，以登船作战为目标的波斯海军战舰拥有高弦侧和高舰首，舰上只有 30 名左右的陆战队员。希腊人偏向于撞击并击沉敌舰，而不是让两军舰员之间相互投射箭矢和标枪或者登船作战（尽管舰长可以把握时机而便宜运用所有作战选项），因此他们只载有 8 名左右的陆战队员，而且船体也更加低矮。

希腊划桨帆船舰队所青睐的战术，包括正面进攻和侧翼进攻。侧翼进攻，主要是一种侧翼运动，从而对敌舰的侧面发起撞击进攻。正面进攻，则是集中数艘战舰对敌

舰阵线的某个点上实施进攻，从而突破这个点并导致敌军陷入混乱。

作为一般性的规则，撞击战术需要较高水平的驾船技术和划桨手的高超技巧，因为撞击行动极大地依赖全体舰员能够在正确的时间加速前进，然后向后倒退并脱离接触。那些缺乏这种技能的国家，往往会部署更大、更重的战舰，甲板上也有更多的士兵，以期通过投射武器或登船作战去打败敌人。

战争胜负还在很大程度上取决于当地的海上环境。在萨拉米斯海战期间，笨重的波斯战舰受到了波涛汹涌的海浪的阻碍，使得操桨手们很难划得动。这个因素对于比较轻便的希腊战舰的影响却不是那么严重。因此，风帆划桨舰队的指挥官对当地海况的了解，与其舰员的作战能力同样至关重要。

最终，尽管希波战争大部分是在陆地上进行的，但正是海上力量击败了波斯军队的入侵，进而使得希腊人能够采取攻势。

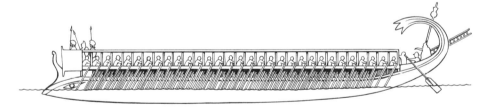

雅典的三列桨战船
三排划桨手如果一排高于一排的话，将使战舰变得头重脚轻。因此，划桨手的位置是呈斜坡状的。

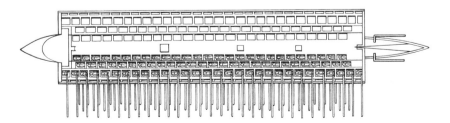

萨拉米斯海战

（公元前 480 年）

由于在阿特弥西乌姆海战和温泉关陆战中先后失败，希腊城邦国家的形势岌岌可危。他们用来抵抗波斯入侵的舰队在数量上处于极大劣势，因此在萨拉米斯岛附近躲藏起来。好几个城邦国家都在考虑是否要召回它们的战船从而保护自身利益。与此同时，波斯大军陆续向雅典城挺进。

雅典的国务家坚持认为所有希腊人需要团结一致，因此说服其他城邦将其海军分舰队留在萨拉米斯。这些舰船帮助疏散雅典居民，把民众运送到岛上比较安全的地方。

尽管波斯舰队由于一系列灾难性的海上风暴，而损失了大量战舰，希腊海军的抵抗又进一步使其受到削弱，但是其规模依然比希腊城邦国家的舰队要大些。然而，波斯对希腊的入侵要依靠海上力量从而保证陆军得到后勤支援，而希腊舰队对于波斯人的海上补给线仍然是个严重威胁。

波斯舰队需要清除希腊人的海上力量，以保证对陆军的补给线路不会遭到截断。由于此时整个希腊舰队都被困在萨拉米斯海峡，波斯海军就

萨拉米斯（公元前 480 年）

通过将谋略和卓越航海技术结合起来，希腊人在萨拉米斯打败了拥有巨大优势的波斯海军。通过将波斯人诱入狭小的水域，希腊人在极其有利的条件下伏击了波斯舰队。这种条件有利于希腊战舰，却很不利于威力强大但船体上部沉重而且机动性较差的波斯战舰。

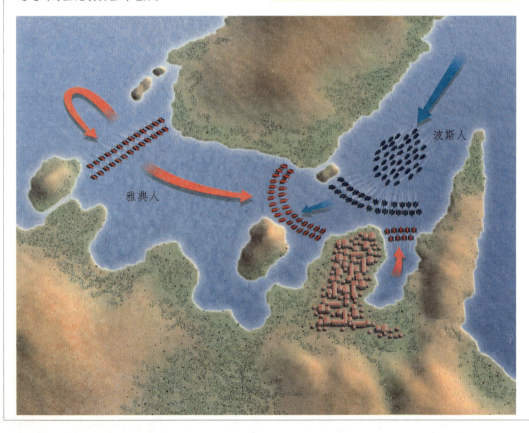

雅典人

波斯人

有机会发起一次决定性攻击，一举消除整个威胁，而不是零零星星地追击数量不多的希腊战舰，或是在将来的数月或数年里频频对付希腊海军的骚扰式进攻。

除此以外，对雅典实施报复也是此次入侵的目标之一。在萨拉米斯摧毁希腊舰队不仅将彻底清除雅典海军，而且还能给波斯人以攻占萨拉米斯岛并惩罚躲藏在岛上的雅典人的机会。

希腊人的弱点

希腊人一度集结了一支非常可观的战舰力量，但波斯舰队到来后，许多希腊战舰却逃走了，只留下了310艘战舰与波斯人作战。而至少有700艘波斯战舰可以参加作战，并且由于刚进行过大修，其战舰的状况也要比希腊好得多。

希腊舰队的指挥系统四分五裂，来自不同城邦国家的指挥官不断争论何事应该处理以及谁处于优先地位。因此，当雅典领导人地米斯托克利斯给他们捎来消息，表示要叛逃到波斯一边时，波斯指挥官们并未感到丝毫吃惊。

地米斯托克利斯告诉波斯人，希腊舰队的某些战舰计划在夜幕掩护下逃走，因此敦促他们部署一些战舰去追击那些逃走的希腊舰船。次日早上，一支科林斯分舰队的确开始撤出萨拉米斯海峡，其他一些希腊战舰也开始跟随他们。

波斯人已经部署了一些战舰，张开口袋等待那些逃跑的希腊舰船，并将其舰队主力开进海峡以图一举粉碎希腊舰队。然而，战况的发展表明，所谓逃跑不过是希腊人的诡计，因为那些逃跑的战舰开始调转方向并组成作战阵形。其他的希腊战舰也从旁边的一处峡湾开了出来并进攻波斯舰队的侧翼，他们预先成功地隐蔽在那个峡湾里。尽管波斯战舰的数量更多，但在这样一个空间狭小的水域里，数量并不能像在开阔海域那样发挥优势。波斯舰队陷入混乱，完全不能有效地运用其力量。虽然波斯战舰一般都搭载着数量等

于对手两倍的陆战队员，但希腊人却把所有能够作战的人员都派上了甲板，决心豪赌这场海战的胜利。最后甚至连大海也与波斯人作对，在清晨的海浪中，他们那些头重脚轻的战舰完全处于下风。

希腊战舰采用撞击以及武器投射的方式发动进攻。他们击毙了波斯海军司令，造成敌人更大的混乱。在决一死战的信念驱使下，希腊人击溃了一些波斯分舰队，在敌人的队形中打开缺口，然后又通过这些缺口去进攻其他分舰队。很快，整个波斯舰队都陷入了混乱无序的溃退状态，而希腊战舰则紧追不舍。

第二天早晨，希腊人修补战舰以重新投入战斗，但波斯人已被打垮。他们能够用于战斗的战舰已经少于希腊人，而且士气已经被突如其来而又惊心动魄的惨败葬送得一干二净。

当天晚上，波斯舰队撤离战场，而这也使得陆上战役随之结束。如果没有一条穿越大海的安全后勤补给线，波斯陆军无法在敌国希腊的土地上久留。因此，希腊的海上力量确保了陆上胜利，最终击败了波斯的入侵。

这是一幅描绘萨拉米斯海战的现代绘画，展示了一艘希腊战舰正在猛烈撞击更加高大的波斯战舰。船帆在作战时一般不会带在船上，理想的情况是把它们留在岸上。

海上力量同样使得希腊诸城邦国家能够通过海外贸易以及沿着东地中海广泛建立殖民地，走向繁荣富强。在数个世纪里，风帆划桨战舰和重甲步兵一样，成为希腊强盛和所向无敌的象征。

伯罗奔尼撒战争

随着时间的推移，提洛联盟多多少少变成了一个雅典帝国。雅典在政策上对联盟内其他成员发号施令，并惩罚那些试图脱离联盟的城邦国家。联盟成员通过提供军队和战舰的方式做出贡献的做法不再继续，它们缴纳的费用实际上变成了对雅典的进贡，而雅典却把其中很大一部分资金用于非军事目的。

其他城邦的不满日益增长。公元前465 年，萨索斯不仅脱离联盟，甚至还与波斯帝国结成同盟。与此同时，斯巴达也离开联盟，而且愈益仇视雅典。公元前 457 年，雅典与斯巴达的冲突公开爆发，一支斯巴达军队开至雅典。到公元前 431 年，雅典所支配的提洛联盟与斯巴达所领导的伯罗奔尼撒联盟愈益变为两个相互敌对的阵营。一个本来预期能够维持 30 年和平的条约被撕毁，公开战争宣告爆发。

伯罗奔尼撒战争的参战军队比希波战争开始阶段时更加多样化。重甲步兵仍然是陆军的核心，但如今他们得到了轻步兵和骑兵分队的支援。

战争双方的力量也非势均力敌。雅典

伯罗奔尼撒战争（公元前 431—前 404 年）是由斯巴达与雅典之间的紧张关系引发的。这场冲突席卷了希腊世界的每一个角落，最终以斯巴达的获胜而告终。

主要是个海上强权，而斯巴达则是一个首屈一指的陆上军事强国。双方都最大可能地利用己方优势，例如雅典人全力维持着对敌人的海上封锁，而斯巴达人及其盟军则伺机展开陆上决战。

雅典的战略包括了切断伯罗奔尼撒联盟的海上供应，并且夺取其海外领土。公元前415年雅典对叙拉古的远征就是这样一种尝试，尽管这次行动是一次轻率鲁莽之举。

叙拉古（公元前 415—前 413 年）

叙拉古是科林斯人建立的殖民地。为了占领富庶的叙拉古城邦以增强自身实力，雅典人派遣一支舰队载运着一支规模不大的军队开往西西里岛。这是一次重大行动，因为此前还从没有过从如此遥远的距离发起两栖登陆作战的例子。舰队贴着海岸线缓慢向前，每晚都在岸上扎营过夜。因此，叙拉古人有足够的时间对付这次进攻。

行动在开始阶段进展颇为顺利。雅典人诱使叙拉古人出城来进攻其营寨，然后他们就回到船上并迅速沿着海岸线向北前进，随后在没有多大抵抗力量的那一面城市前方再次登陆，而叙拉古军队只能艰难缓慢地赶回来。

叙拉古人把雅典军队赶走的一次尝试宣告失败，但雅典人在冬季到来之前也一无所获。次年春天，叙拉古人加固了城防。经过一些战斗，雅典人能够重新建立起阵地，当双方试图争夺一些关键地带的时候，加固城防的工作持续进行。双方建立的据点、堡垒和城墙成为激烈作战的焦点，雅典人最终赢得了胜利。

然而正当雅典军队对叙拉古的包围逐渐收紧的时候，来自斯巴达的援军抵达并开始进攻雅典人。与此同时，叙拉古人也频频地从城内向外发起突击。虽然这些突击大多数未能成功，但却有助于消耗雅典军队的力量。

斯巴达和科林斯的战舰不断抵达战场，以致这支舰队能够与雅典舰队一决高下并有望取得胜利。当然，雅典援军也开向西西里。不过雅典对远征军的增援却受到削弱，因为他们需要在希腊本土战场上对抗斯巴达的攻势。

经过更多的战斗，雅典舰队最终被围困在港口内，而他们的几座要塞也被敌军攻占。雅典派出的补给运输船队遭到了敌人拦截，他们的军队也逐渐被围困在自己的围城工事里，与此同时，其舰队也在敌人的海上进攻下逐渐遭到削弱。

尽管雅典援军最终抵达，而且再次对城防工事发起强大进攻，但还是无法占据上风。随着军营中的疾病蔓延、士气瓦解以及供应

叙拉古（公元前 415—前 413 年）

雅典人试图用包围墙切断叙拉古城与外界的联系，从而促使守军建造起了自己的"辐条"墙并与攻城者的墙出现了交叉。当雅典舰队被困在叙拉古港口内之后，他们才发现自己已经处于守势。雅典军队最终被赶进内陆，并被迫投降。

雅典舰队被困在了叙拉古港口里，沦为敌人反复攻击的猎物。这些进攻削弱了其实力，直到它再也不能实施海上突破。

短缺，雅典军队遭到了来自陆上和海上的两面夹击。最后唯一的选择就是突围出去并返回本土。

雅典人经过激烈作战而拼死突破叙拉古舰队封锁的努力最终宣告失败，从而迫使他们不得不放弃最后一点儿逃离西西里岛并返回故乡的希望。反之，雅典人开始向内陆撤退。在此过程中，雅典残军遭到了敌人骑兵与轻装部队的不断骚扰，直到最终他们被封锁住去路的敌人和前来追击的敌人逼入死角。

经过决死作战以图突围和逃跑之后，雅典人试图沿着海岸线逃脱。他们的后卫部队被包围并被迫投降，很快主力部队的战斗意志也消失殆尽。战斗最终变为了屠杀，雅典人的残兵败将宣告投降。

叙拉古的失败不仅仅削弱了雅典的威望与士气，多多少少掏空了雅典的财富，损耗了雅典的大批战舰与兵力，而这些绝不能轻易地得到恢复。这些尝试导致了盟友的不满，他们觉得自己已经为这场战争做出了足够多的贡献。

在战争的最后几年里，即大约公元前410—前406年，斯巴达鼓励雅典的盟友们起来反叛。通过切断粮食和银币供应，斯巴达逐渐剥夺了雅典所剩无几的维持战争的能力。由于陷入破产境地，雅典被迫投降，而斯巴达最终成为希腊的霸权国家。

斯巴达的崛起

斯巴达无法以中央集权帝国的方式控制整个希腊，但是，它却能够保持一种霸主地位，即通过禁止其他城邦组成联盟以挑

战其军事力量。然而,斯巴达的地位却并非完全无懈可击。

仅仅在战败投降的一年后，已经受到严重削弱的雅典竟然能够重新恢复其自主选择的政府形式，并且驱逐了由战胜国斯巴达强加在它头上的寡头统治。这种对于斯巴达权威的挑战行为并没有受到报复，而这很可能成为推动阿尔戈斯、雅典、科林斯以及底比斯等城邦国家组成一个新同盟的重要因素。

这一事态发展的结果，就是从公元前395年一直持续到公元前387年的所谓科林斯战争。最初,斯巴达取得了胜利。其重甲步兵方阵远不是盟军所能抗衡的，斯巴达军队给对手造成了预料之中的惨败。然而,战术创新却有利于盟军。在公元前391年莱哈伊乌姆战役中，盟军的一支轻型的轻盾兵部队通过采用“打了就跑”的战术，击败了斯巴达重甲步兵。

一年以后，科林斯战争演变成一场相对意义上的低烈度冲突。随着最初支持盟军的波斯帝国改变立场转而支持斯巴达之后,这场战争便宣告结束。双方签订和约，基本上恢复了战前状态，但雅典还是有所斩获的。

底比斯的实力逐渐增强,直到斯巴达开始将其视为威胁。公元前382年，斯巴达军队通过占领底比斯城堡以回应后者的威胁。但公元前378年,斯巴达的占领军又被赶走。这就使得两大城邦之间的战争多多少少有些不可避免了。

底比斯军队随即夺取了皮奥夏地区一块原来属于斯巴达的领土，斯巴达立即要求底比斯撤军。在遭到拒绝以后,一支斯巴达大军杀向底比斯。这支部队的主力是重甲步兵，以一些骑兵和轻步兵部队作为支援。相较而言，底比斯拥有更多的轻装部队,但是总兵力却比对方少。他们不得不竭力创新战术以避免失败。在公元前371年留克特拉战役中，通过故意放弃一个侧翼并增强另一个侧翼的兵力，底比斯军队最终击败原先认为不可战胜的斯巴达重甲步兵方阵。

作为这次胜利的结果，底比斯军队乘胜将战火引入斯巴达领土，尽管这只是场相当克制的攻势，而且也没有取得任何决定性的战果。这场战争逐渐平息下来,底比斯和斯巴达两大城邦成为希腊事务的主要角色，但是斯巴达再也未能恢复此前的威望和权势。

在公元前362年曼提尼亚战役中,底比斯军队再次击败斯巴达人。在这场战役中,双方阵营都集结了大量盟友,使得此役

在这块浮雕上,重甲步兵的护身铠甲、头盔以及胫甲都清晰可见。重甲步兵享受着与其他一些国家军队重骑兵相同的地位,并在军事艺术中占据显著地位。

成为希腊诸城邦之间规模最大的混战。底比斯一度取代斯巴达而成为全希腊的霸主。然而，这场冲突严重地削弱了作为一个整体的希腊城邦国家，为随后马其顿军队成功入侵希腊创造了良机。

重装步兵的战争

古希腊城邦国家采用的公民士兵制度使得大批兵员可以通过一次总动员而迅速集结起来，而且政府并不需要付出多少开支。然而，对这种性质的志愿部队进行大量的军事训练是不可能的，而且一场长期的战争对大量人力资源的占用也会造成灾难性的经济后果。因此，一种典型的希腊战争方式应运而生。这种战争方式能够完美地对付采用相同规则的对手，也能够抗击那些愚蠢到竟然试图正面进攻步兵方阵的敌人。事实上，唯一能够躲过步兵方阵屠杀的阵形，就是另一个同等规模的步兵方阵。

这种战争方式非常适合解决城邦国家之间的矛盾，因为他们全都采用相同的战术对付彼此。但是当与外部敌人发生冲突时，或者方阵指挥官背离了战争常识的时候，这种战争方式的弱点就暴露无遗了。

作为重装步兵而入伍服役其实是一件关乎社会地位的大事。一名战士在作战中的行为对于他本身的平民生活具有重大影响。作为战败的步兵方阵的一员并不需要感到羞愧万分，因为整个城邦的所有男性人口多多少少都要分担战败的耻辱。然而，一名在战场上丢弃盾牌而逃跑的重装步兵，在其战友看来则是不折不扣的耻辱。

除长矛和盾牌这些方阵步兵的基本装备以及同时也是男子汉气概的象征外，其他军事装备对于那些十分珍视其社会地位的战士来说，也是颇为重要的。

拥有一套全身护甲意味着享有能够站在方阵前排的荣耀，护甲比较少的士兵站

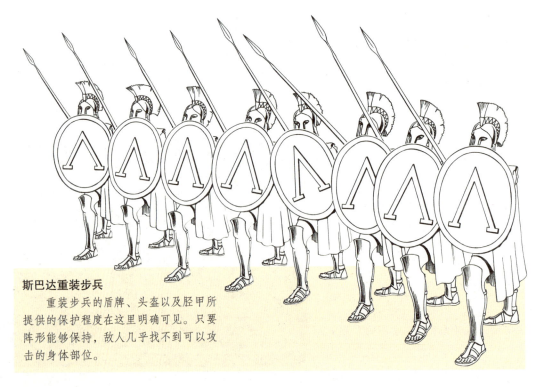

斯巴达重装步兵

重装步兵的盾牌、头盔以及胫甲所提供的保护程度在这里明确可见。只要阵形能够保持，敌人几乎找不到可以攻击的身体部位。

普拉提亚战役是波斯入侵希腊的最后一场陆战。波斯人遭受大败后又被赶回营地，最后被屠杀殆尽。

在他们后面，而没有护甲的士兵则站在最后。尽管站在方阵前排受到瞩目凸现了社会地位，但在作战中却是喜忧参半的。在两军接触时，前排士兵要面对着敌人刺来的多支矛头，很容易被刺中受伤，或者在随后双方的冲撞中遭到踩踏。

那种认为战场上风险最大的岗位是与高贵的社会地位相连的观念，绝不仅限于重装步兵方阵战争。在后来的历史上，有些部队热切地自愿参加高风险的行动，或是成为敢死队的一员而浴血突击，都是为了期望得到晋升或社会对其勇敢精神的肯定。

在古希腊城邦国家的军队中，社会秩序和军事制度是相辅相成的。在战争结束时，一名战士的表现如果大大低于其同伴的期待，那么他的地位就会毁于一旦。因此士兵们都有强烈的社会动机去寻找在危险的、暴露而易受攻击的位置而进行作战。

训练与战术

重装步兵的战术是一往无前。战争逐渐向程式化发展，因而一支大军沿着对方可预测的路线行进，其对手将选择在一个适合于会战的地点将其截住。在十分平坦的战场上摆成战斗队形之后，两支大军就会端着长矛彼此相互冲击。

每一名重装步兵都会部分地受到自己盾牌的保护，又部分地受到他右侧战友的盾牌的保护。这导致方阵在前进之时会不知不觉地向右偏斜，因为每个人都希望他身旁战友的盾牌能保护他。如果可能的话，方阵将力求叠盖住敌人的右翼，从而使己方士兵能够进攻敌人没有盾牌防御的

这件铁制胸甲的时间为公元前4世纪，上面装饰着马其顿国王菲利普二世的标志物。这可能是一件礼仪用品，也可能确实用于作战行动。

侧面。

为了防止方阵向右漂移并陷入混乱，方阵的前后两个方位上都会安排一位指挥官，而最有经验的战士会被安排在战线的右边。这种把最优秀的战士与部队置于右侧的传统做法，甚至传承给其他类型的战争，即使步兵方阵早已成为历史。

将最优秀的战士置在右翼的结果之一

是，在其他方面都旗鼓相当的情况下，两个对垒的方阵会围绕着一个中心点发生旋转，每一方的强大右翼都试图击败对方的弱小左翼。

通常，双方交锋之前的进军是平稳而谨慎地向前开进，以保证部队步调一致。然而，如果敌人看上去软弱可欺或者摇摇欲坠，重装步兵就会立刻冲上去发动进攻。即便只是齐步向前推进，数千名重装步兵的势头也会地动山摇。无数长矛刺向敌人的盾牌、盔甲或血肉之躯的那种原始冲击力，足以冲垮对方的一侧。

在首次交锋的厮杀之后，两军都会后退，然后再次交锋；要么就是死死地纠缠在一起，陷入一场巨大的推力赛。长矛能够让前几排战士把矛头对准敌人，但是阵形纵深的重要价

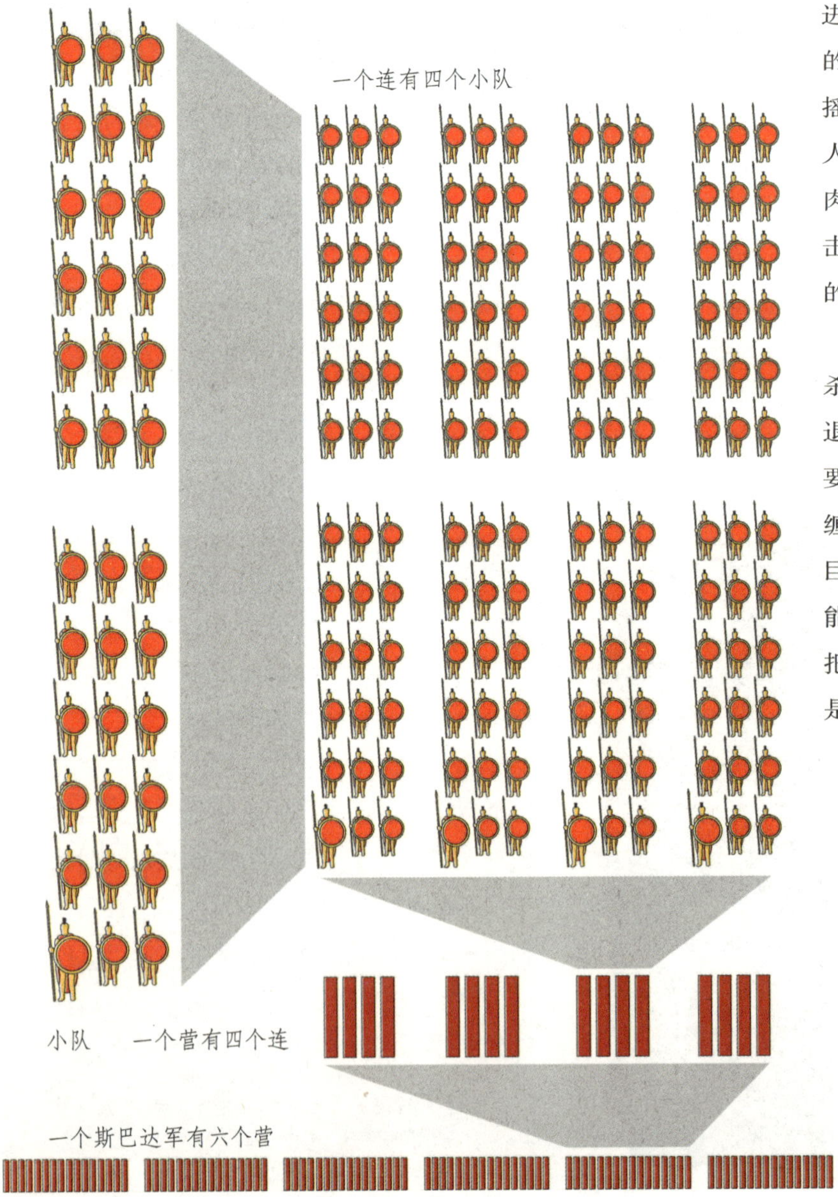

一个连有四个小队

小队　　一个营有四个连

一个斯巴达军有六个营

斯巴达军队的结构组成。最小的单位是小队（enomotia），由3个每列12人的纵列组成。两个小队组成一个分队（pentekostyes），两个分队构成了步兵方阵的基本单元，即一个连或中队（lochos）。一个营（morae）则是由四个连组成。

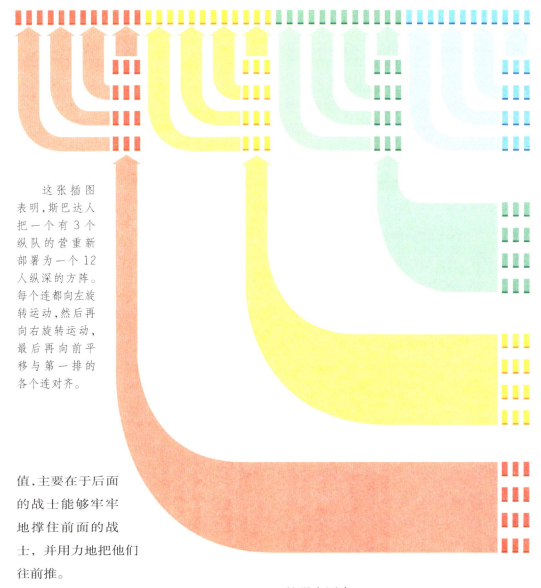

这张插图表明，斯巴达人把一个有 3 个纵队的营重新部署为一个 12 人纵深的方阵。每个连都向左旋转运动，然后再向右旋转运动，最后再向前平移与第一排的各个连对齐。

值，主要在于后面的战士能够牢牢地撑住前面的战士，并用力地把他们往前推。

推　压

在重装步兵的短兵相接的会战中，胜利在很大程度上取决于兵力数量所带来的"推压力量"，但这种推压必须通过一种步调一致的方式来实现，以避免方阵在其自身行动的压力下突然陷入崩溃之中。组成方阵的战士之间高度的相互信任实属必需，共同分担危险和共同付出努力是在战后将一个共同体的所有成员相互联系起来的强大因素。

重装步兵经过训练后学会方阵行进（othismos），这是一种机动动作，即方阵内的每名战士连续不断地以统一的小步伐向前行进。最基本的要求是，部队在运动中必须保持组织有序与阵形完整，因此这种演进具有极端重要性。几乎没有其他形式的战场机动了。然而，如果把方阵行进运用得当的话，就可能赢得胜利；反之，如果阵形陷入混乱，方阵就会遭致失败。

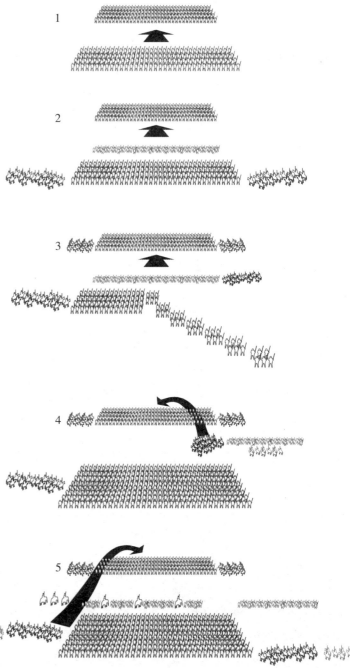

向前运动是重装步兵战争的核心与灵魂。一支能够将其对手向后推回的大军会逐渐地赢得优势。对于重装步兵来说,后退要比前进困难许多,因为战士在后退时会摔倒。这不仅从整体上削弱了军队的力量,而且很有可能导致那些不幸摔倒的重装步兵受伤甚至死亡。

摔倒的战士还面临着被战友践踏至死的危险,而如果敌人从他身上踩踏过去的话,其矛柄底端的尖头也会把他们扎死。长矛的重量可以发挥作用,如果用力向下猛刺的话,能够不费吹灰之力地刺穿厚厚的青铜胸甲。

随着士兵的倒地,重装步兵方阵的推压力量逐渐减弱,敌人就会掌握主动权,直到方阵后部的士兵最终溃退并逃跑。此时,崩溃已经不可避免,而敌军紧接着会发动追击。在战场上,首轮交锋以及一方溃败之时,伤亡最惨重。敌军方

阵碾过溃败一方,后者的士兵要么在逃跑时被刺中,要么倒地而亡。

方阵土崩瓦解的生动场面,清楚地表明哪一方赢得了战争,而和平条约通常会随之缔结。和约的条款很少有十分苛刻的,

希腊战术的发展

1. 马拉松战役中的希腊方阵,有四排纵深。

2. 方阵配备了轻盾作为前锋,以及骑兵保护其易受攻击的侧翼。

3. 在这个底比斯方阵中,用轻盾兵和骑兵盯住敌人的侧翼,而方阵主力则以斜线的阵形向前推进。

4. 马其顿方阵有八排纵深,其重骑兵正等待时机突入敌阵。

5. 亚历山大继承国的方阵中部署了战象和骑兵,以实施突破并打击敌人的后背。

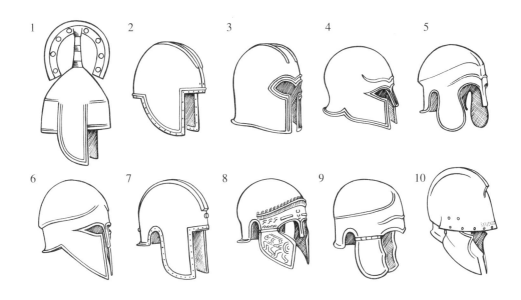

而主要是为了解决双方的争端。如果条款定得过于严苛，战败的城邦就会立刻关上城门并准备接受敌人的围攻，而围城战使得进攻者一方付出的代价将超过其从条约中所能得到的东西。

因此，重装步兵方阵之间的冲突从许多方面看都是一种血腥的谈判方式，它会加强胜利一方的谈判地位。由双方争执、方阵战斗和签订条约等几个环节所组成的循环，将会年复一年地重复下去，有时就在相同的对手之间。这就是政治体系的一个基本组成部分。

如果轻装部队也出现在战场上的话，他们通常是被用来骚扰敌军方阵，或者与敌军轻装部队作战。然而，他们有时也会在战场上扮演更重要的角色。如果将装备十分轻便的突击步兵安插到重装步兵队伍中的话，他们能够对敌人方阵造成巨大破坏。因为方阵中的重装步兵都会全神贯注于他自己，其头盔限制了他的视线与听力，以至在发现自己背后顶着匕首的时候，他已经来不及做出反应。

重装步兵的头盔

1. 圆锥形头盔(阿尔戈斯，公元前 700 年)；
2. 伊利里亚风格的头盔，由两个单片铆合在一起制成(奥林匹亚，公元前 650 年)；
3. 科林斯风格的头盔，遮住眼睛与下颌(公元前 600 年)；
4. 科林斯风格的头盔(公元前 550 年)；
5. 哈尔基斯头盔，具有更好的听力条件(公元前 500 年)；
6. 科林斯风格的头盔(公元前 500 年)；
7. 后期伊利里亚风格的头盔(公元前 480 年)；
8 和 9. 哈尔基斯头盔，增加了折叶的护脸片(公元前 450 年)；
10. 色雷斯头盔(公元前 300 年)。

在其他情况下，轻装部队甚至能够打败重装步兵，只要他们拒绝在有利于后者的条件下与其作战就行了。重装步兵无法抓住对方的轻装部队，他们冲上来投掷标枪，然后在受到反击之前迅速撤退。但这种情况在城邦国家时代的古希腊内部冲突中也很少出现。然而，一旦希腊人与那些并不认同其制度的敌人作战时，重装步兵方阵的弱点就会被无情地加以利用。

重装步兵的短剑

　　重装步兵的短剑是近战时的后备武器。它有着叶片形状的剑刃，能够把武器的重量集中在一记狠命的重击之上。重装步兵并不用接受训练使用短剑，因此他们的战斗风格倾向于力量强大而不是技术高超的战斗。

重装步兵的盾牌

　　重装步兵的盾牌也叫大圆盾，是用木头制成，外加青铜贴面。它的里面用皮革衬贴，外加一个把手。胳膊穿过一条皮带，从而拥有更大的支撑。

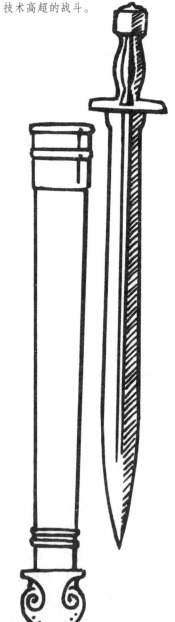

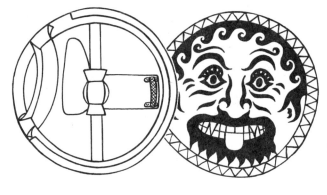

重装步兵的胸甲

　　有些重装步兵使用坚固的金属胸甲。其他士兵则穿戴一种由金属鳞片组成的、包裹上身的胸甲。希腊铠甲在设计上是为了让士兵的臀部能够自由活动，重装步兵在必要时能够冲上去进行战斗。

装备和组织

古希腊公民士兵的基本武器装备是一柄长矛，即"希腊长矛"（doru）。战士组成密集阵形作战时，手持长矛以及一面被称为大圆盾的巨大圆形盾牌。这些士兵因此被称为重装步兵。

重装步兵在作战时所采用的密集队形被称为方阵。那些自己有钱、能够装备胫甲、胸甲以及青铜头盔等额外护身铠甲的人，将在作战时排在方阵前排，而铠甲较少的战士位于后排。

重装步兵方阵并不是机动性很强的阵形，但是方阵在城邦时代的程式化战争中并不是不可或缺的。交战双方心照不宣地排列出方阵，相互发动冲锋，把两个方阵之间的结果简化为一种直来直去的竞赛。

到了后期，轻装部队变得越来越重要，尽管他们始终要比重装步兵黯然失色。最被人们看重的轻装部队叫作轻盾兵，其名来源于他们所使用的新月形的轻便盾牌，即希腊轻盾（pelta）。轻盾兵的武器装备要比重装步兵便宜一些。因此，如果一个社会的贫穷成员无法负担起加入重装步兵的费用的话，他们可以作为轻盾兵而加入军队。

轻盾兵主要使用标枪参加作战，他们负责骚扰敌人的重装方阵并且保护自己方阵的侧翼。有些轻盾兵还装备短

剑以进行近战，其他的则携带匕首。然而，他们的主要作用是充当散兵，近战任务是专门为重装步兵所保留的。

有时候，轻盾兵是作为雇佣兵从希腊以外地区招来的，而希腊人自己的轻盾兵也会被外国军队所雇佣。轻盾兵作为雇佣兵的例子在那个时代极为普遍，以至于轻盾兵这个词汇成为雇佣军的代名词。在此情况下，轻盾兵指的是所有可供雇佣的部队，而非特指某个兵种。

如果一支军队要执行比方阵那种预先安排好的战斗以外的行动的话，那么轻盾兵以及类似兵种就是极为有用的。如波斯帝国就征集了本国的野战轻盾兵，或者至少是那种在武器和功能方面大致相同的部队。除了进行袭扰外，轻盾兵还可以用来追击敌人的轻装部队。

如果还拥有短剑和盾牌的话，那么轻盾兵对于其他轻装部队就拥有优势，这使

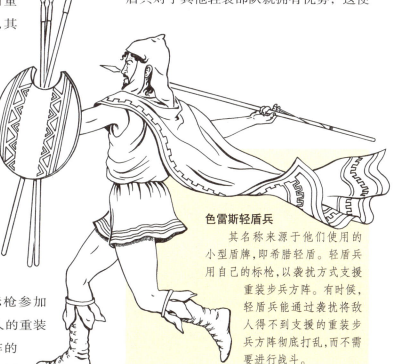

色雷斯轻盾兵

其名称来源于他们使用的小型盾牌，即希腊轻盾。轻盾兵用自己的标枪，以袭扰方式支援重装步兵方阵。有时候，轻盾兵能通过袭扰将敌人得不到支援的重装步兵方阵彻底打乱，而不需要进行战斗。

得他们能够应付各种不同的战场环境。此外，轻盾兵和重装步兵之间有时候也会有某种交叉。一些文献资料提到，轻盾兵的武器装备并不是标枪，而很可能是用于刺杀的长矛。他们可能是某种轻型的重装步兵，是为了某种试验或万不得已才派上战场的。

最轻型的部队被称为"赤手空拳者"，即"特轻装步兵"（psiloi），尽管他们还有其他各式各样的名称。这种轻装部队没有任何身体防护，实际上有的人甚至全身赤裸地参加作战。他们的作用是用标枪、石弹、弓箭以及有时候仅仅就用普通石块，去袭扰敌人。然而特轻装步兵的名声并不怎么样，他们经常被认为与打败敌军方阵这样的大事毫无关系。

特轻装步兵的作用是掩护或保护主力部队的侧翼。他们都没有经过正规训练，其编制组成的一般目的无非是去占领战场的某一部分，或诸如此类的任务。然而，有些城邦国家还是以一种比较组织有序的方式

留克特拉（公元前 371 年）

留克特拉战役经常被认为是斜线作战阵形的最早例子。抢在强大的斯巴达军队压倒己方军队的其他部队之前，底比斯人用其密集重步兵突破了斯巴达的右翼。

部署使用了弓箭兵和其他投射兵种，以集中部队火力，而不是让特轻装步兵各自为战。但是这种做法从来没有那么成功，而特轻装部队也从来没有获得过正式的地位。

在城邦国家时期，骑兵既不多见，也无多大影响。在程式化的战争中，侦察兵无足轻重，而骑兵对于组织良好的方阵也无可奈何。然而如果有一方开始溃败了，骑兵和特轻装步兵就能够以比逃跑的重步兵更快的速度追击上去。在重装步兵方阵击垮敌人之后，这两个兵种能够造成敌军伤亡，从而证明其存在价值。

留克特拉战役（公元前 371 年）

尽管当时斯巴达已经是希腊的霸主，但底比斯的地位在不断上升，而且已经控制了斯巴达以前在皮奥夏的领土。但那里的城邦更欢迎斯巴达而不是底比斯的统治，它们向斯巴达请求援助并得到了响应。在此情况下，一支斯巴达大军开向底比斯。

底比斯想方设法征集了大约 6500 名重装步兵以应对这一威胁，此外还有 1000 名轻盾兵和 1500 名骑兵作为辅助部队。但是这些部队中的许多人是在皮奥夏征召的，他们被认为很不可靠，尤其是在战局不

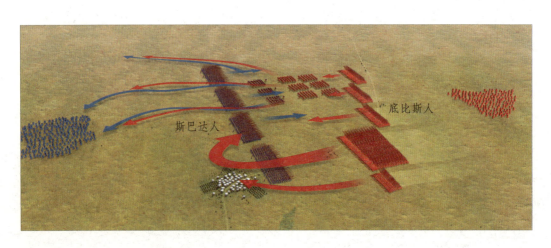

斯巴达人 底比斯人

利的时候。与之相对,斯巴达军队有1万名重装步兵,此外还有1000名骑兵和1000名轻装步兵作为支援部队。

底比斯人发现自身处境艰难,因为他们不得不迎接斯巴达的挑战,否则就得面对着自己领土上叛乱四起的局面。他们的军队可能在战斗未打响之前就会出现开小差的情况。此外,斯巴达武士享有勇冠希腊的威名。不过,底比斯人还是必须打上一仗并解决掉问题,以防止太多的皮奥夏人开小差而离开战场。底比斯人选择了一种新战术,因为他们知道不可能在一场直截了当的方阵会战中击败一支数量两倍于自己的、世界上最优秀的重装步兵。因此,底比斯军队没有排列成一支与敌人同样长度的战线,如果那样他们的战线就会拉得太长而十分危险。底比斯人将其大部分的重装步兵部署在战线左侧,方阵有50人纵深,而不是通常的12人。在方阵打头的是其精锐部队"神圣兵团"。

底比斯战线的其他部分则极其虚弱,为保护战线,所有部队以一个弧形梯队前后排列起来。这就创造了一个"拒敌"的右翼。底比斯的战略是,在右翼尽量避免失败,以为其超级方阵赢得左翼而争取时间。

斯巴达人试图包围底比斯军队,以确保这场战败让敌人付出更大更高的代价。但是,底比斯骑兵击败了斯巴达骑兵,迫使其穿过他们自己的重装步兵而往后撤退。这导致了斯巴达军队的巨大混乱,甚至引起了更糟的焦虑情绪。通常,在斯巴达军队不可战胜威名的震慑下,斯巴达的许多敌

著名的亚历山大石棺描绘了伟大的国王将军把其敌人逐出战场的画面。亚历山大一往无前、英勇无畏的领导指挥方式在战场上高度有效,但也使他本人数次负伤。

手在两军方阵开战之前就抱头鼠窜了,或者甚至在抵达战场之前就已经闻风丧胆而败局已定。然而,在这个战场上,这个敌人不仅迎面挑战斯巴达人,而且还勇猛无畏地成功投入战斗。更糟糕的情况还在后面。底比斯方阵的左翼向前推进,撕开并杀入相对薄弱的斯巴达战线。

底比斯的进攻重拳砸在斯巴达战线的右翼,这是斯巴达军队的荣誉所在,其最优秀士兵也配置在这里。他们是斯巴达国王的私人卫队。由于数量上处于极大劣势,这支卫队被巨大的底比斯方阵碾压过去。底比斯人几乎瞬间就消灭了斯巴达的右翼。

由于其右翼被彻底粉碎且国王阵亡,而大部分兵力甚至还未能与敌人接触,斯巴达军队失去了信心,开始撤退。底比斯骑兵立即开始追击,给敌人造成了一些伤亡。

在随后几天,双方陷入了僵持局面。双方都在忙于掩埋战士遗体。尽管斯巴达军队仍然很强大,但他们不愿意再次面对底比斯人及其怪异的战术。从法拉赶来增援

的底比斯援军最终结束了这场战事。斯巴达人请求议和并允许撤出战场。在底比斯人同意下，斯巴达军队返回本国，因为他们必须对付国内叛乱浪潮。

斯巴达军队不可战胜的神话曾经使其许多对手在战斗打响之前就已闻风丧胆而不战自败。这个神话在留克特拉宣告破灭。斯巴达人之前很少被打败，而且也从没有国王在与其他希腊人的作战中阵亡。如果底比斯人以常规方式作战的话，结局必将完全不同。这个经验教训至少在一位观察者的心目中留下了难以磨灭的印象。此人就是菲利普，不久以后的马其顿国王菲利普二世，希腊战争史上最伟大的创新者之一。

马其顿的崛起

马其顿位于希腊以北，由一位单一国王进行统治，因此远比希腊各城邦国家团结统一。马其顿国王菲利普二世在完全统治了马其顿全境之后，就开始向色萨利和色雷斯扩张版图。直到公元前342年，马其顿军队才完成这些扩张，接着，菲利普二世开始将侵略和征服的矛头指向南方。

马其顿在扩张过程中综合运用了外交、贿赂和军事力量等一系列手段。由于无法独自打败强大的马其顿军队，许多希腊城邦国家决定不建立同盟去冒险抵抗，而是决定接受敌人的贿赂并在战争中保持中立，或者对马其顿保持友好态度。

直到最后，希腊诸城邦国家才将抵抗政策落实在由雅典和底比斯领导的同盟身上。公元前338年，马其顿军队与希腊联军大战于喀罗尼亚。尽管马其顿军队更加训练有素，而且还得到了此前一系列战役的

马其顿国王菲利普二世是亚历山大大王的父亲。他通过外交手段解除了许多潜在敌人的威胁，又运用其战斗力强大无比的军队粉碎了其他敌人。

磨炼，但联军还是一度使战事陷入僵局。

菲利普二世于是命令其右翼佯装撤退，诱使对面的希腊军队开始追击，从而打乱了希腊军队的阵形。纪律更加严明的马其顿军队立刻调头反击，一举将雅典军队赶出战场。

这个局面使得底比斯部队虽不致崩溃，但是在人数上已严重处于了劣势。经过一场苦战，底比斯人最终失败。底比斯军队中有一支精英部队，即300人的"神圣兵团"。这支部队伤亡巨大，254人当场阵亡，而幸存者全部身负重伤。

菲利普的儿子亚历山大当时也在战场。据某些文献记载，他亲率一支骑兵发动进攻并突破了底比斯的战线。但是这一事件并未得到确定无误的证实。无论如何，亚

历山大赢得了荣耀，因而受命监督马其顿与希腊降服者之间的谈判。

然而，尽管雅典和底比斯军队被彻底击溃，马其顿人也遭受了巨大损失。为了补充军队的死伤人员，菲利普与战败的城邦国家达成了一项条约。根据协议，战败的城邦国家并不会面临掠夺和占领，相反，它们将保留其政府并组成一个同盟，以防止希腊城邦之间冲突再起。这个同盟被称为科林斯联盟，马其顿官员负责监督其运行但不会横加压制。作为回报，希腊城邦国家要提供军队为马其顿效力并作战。

根据当时的标准，这些协议条款可谓大度慷慨之至，因而战败的各个城邦国家很快纷纷宣布接受。有时亦称为希腊联盟的科林斯联盟，其存续的时间比此前城邦国家之间的任何联盟都要长久，因而也是推动希腊民族概念不断形成的因素。此前，希腊一词更多的是指许多林立小国所在的一个地理概念。

亚历山大的历次战役

马其顿国王菲利普二世于公元前336年遇刺身亡，其子亚历山大继承王位。即位

伊始，亚历山大就无情地清洗了潜在敌人和对手，以确保其王位不受任何内部挑战的撼动。

但是，他在国外的地位却不能轻而易举地得到巩固。随着菲利普死讯的传开，希腊、色萨利和色雷斯各地陆续发生了叛乱。亚历山大没理睬诉诸外交手段的建议，而是突然率领骑兵向南方进军，迅速击败色萨利，收编其军队为自己的战争机器服务。

亚历山大以迅雷不及掩耳之势席卷整个希腊，一路招降纳叛。然后，他又掉头向北，去对付色雷斯的叛乱。叛军占据了高地的有利地形，但亚历山大在进攻时派出弓箭兵支援步兵的推进。在打败色雷斯人之后，亚历山大一举推进到多瑙河，并借助木筏渡到对岸。然而，北方的叛乱刚刚平息，希腊又爆发了新的叛乱。最终，作为叛军主力的底比斯遭到彻底摧毁，人民全部被卖身为奴。这些野蛮的报复手段镇住了其他的叛乱城邦。

亚历山大强行横渡格拉尼克斯河差点儿让他命丧疆场。他的一队亲兵迅即率队来救，才防止了亚历山大神话的提前终结。

在侧翼和后方得到巩固之后，亚历山大开始将注意力转向入侵波斯帝国。他征集了一支超过四万人的大军，其中既有来自马其顿和希腊城邦国家的军队，也有一些雇佣军。马其顿军队于公元前 334 年进入波斯领土，与一支由当地总督调集的大军迎头相撞。

格拉尼克斯河战役

波斯军队在格拉尼克斯河的对岸据阵而守。尽管渡河而击是极其冒险的行动，但亚历山大还是拒绝了寻找其他渡河点并打一场常规战争的建议，强令进攻。

亚历山大驱动左翼发动佯攻，把波斯军队的后备部队诱到右翼，然后将其重骑兵全部砸向了波斯战线的中央。马其顿的其他部队也全面向前推进，但重骑兵还是一度在没有任何支援的情况下孤军奋战。尽管面临着极大的生命危险，亚历山大仍英勇地率领骑兵击溃了敌人。

这样的战术使得马其顿重步兵能够向其对面的装备不多、训练不好的波斯军队发起冲锋，进而将其击溃。一支来自希腊的两

万余名重装步兵雇佣军部队仍在为波斯而战。其他部队已逃离战场，但他们继续坚持战斗。他们本想与亚历山大谈判，最后却被完全消灭，幸存者被卖为奴隶。

格拉尼克斯河战役的胜利使得马其顿大军能够一举进入小亚细亚。那里的许多城邦国家是希腊人的殖民地。因此，亚历山大便以解放者和统帅而自诩，但更重要的是，这个地区从此成为进一步入侵波斯领土的补给基地。

公元前 333 年，正当马其顿军队持续向小亚细亚推进之时，波斯国王大流士组建起了一支规模庞大的军队并亲任统帅。这支波斯大军开向伊苏斯，成功地在马其顿人的背后站稳脚跟。然后，波斯军队开始向南扑向海岸地区。

由于补给线路被拦腰切断，马其顿人别无选择只能掉头向北开进，因而与波斯大军迎面相撞。两支军队在狭窄的海岸平

近卫重装骑兵

马其顿军队的进攻主力是重骑兵而不是步兵。亚历山大亲自指挥他的近卫重骑兵，把他们当作砸碎敌人战线的铁锤。

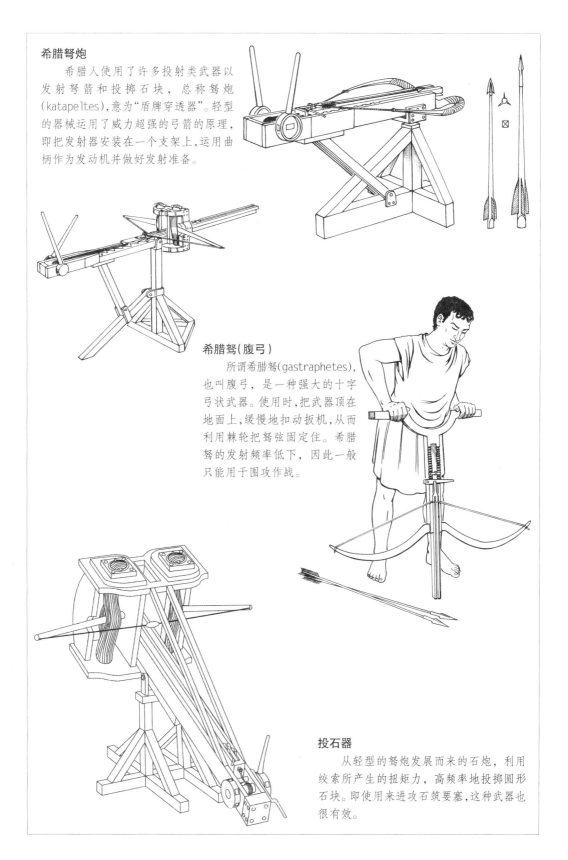

希腊弩炮

希腊人使用了许多投射类武器以发射弩箭和投掷石块，总称弩炮（katapeltes），意为"盾牌穿透器"。轻型的器械运用了威力超强的弓箭的原理，即把发射器安装在一个支架上，运用曲柄作为发动机并做好发射准备。

希腊弩（腹弓）

所谓希腊弩（gastraphetes），也叫腹弓，是一种强大的十字弓状武器。使用时，把武器顶在地面上，缓慢地扣动扳机，从而利用棘轮把弩弦固定住。希腊弩的发射频率低下，因此一般只能用于围攻作战。

投石器

从轻型的弩炮发展而来的石炮，利用绞索所产生的扭矩力，高频率地投掷圆形石块。即使用来进攻石筑要塞，这种武器也很有效。

提尔围攻战

在古代的围攻战中，优势往往在守军一边。能够轰塌城墙的火炮尚未问世。如果进攻方试图推着攻城槌靠近城墙的话，利用重力作用的投射武器能帮助守军将敌人拒之于城外。然而，守军在敌人的弓箭或早期弩炮的矢石面前也是脆弱不堪的。为对付这些投射武器，守军在城墙上树立起大型盾牌或屏障作为防御之用。作为一条人工通道，亚历山大逐步把海堤修建到了提尔城下。这使得马其顿军队能够把两座巨大的攻城塔推过来，以对付这个岛屿城邦的城墙。

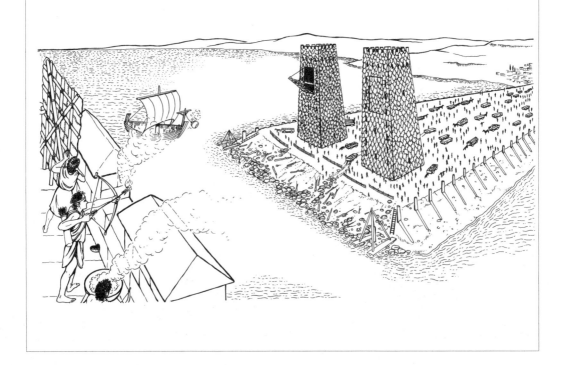

原相遇，从而使得亚历山大能够将其左翼安全地部署在伊苏斯湾，同时将右翼配置在内陆的高地上。这样的部署有助于削弱波斯军队的人数优势。

波斯骑兵沿着海岸发起冲锋，与亚历山大的左翼马其顿骑兵交战并将其击退。然而，马其顿人全力避免彻底战败，他们在战场的其他部分的形势尚不明朗之前，始终咬住敌人不放。

马其顿的步兵突击终于攻破了波斯阵队的战线，重骑兵紧接着发起冲锋并击溃了大流士的近卫军队。波斯国王落荒而逃，马其顿重骑兵又向一直为波斯卖命打仗的希腊雇佣军方阵的背后发起进攻，打得他们四处逃散。波斯军队瞬间土崩瓦解，并遭到追击。大流士侥幸逃脱，但是波斯军队付出了极其高昂的伤亡代价。

提尔围攻战

在伊苏斯战役中击败波斯军队后，亚历山大的马其顿大军向南方进军，直扑地中海沿岸。其目的是为了夺取沿岸城邦，进而攻占强大的波斯舰队的基地。此举将有助于保护马其顿人自身的补给线，并防止敌人通过海路在马其顿大军的背后登陆。

提尔（推罗）作为最重要的腓尼基城邦国家，具有举足轻重的战略地位。这座城市有两个部分，一块位于大陆，一块新城区则位于距离海岸数百米远的一座岛屿上。这座岛屿拥有良好的天然港口，而且是波斯舰队的一处基地。由于预料到入侵将至，提尔的许多人口都被撤退到了迦太基。当马其顿大军抵达之时，

陆上城区已被放弃。

马其顿人没有足够强大的舰队去进攻岛屿上的城市，因此他们利用陆上城市的残砖剩瓦，着手建造一条堤坝以通向小岛。尽管这项工程是在内陆和小岛之间最狭窄的海域进行的，但依然是一项宏大的工程奇迹。

这座海堤使得马其顿人能够将岛上的城墙纳入其弩炮的射程范围，但是由于靠近小岛的水域实在太深，海堤无法完全修到城墙脚下。岛上的守军派出一艘火船对付这条海堤，烧毁了马其顿军队部署在堤坝上的两座巨大的攻城塔。随后又对马其顿人实施了一次两栖攻击。

显而易见，若是没有一支强大海上力量的话，马其顿人根本无法夺取提尔。这个目标的达成可以有多种办法。有些以前的波斯城邦国家的舰队投靠到亚历山大一边，塞浦路斯的舰队以及希腊的战舰也一起集中到他的麾下。这就使得马其顿人能够对岛上的港口实施严密封锁。马其顿的

提尔（公元前332年）

如要征服极为坚固的提尔城防御工事的话，就需要若干创新措施。在狭窄海峡内建造一座海堤后，就可以在靠近城墙不远部署弩炮。亚历山大的大军最终用浮动的攻城槌撞开了提尔的城墙。

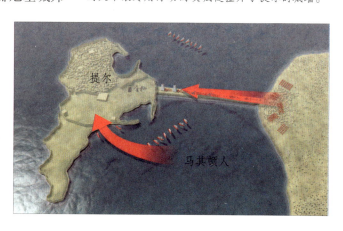

一些战舰装备了撞角，从而变成了可以漂动的攻城器械。还有一些战舰经过改装有了升降架，以便清除守军安放的石堆障碍，这些石堆是为了阻止撞角战舰靠近城墙的。

从工程建设的角度看，这场围攻战是场无与伦比的实践。尽管守军拼死奋战并在可能的情况下展开反攻，但城墙最终被攻破。这座城市以雷霆之势被占领。大部分人口惨遭处决以作为对其长期坚守的惩罚，同时也是对他们的一种报复，因为他们曾经杀死一些被俘的马其顿水手。

埃及与高加米拉

在席卷和平定沿海地区之后，亚历山大挥师远征埃及。在那里，他没有遇到抵抗就获得统治权。随后在公元前 331 年，亚历

高加米拉（公元前 331 年）

亚历山大在高加米拉战役中的战术，很大程度上类似于伊巴密浓达在留克特拉的战术。他的部分军队部署在一击而胜的地方，而其他部队的任务则是尽可能长久地避免失败，为赢得胜利尽量争取时间。

山大转过身开向波斯帝国的内陆腹地。大流士集结了另一支规模巨大的军队，前往高加米拉迎战亚历山大。

波斯军队包括了来自帝国所有地区的部队，其中有大名鼎鼎的"长生军"和一支希腊雇佣军。波斯还拥有大量西徐亚战车部队。大流士对这些部队寄予厚望，并特意选择了一块适合战斗的平地。有些历史学家写道，波斯人专门花时间平整了场地并清除了各种障碍，以便使战场更适合进行大规模的战车攻击。

看到对面的波斯军队的巨大阵势，亚历山大的将领纷纷建议他实施夜间进攻。一如往常那样，他对此置之不理。结果，在会战打响之时，波斯人就已经疲惫不堪了，因为他们为了迎战而全副武装地站立了整整一个晚上。

由于兵力悬殊，马其顿军队的战线要远比波斯军队的短得多，而且很明显，其侧翼将会面临对方的包抄。但亚历山大并没有削弱战线的纵深以便拉长当面战线，而

是将麾下的重装步兵方阵加强为双排,这样的话,方阵后部的士兵就可以转过来对付来自侧翼的进攻。

马其顿方阵首先向波斯战线中央开进。尽管在人数上处于劣势,但马其顿步兵使用的比较长的长矛使他们掌握了对于敌人的一种优势,而且敌军整体而言的训练水平不高。与此同时,波斯调动了一支大规模的骑兵部队和一些步兵去进攻马其顿的左翼。

波斯战车部队也开始发动进攻,但其阵形却被马其顿标枪兵的袭击所打乱,接着被马其顿专门设计的战术所打败。马其顿在自己方阵的前排之间让出一条条甬道,诱使敌人战车冲进了这些空隙里面。一旦这些战车被方阵后排士兵的长矛之墙所逼停,战车兵就会遭到两侧的攻击而迅速消灭。

亚历山大的战略是把尽可能多的波斯骑兵拉往两个侧翼,然后直接打击敌人的核心,也就是大流士本人。这个战略完全得到实施,以致马其顿军队的侧翼承受了巨大压力。然而,马其顿重骑兵发起冲锋,而越来越多的步兵在完成战斗任务后也及时赶来,支援他们的进攻行动,从而在波斯战线上打开了一个口子。

波斯左翼开始向后退却,以避免遭到包围。大流士本人所在的中央同样岌岌可危,因为发现其王室卫队和希腊精锐雇佣兵均已被消灭。他被迫仓皇撤退,从而触发了波斯军队几乎绝大部分战线的总体崩溃。

亚历山大还不能立即展开追击,因为他自己的左翼还处于正在被敌人消灭殆尽的危险境地。马其顿主力部队掉头向左,支援陷入苦战的侧翼并将那些与他们作战的敌人赶跑。在战场上再无敌军的情况下,追击才得以展开,而逃跑之敌迅速被歼。与此同时,大流士费了九牛二虎之力,带着他的精锐部队的残兵败将逃离战场。此时,波斯左翼秩序井然地向后撤退,并追上了大流士,他简要地提出了未来的计划。然而,他的高级将领们纷纷反对,他们把他羁押了一段时间,最终将其杀害。

随着大流士的死亡以及马其顿人显然能够席卷帝国的剩余部分,剩下的大多数行省纷纷转而效忠亚历山大。虽然仍有必要镇压一些抵抗,但波斯帝国此时已经大致不复存在。它现在成为亚历山大马其顿帝国的一部分。亚历山大已经成为波斯的主人,于是下令宣布为其效力作战的希腊部队的服役期到此结束。如果愿意的话,他们可以自由地返回家园。他们也可以重新登记而作为雇佣军加入马其顿军队,而不再是作为希腊城邦向马其顿纳贡形式的部队。随后这支大军继续向东挺进,席卷了波斯领土的其他部分,并由此实施马其顿的统治。

亚历山大鼓励其希腊追随者与当地居民结婚,采取大量措施推动种族之间的相互包容,当然,所有这些种族都要接受他这个皇帝的统治。他把一些随从安插在被征服地区充当总督;在其他地区,他原封不动地维持现存制度。

印度与希达斯派斯河

公元前326年,亚历山大的军队抵达印度边境。在他所到之处,一些地方领主纷纷臣服在他的脚下。然而,另一些人选择作战,一场艰苦的战争随之而来,而亚历山大也多次负伤。此时,军队正日益变得不满,谋害亚历山大的阴谋也纷纷露出水面。

正如这位现代画家所想象的那样，在公元前326年的希达斯派斯河战役中，马其顿长矛兵大战印度战象。亚历山大避免与这些猛兽直接冲突而让战象失去用武之地，例如，他使用重骑兵驱散这些战象的辅助部队，最后又使用紧密集步兵方阵击溃这些战象。

亚历山大戎马生涯的最后一次大战发生在希达斯派斯河附近，印度国王波鲁斯选择在这里进行会战。波鲁斯的军队包括拥有大弓的弓箭兵、六人大型战车，以及200多头战象。

亚历山大率先派遣一支佯攻部队前去迷惑印度人，然后，马其顿人迅速歼灭了一支前来阻止他们过河的印度骑兵和战车部队，并在敌军对面建立起阵地。佯攻部队行动顺利，成功地吸引了一部分印度部队，但马其顿的兵力数量仍然居于劣势。不过，印度人对突然袭击不知所措，他们还正排兵布阵呢。

马其顿重骑兵在对付战象时未能得手，因为大象的形象、声音和气味吓到了马匹，因为这些战马并未经过专门训练而与大象协同作战或对付大象。亚历山大利用骑兵的机动性避免与战象直接接触，而是去进攻印度骑兵并将他们击垮。他把猛烈的标枪投射和重装步兵的长矛结合起来去对付战象。尽管面临巨大压力，马其顿步兵最终还是成功地赶走了大象，有些大象甚至冲撞践踏了自己的部队。接着，重装步兵

希达斯派斯(公元前 326 年)

亚历山大利用佯攻部队吸引住敌军部分力量之后，指挥大军渡过希达斯派斯河，并在印度军队完成部署之前发起进攻。机智的战术解除了印度战象的威胁，否则就会造成亚历山大的骑兵部队的巨大恐慌。

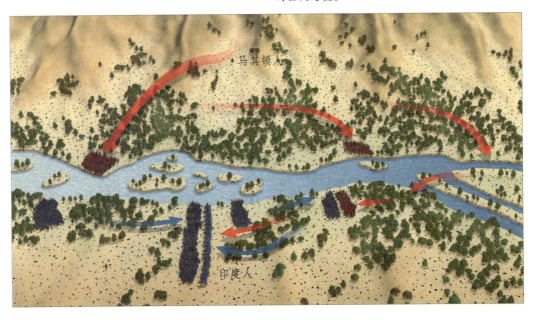

马其顿人

印度人

方阵以紧密队形前进。绝大部分印度军队知道大势已去，于是要么投降，要么逃跑。那些顽固抵抗者则被杀死。

波鲁斯国王向亚历山大屈膝投降，而亚历山大对这位印度国王在此役和战败后的勇气印象深刻，最终亚历山大饶恕了他的性命，允许他继续保留王位，但必须重新发誓效忠于亚历山大的帝国。

希达斯派斯河战役之后，亚历山大继续向东进发，在遇到一些相对不大的抵抗的情况下征服了更多领土。但是，在面临着即将与更强大的各个印度王国作战的前景时，军队拒绝继续前进了。虽然哗变仅是内部问题，但亚历山大无法劝说他的部下改变主意。这支远征军于是转向南方，开始了返回家园的行军，尽管要经过许多未知的领土。更多的征服随之而来，但只要行军大方向是回到希腊，那么亚历山大的部队是可以接受的。

最终，这支军队回到波斯，亚历山大在

巴比伦突然死去。谁也不清楚他到底是死于疾病、投毒、酗酒或是伤口感染，还是所有这些原因的共同作用。

装备与组织

希腊城邦国家的军队在某种程度是单个维度的，即一味依赖重装步兵。另一方面，马其顿军队则在更大程度上采用混合兵种战术，综合运用轻步兵、重步兵和辅助骑兵。

轻步兵负责保护重装步兵主力部队的侧翼，以及部署在重步兵前面作为掩护。在对付战象的时候，标枪兵尤其卓有成效，而且他们还能够不断地骚扰敌军步兵直到其

马其顿的枪兵营

枪兵营(spiera)是马其顿枪兵部队的标准单位。一个枪兵营由256名士兵组成，通常的队形是8人纵深与32人正面宽度，或者以更深的16人纵深配上16人正面宽度。这个作战单位的指挥官站在最右纵队的打头处参加作战。

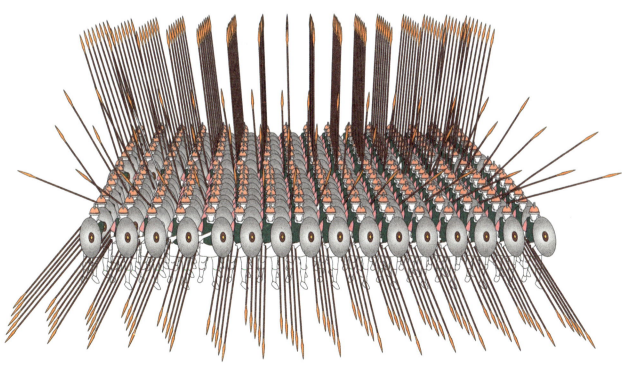

枪兵营编队

　　每一个枪兵营，都分成四个分别由64人组成的次级分队，即排。这四个排经过机动排列而组成一个四方联的枪兵营，有着明确无误的正面和纵深，枪兵在排队组阵时，手里还要拿着一杆长枪，因此需要高度一致的操练和纪律规范，否则整个队形就会土崩瓦解而一片散乱。

四个
横队

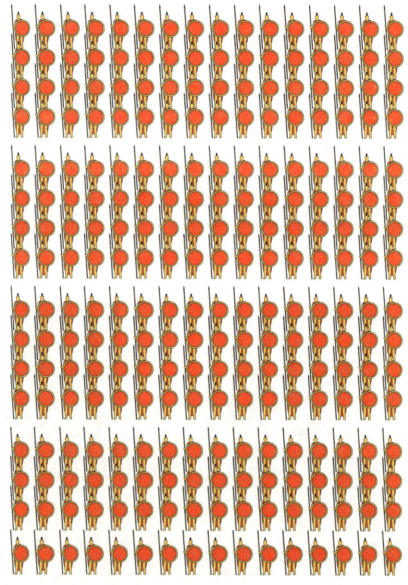

开始崩溃。然而他们的主要作用还是保护重型部队,并防止他们的侧翼受到攻击。

尽管有些相似,马其顿军队中的重型步兵并不是希腊式的重装步兵。其武器是马其顿枪(sarissa),一柄长达5.4米的长矛或长枪,他们使用的盾牌比希腊大圆盾要小一些。

马其顿枪的有效运用,需要相当大的力量和相当高的技巧,但其长度却使马其顿重步兵拥有几大优势。最显著的是,他们能够在敌军重装步兵或者其他长矛兵进入突袭范围之前,就能够伸出长枪而致敌死伤。枪的长度还使得更多横排的重步兵能够将其武器的矛头对准前方,因此马其顿方阵要比其对手更有杀伤力。

在马其顿方阵之中,步兵编组成被称为枪兵营的分队,这就使得马其顿重步兵具备了相当程度的战术灵活性。邻近的枪兵营能够向后梯次排列,因而每个枪兵营都能够保护其相邻部队的侧翼,同时还构成一个拒敌的侧翼。各个分队还能够随时地分开以绕开障碍,或形成第二条战线。

马其顿持盾兵

马其顿还拥有一支被称为持盾兵的精锐步兵部队。持盾兵的装备要比方阵步兵的轻一些,装备得更像是希腊城邦国家的重装步兵,这是一根比马其顿枪短一些的矛。他们的地位非同寻常,尽管他们并不是步兵当中装备最重(也就是装备最昂贵)的士兵,但却是享有崇高声望的部队。

持盾兵的卓有成效之处,在于他们在战场上的机动性和灵活性。因而能够迅速重新部署以弥补弱点,或利用优势。他们能够分散开来以避免威胁,然而他们因为受

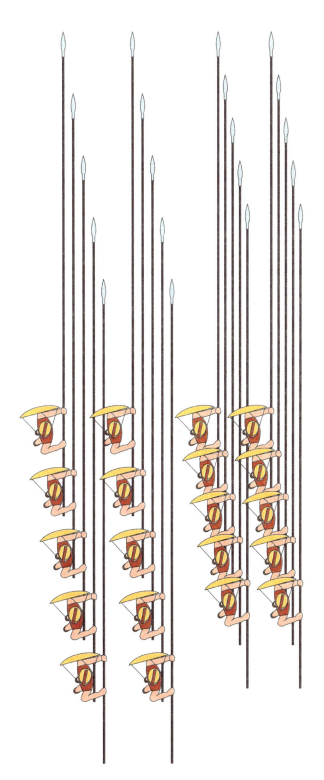

马其顿长枪的长度使得马其顿方阵能够将数个矛头同时对准敌军的一名士兵,让他几乎无法靠上前来参加作战。

到充分良好的训练，而又能够重新组合以形成有效的阵形。

这种高素质而轻装备的步兵的运用，是马其顿战争方式与希腊城邦国家战争方式的一大主要区别。另一大区别是，马其顿方阵更加灵活，其对轻装部队也能更有组织地运用。

尽管马其顿步兵享有良好声誉，但并不像希腊城邦国家的军队那样是一个主力突击兵种。其首要任务是牢牢地吸住敌军战线，使其动弹不得，然后让己方的精锐部队即重型骑兵对敌人实施决定性打击。

重型骑兵是马其顿军队中打赢会战的主力部队。在亚历山大时代，近卫骑兵队就是军队的精锐力量。这支部队是亚历山大的朋友和保镖（卫队），也是他本人在战场上的司令部，三者合而为一。

重骑兵没有使用马镫，但他们仍然能够使用长矛作战并发起猛烈冲锋。他们有护身铠甲和头盔的保护，纪律高度严明，坚决听从指挥。在多次战役中，亚历山大能够在重骑兵冲锋之后又把他们集合起来，重新组队去进攻一个新的目标。他们还能够迅速摆脱战斗，撤回来以接受新的命令。在高加米拉战役中，这个巨大优势被证明是具有决定意义的。

马其顿重骑兵得到了盟军所提供的骑兵的支援。这些支援部队包括了更多的装备着长矛的重骑兵分队，以及轻装备的袭扰骑兵。在希达斯派斯河战役中，来自达哈伊的弓骑兵就支援了亚历山大近卫骑兵队的侧翼运动。在近卫骑兵队发动冲锋之前，他们不断地向敌军骑兵射箭以打乱其队形。

然而，如果一支高度纪律严明的部队既不能保持阵形，又不能理解并执行命令，

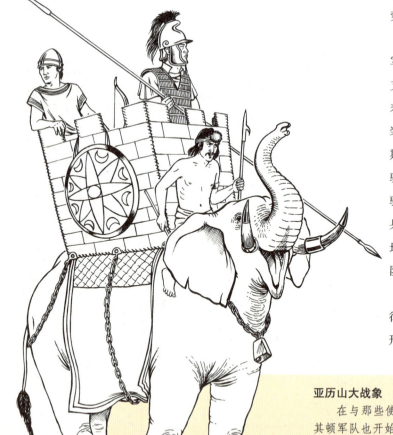

亚历山大战象

在与那些使用过战象的敌人交锋之后，马其顿军队也开始使用战象。战象并不是最可靠的部队，一旦受到惊吓，它们就会失控乱跑。其易受攻打的目标是赶象人，他通常坐在大象脖子处的骑座上来控制大象。

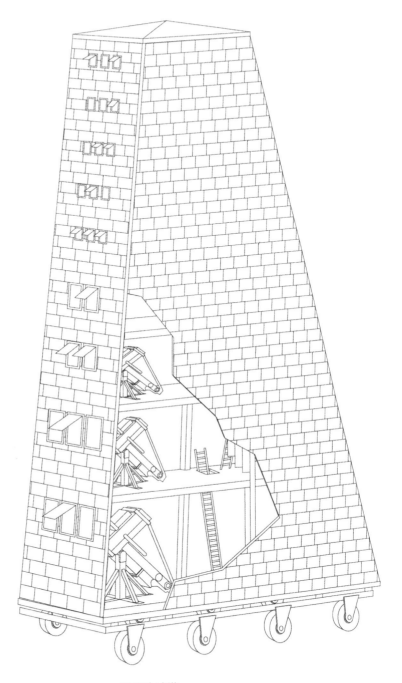

那么马其顿军队的战术灵活性也就一文不名。他还需要有才能卓越的指挥官去下达这些命令。亚历山大正是这样的一位统帅,他还是一位古希腊传统意义上的英雄领袖。他曾经数次在马上或徒步率领部下冲锋之时几乎命丧战场。

这种一往无前的英勇气概鼓励了他的士兵,但也承受着战败风险,如果他作为统帅受伤或阵亡,或他本人逃离战场的话。与亚历山大的英雄主义形成鲜明对比的是,波斯军队在高加米拉的崩溃很大程度上归咎于大流士本人从战场逃离,尽管有些文献说,这位国王只是在看到他军队已经完全失败之后才撤退的。

亚历山大的继任者们接过了马其顿的军事制度,但事实上不过是掌握了他的军队的精华部分。其基本体系得到改造,以吸收新的部队,例如战象。这种灵活性正是马其顿军事制度的核心资产。一方面,城邦国家的希腊人发明了一种非常适合于击败特定敌人(即采用着相同军事制度的另一个城邦国家)的军事制度,另一方面,马其顿人却发明出另一种军事制度,其目的是击败他们遇到的

凯旋攻城塔

希腊人使用过极其复杂的攻城塔,包括高达九层的一种超级攻城塔,被称为"城市夺取者",在公元前305年用于围攻罗德岛,给后人留下了最深刻的印象。超级攻城塔需要3000多人才能推得动,外面受到了铁片的保护,并且采用了机械开闭的窗口,在重新装填弹矢之时可以关上弩炮的射击口。

所有敌人，这个制度使得他们在学到经验教训或是遇到新对手之时，能够不断加以改进。

亚历山大的继承国

亚历山大大帝在公元前323年突然死亡。他去世以前并没有明确地指定继承人，在他的将军之间经过一段时间的激烈政治争夺以及事实上的冲突之后，界限分明的派系随之出现。其中，卡珊德统治了马其顿本土，埃及则由托勒密一世统治，色雷斯落入了利西马库斯之手，而安纳托利亚则归于安提柯。在两河流域，塞琉古成为那里的统治者。

为了争夺亚历山大生前的领土，各个继承国之间战争不断。那些大功告成的领导人纷纷建立起王朝，前后延祚多年，这些国家包括塞琉古的波斯和托勒密的埃及，它们都是当地社会与马其顿文化相互融合的产物。

在亚历山大的继承者中，没有哪个人曾经试图重新统一他的领土。随着时间流逝，他们领导的新国家先后成为追求各自权力的既定大国，而不再是亚历山大帝国各自为政的组成部分。继承国之间的同盟分分合合，每一方都企图取得优势，或至少要避免战败。

没有一个继承者愿意看到哪个敌人或对手获得太多权力，因此如果某个国家面临灭顶之灾的威胁，那些以前的敌人就会转而对付战胜国，从而引发新一轮战争。

公元前301年，继承者中最强大的，当属安纳托利亚的安提柯。他与他那个统治着马其顿的儿子德米特里乌斯结盟，并在对付其他继承国方面逐渐取得进展，赢得

了重新统一整个亚历山大帝国的大好机会。然而，其他继承国又组建成同盟来对抗他。

联军在弗里吉亚的伊普苏斯与安提柯父子的军队迎头相撞。双方都部署了一支混合部队，包括步兵、骑兵和战象。安提柯军队在骑兵方面有优势，而联军则有战象的优势，双方的步兵实力旗鼓相当。

安提柯的方阵部署了比其对手更大的纵深，大部分骑兵位于其右翼。另一方面，联军则在两翼平均地部署了骑兵，其步兵方阵和战象位于战线中央，同时保留了更多的战象作为预备队。

双方在战线前方部署了一批轻步兵，他们运用一如往常的袭扰揭开了会战的序幕。接着，双方都用驱动战象发起一轮冲锋，而安提柯的骑兵从右翼发起进攻。在取得最初的胜利后，这轮攻势被联军的战象预备队所阻滞。

联军逐渐取得上风，他们运用投射火力削弱了强大的安提柯方阵直到其开始溃散。安提柯在试图亲自重新集结方阵时被杀，导致全线崩溃。尽管德米特里乌斯成功逃脱，但安提柯阵营遭到严重削弱。在伊普苏斯战役后，再也没有出现过统一整个帝国的真正机会。

托勒密巩固了在埃及的统治，他所建立起的王朝统治一直到罗马军事力量将其废黜为止。塞琉古在公元前281年击败了卡珊德与利西马库斯。尽管他本人不久遇刺身亡，但塞琉古王朝继续统治着波斯。

古希腊雄霸天下的时代终于走到了尽头，尽管这并非瞬间之事。总有一天，罗马大军将会用一种崭新而卓越超群的军事制度去征服托勒密埃及、希腊和波斯部分领土。

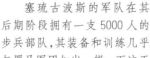

塞琉古步兵

　　塞琉古波斯的军队在其后期阶段拥有一支 5000 人的步兵部队,其装备和训练几乎与罗马军团如出一辙。而这正是与新兴的罗马共和国不断交往的结果。

塞琉古战象

　　战象来自于印度盟友,在作战中身披铠甲。公元前 162 年,塞琉古与罗马之间的一项条约规定,波斯必须摧毁其大部分的战象部队。这表明罗马人认为铠甲战象是一种十分危险的武器系统。

塞琉古散兵

　　波斯人广泛运用装备成本低廉的散兵,其起源要追溯到亚历山大马其顿军队的轻盾兵。散兵征募自波斯境内各个不同的部落,同时也有来自海外的雇佣兵充当散兵。

第四章

古代罗马武士

　　罗马军队从一个在需要之时集合起来保卫单个城邦的民兵组织，逐步发展成为古代世界最富有战斗力的军事力量。由于训练有素和组织高效，罗马军团几乎能够在任何地形上打败任何敌人。在一系列内战削弱帝国之后，罗马军队失去了对边疆地区的控制，帝国走向崩溃。

　　罗马建立于大约公元前 750 年。罗马起初是一个王国，在公元前 500 年前后成为共和国。但最初只有贵族可以当选为高级官员。这种现象后来逐步改变。在罗马共和国和帝国政治的整个历史上，社会地位与战争总是难解难分。在罗马，拥有在军队服役的资格是成为公民的条件之一，军

現代人穿戴披挂古罗马军队的装备，其中，护身铠甲和头盔主要是为了对付蛮族战士典型的从上而下的刀剑砍击。

队总是在需要时才召集起来。最初，召集一支由民兵组成的作战部队的人同时也是指挥官，或者由他任命一名指挥官，因此，其组织结构是临时性质。后来，一种比较正规的制度开始出现，但人们并不能清楚其在罗马历史上出现的准确时间。

罗马所有拥有财产而具备服役资格的男性人口，分为5个阶层。每名男性都被要求拥有和掌握对应其地位的武器装备，并在需要服役时应召入伍。罗马的军队被称为"军团"，大概是"多个战斗群体"之意。从理论上讲，罗马所有男性都应该在需要之时参加作战，这种形式在很大程度上类似于希腊城邦国家的公民士兵。

罗马遵循希腊传统，即大多数部队都是步兵，其装备也类似于古希腊重装步兵。罗马士兵运用长矛作战，并用盾进行防御。最高等级的罗马士兵配有剑，穿戴护胸甲和头盔。第二和第三等级的罗马士兵装备相似，他们很少穿戴或没有盔甲，

罗马最早期的军队采用了希腊重装步兵式的装备。这块石雕显示早期罗马武士装备着胫甲和一根用来刺杀的长矛。

只有一面轻便的大盾。第四等级的士兵装备更简单，他们使用矛、标枪，可能还有一面小盾，但没有护甲。第五等级是投石兵，他们同样没有任何护甲。

社会上层阶级负责组建人数不多的骑兵，同时也为军队提供为数不多的指挥官和军官。主要由于人数的限制，骑兵并不是一支用来打赢会战的部队。骑兵的主要作用是追击失败之敌，尽管它也可以作为机动预备队下马辅助步兵作战。

罗马军队的标准作战编队是希腊式方阵，有轻步兵和骑兵作为支援部队。这是一种呆板而又笨重的编队，不能很好地适应作战地形。因此，罗马方阵屡次被更加灵活机动的对手所打败。

意大利和希腊的地形差异很大。更重要的是，两者的政治军事环境也迥然不同。希腊由城邦国家组成，各城邦的统治者将正式会战作为解决争议的手段。而意大利则是一个由各个部落统治的丘陵地区，往往会陷入长期的突袭和反突袭的战争。这样的环境需要罗马人改变其希腊式的重装步兵战争样式。

共和国早期的战争

当外交和结盟手段失效时，罗马以武力征服附近的部落、村镇和城市，或强迫其缔结条约。罗马逐渐崛起为城邦联盟中的霸主，可以在需要时召集使用城邦联盟中其他成员的军队。

第一次对罗马生存构成挑战的，是公元前390年前后高卢部落的入侵。在阿利亚河战役中，大约1.5万名罗马军队大败于高卢人。不久之后，罗马遭到占领和抢劫。

罗马被劫掠对共和国来说是一次重创，因而激发了重大军事改革。然而，这场劫掠并没有严重削弱共和国的政治和经济

发展,罗马很快便再度向外扩张。

罗马扩张的一大主要障碍,是领土大而实力强大的萨莫奈人部落。罗马与萨莫奈人的战争开始于公元前 343 年。到公元前 341 年时,罗马已经占据了上风。但是,其他拉丁城市的叛乱分散了罗马的注意力。直至公元前 327 年,罗马才开始争取一场决定性的胜利。

战火再燃,这就是著名的第二次萨莫奈战争,从公元前 326 年到前 304 年。战争已被当作一种外交工具。每一次罗马胜利后,萨莫奈人得到的和平条款就会越来越不利。萨莫奈人在公元前 298 年终于揭竿而起,因为最后的条约是完全不可接受的。罗马在战争初期所遭到的挫败,推动其他国家纷纷参战。但在其后的 16 年时间里,罗马共和国将所有敌手一一击败。

对萨莫奈人的胜利,巩固了罗马作为意大利主要强国的地位。但在该地区,仍然有其他国家存在,包括南意大利的希腊殖民地。尽管希腊人强权不断走向衰落,但仍是一支不可小觑的陆上和海上力量。

与希腊的战争

由于害怕成为罗马扩张的可能目标,意大利地区的希腊殖民地向伊庇鲁斯国王皮洛士求助。皮洛士和希腊殖民地加在一起,希腊人一共部署了 4 万多人的部队。这支大军主要由步兵组成,以传统的密集方阵进行作战。尽管在灵活性和机动性上不如罗马军团,但希腊方阵却很难被攻破,因为它还得到了骑兵的有力支援。皮洛士还部署了战象,这是罗马人以前从未见过的。

为了对付战象,罗马人使用了燃烧武器,投入了装有长枪的牛车,还故意撤退到限制大象不能自如行动的地形上。这再次证明,战象是一种靠不住的武器。在公元前 275 年贝内文托战役中,大象闯进希腊自己的方阵,造成了极大的混乱。

罗马军队尽管屡次战败,但也重创了希腊军队。从而催生了所谓的"皮洛士式的胜利"的概念,即损失惨重、得不偿失的胜利。尽管希腊人继续不断地打赢会战,但是他们并不能赢得决定性的战争,其盟友开始纷纷反水。在战争胜利无望的情况下,皮洛士撤出了意大利。

罗马很快就征服了意大利的希腊殖民地。公元前 270 年,最后一个希腊殖民地利雷吉乌姆陷落。罗马由此成为意大利波河以南所有地区的主人。更重要的是,这只是罗马成为一个国际性力量的开始。罗马业已证明其军队能够打败像伊庇鲁斯王国这样的军事力量,并由此赢得了很高的政治信誉。

> 意大利,你们正要跨入的这块土地,是创建世界帝国的第一步。你们比任何人都更有权拥有它。罗马人已经遭受挫败,正是采取行动的大好时机。
>
> ——法鲁斯的德米特里乌斯

布匿战争

拉丁语中的"布匿"一词是指迦太基的居民,以其冠名罗马和迦太基之间的三次战争。第一次布匿战争(公元前 264—前 241 年)主要是为了争夺对西西里控制权的一次海上战争。罗马迅速建立起一支舰队,以挑战迦太基的海上优势,但由于缺乏经验而遭到惨败。由于不能根据迦太基的条件而战胜其舰队,罗马决心改变规则。

一种被称为"乌鸦吊桥"的装置被安装在罗马划桨战舰上。这实际上是一个能够砸到敌人舰上的开合式登舰桥,以展开登舰作战行动。罗马的步兵非常擅长在不同

萨莫奈皮带

萨莫奈人是罗马的长期敌人。他们完全有能力制造出与罗马不相上下的武器装备,包括其武士使用的装饰性的皮带。

萨莫奈头盔

萨莫奈人的头盔上有两片开合式的颊片,因而能够提供良好的保护。头盔上的装饰性羽冠和羽毛,使官兵们显得更加高大、更威风凛凛。

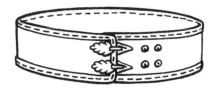

萨莫奈武士

萨莫奈武士使用一面大盾牌和希腊式铠甲进行防御,因而很难对付。萨莫奈人喜欢打袭扰战和偷袭战,在受到罗马方阵的威胁时,他们会撤往崎岖地形。

萨莫奈胫甲

胫甲在外形上尤如腿部肌肉,既是为了穿着舒适,也是为了更加有力。胫甲可以保护武士不受敌人从自己盾牌下缘滑穿过来的长矛伤害。

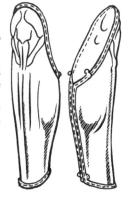

萨莫奈胸甲

希腊式的"肌胸状"胸甲对敌人的刺杀武器能够提供一种很好的前后保护。但是对于由上而下的砍杀,胸甲就不那么有用。

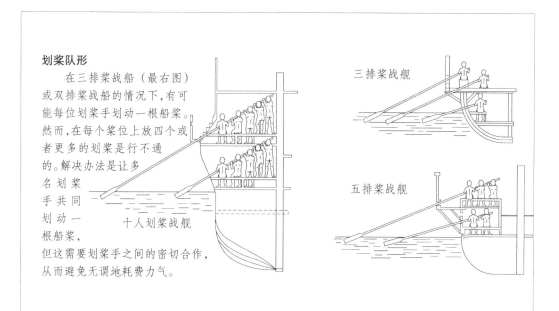

划桨队形

在三排桨战船（最右图）或双排桨战船的情况下，有可能每位划桨手划动一根船桨。然而，在每个桨位上放四个或者更多的划桨是行不通的。解决办法是让多名划桨手共同划动一根船桨，但这需要划桨手之间的密切合作，从而避免无谓地耗费力气。

十人划桨战舰

三排桨战舰

五排桨战舰

五排桨战船

强大的五排桨战船(右上图划桨队形)复制于一艘被俘的迦太基战舰，罗马人将其大规模生产。划桨手通常在陆上模拟训练如何操纵战舰，以确保每一艘战舰完成之时都能有现成的经验丰富的船员。

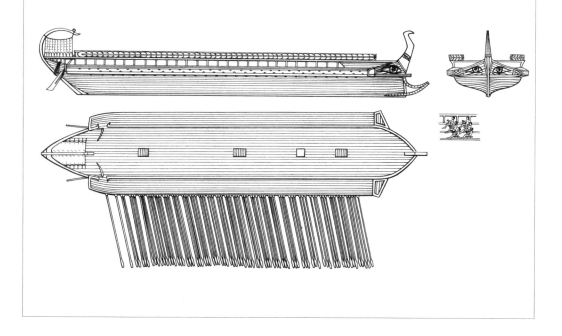

地形上进行作战，将海战变为一场极其狭小区域内的有效陆战，罗马人可谓发挥了他们的最大优势。

战争以绝大多数迦太基舰船被迁于埃格特岛海域而告终。迦太基请求缔和，但一场冷战随之爆发。罗马因胜利而控制了西西里岛，并获取了大笔贡金。战后，迦太基内部麻烦不断，罗马乘机吞并了撒丁岛和科西嘉岛。

此后几年，罗马打败了高卢人的入侵，势力不断扩大。生活在意大利波河以北、阿尔卑斯山南高卢的凯尔特人，始终是罗马的敌人，尽管其入侵断断续续。公元前 225 年，罗马军队向南高卢进军，用五年时间将其征服，将这个地区变成罗马的领土。这就拦腰斩断了高卢和迦太基之间的潜在联盟，但并未能阻止第二次布匿战争。

迦太基此前一度在伊比利亚

半岛扩张领地，并且已经从第一次布匿战争的挫折中恢复元气。公元前 219 年，迦太基军队进攻萨贡托，这是一个对罗马友好的伊比利亚城邦。这就导致了一场外交事件，要是换了其他环境，它可能会不了了之。萨贡托的挑衅招来了迦太基的进攻，而罗马并没有明确的条约关系要求其向这一地区的任何城邦提供援助。在这一事件中，罗马和迦太基之间有着太多的深仇大恨，以致一场全面战争不可避免。

迦太基统帅汉尼拔·巴尔卡，率军从伊比利亚进入南高卢，又取道阿尔卑斯山而进入意大利，从而完成了一项战略杰作。任何一支军队穿越阿尔卑斯山的行动都是一项了不起的成就。驱赶战象来完成更是相当了不起的成就。

当汉尼拔经由陆地向意大利进军时，罗马军队正由海上向伊比利亚机动。他们发现，当地的城邦既不特别倾向于任何一方，也不打算去争取一些盟友。在这种情况下，汉尼拔的一位外甥——汉诺有意无意地向他们提供了援助。汉诺决定用他当时拥有的军队打败罗马人，尽管罗马军队在人数上超过他。罗马人由于胜利而得到了当地人的大力支持，因而得以同时从陆地和海上发起一场进攻性战役。

罗马在伊比利亚的胜利拖住了迦太基援军，否则这支部队将会前去增援入侵意大利的行动。为强行解决这一问题，汉尼拔

迦太基步兵

这名迦太基步兵的盾牌由一条颈带和一根常见的腕带来支撑。他用肩膀对着敌人，从而把盾牌变成了一种可移动的防御物。

的弟弟哈斯德鲁巴尔，在切尔托萨向罗马军队发起进攻。他计划用骑兵包围两翼，而且几乎就要得手。虽然在两个方向上都伤亡极大，但富有战斗力的罗马军团还是突破了敌人的防线。

尽管罗马军队在伊比利亚半岛并不能取得决定性的胜利，但他们因为拖住了迦太基军队而支持了其他地区的战事。同时，一场海战正在西西里附近海域鏖战方酣。迦太基企图在公元前218年对利利巴厄姆发动突然袭击的计划事倍功半，以致败于一支罗马划桨战舰中队之手。其夺回撒丁岛的陆上远征行动也败于罗马守军，后者不久之前得到了增援。

然而，在意大利，罗马并不那么顺利。山南高卢地区的高卢部族纷纷暴乱。这分散了罗马的精力，拖住了原本派往伊比利亚半岛的军队。当汉尼拔到达这个地区之时，叛乱活动仍未停歇。

罗马派出一支部队前去拦截汉尼拔，导致罗马骑兵与迦太基骑兵在提契诺斯发生一场冲突。罗马军队后撤到特雷比亚河对岸，虽然并没有遭受重大损失，但这场微小失败的政治后果却十分严重。更多部落起来反抗罗马的统治，从而扩大了汉尼拔的军队规模。

在西西里集结而准备入侵非洲的罗马军队在匆忙之间被召回并开往北方。最终，罗马人能够以大致旗鼓相当的兵力对付入侵部队，虽然迦太基骑兵比罗马骑兵更有战斗力。

经过一段时间的摩擦之后，罗马军队终于在特雷比亚河被

迫投入会战。这对罗马来说是一场灾难。在会战打响之前，部队没有吃早饭就被迫涉过冰冷的河水而渡河。在战斗力严重削弱的情况下，他们遭到一支迦太基分队从后方的攻击。罗马军队损失过半。

罗马被迫放弃山南高卢并向南撤退。在罗马匆忙之间完全抛弃新部队的时候，迦太基却在当地部族中招兵买马扩大自身军队规模。公元前217年，罗马已处于下风，汉尼拔向南进军，成功地将罗马军队拖入特拉西梅诺湖的一场埋伏战。罗马军队被夹击于敌军与湖泊之间，最终全军覆没。

通向罗马的道路已经铺平，但汉尼拔却选择向南意大利进军，希望影响那里的城市改变立场。这种情形的发生倒是确有可能，因此罗马采取了大胆措施。第五执政官费边·马克西姆斯被任命为独裁者，全权

特雷比亚河（公元前218年）

在艰难涉水渡河后，罗马士兵又饿又冷，他们的侧翼与后方遭到迦太基骑兵和战象的攻击。尽管有部分军队溃逃，但战线中央的部队组成一个防御性的方块，扫清了前面的道路，拯救了至少部分部队。

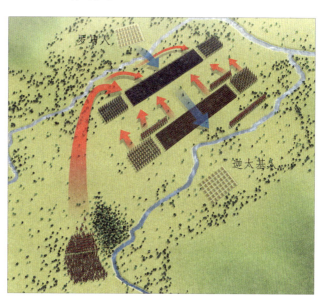

处理所有军事事宜。

汉尼拔的军队过于强大，因而不能与其正面直接交锋，费边采取了后世大名鼎鼎的"费边式"战略。他一直尾随迦太基军队，随时进行扰乱，但避免公开会战，以免唯一一支能够保卫罗马的军队毁于敌手。这一战略防止了失败，但却不能打赢战争。

坎尼之败

公元前 216 年，费边被解除统帅职务，更富有进攻性的执政官接管了军队。为了对付汉尼拔夺取在坎尼的仓库，他们率领一支军队前去驱逐迦太基军队。这正中汉尼拔下怀，之所以移师坎尼，正是为了把罗马军队引蛇出洞。

坎尼会战对罗马来说是一场前所未有的失败。汉尼拔在排兵布阵时留下一个薄弱的中央，而罗马军队如其预料那样向着中央席卷而来。当罗马人冲向中央阵线时，

迦太基骑兵在两个侧翼打败了正面的罗马骑兵，中线则往后方回退。当迦太基中线继续呈凹状后退之时，更强大的步兵侧翼包围了罗马的两个侧翼。最后，在罗马军队的正面是一个得到加强的中线，后面是骑兵，两个侧翼则是步兵的进攻，罗马军队土崩瓦解，遭到全歼。

几个意大利城市得知坎尼战败的消息后纷纷起义，但其他城市仍然保持着和罗马的同盟关系，而罗马依然能够派出强大的军队。这些部队直接对抗汉尼拔的意大利和海外盟军。在西西里，叙拉古宣布倒向迦太基，公元前 214 年遭到罗马军队围攻，同时发起第二次伊比利亚战役，以恢复罗马的运气。

公元前 211 年，罗马军队在伊比利亚半岛战败，虽然继续据有北方，但已经无法发起进攻性作战行动。公元前 210 年，由西庇阿·阿非利加率领一支部队登陆伊比利

这幅 16 世纪初期的绘画描绘了汉尼拔率领军队与战象到达意大利的情形。尽管这些战象历经长途行军后未能存活多久，但将它们带到战场本身就是一项了不起的成就。

亚半岛，一年后攻取卡塔赫纳（新迦太基）。此次战役大获全胜，但他并不能阻止哈斯德鲁巴尔进军意大利去增援他的兄长。

西庇阿的伊比利亚半岛战役在公元前206年达到高潮，最终把迦太基人赶了出去。与此同时，罗马军队趁机瓦解了汉尼拔在意大利的同盟，夺取了一些城市，并且给迦太基军队造成了一系列小规模的失败。

公元前204年，甚至西庇阿在非洲登陆并向迦太基进军之时，汉尼拔的军队仍在威胁着罗马。汉尼拔被召回以保卫迦太基，并试图通过谈判达成一项和平条约。这一努力最终失败，迦太基的政治环境愈益变得动荡不安。

汉尼拔本人对他即将指挥的军队存有多重疑虑。一些部队是老兵，但很多是未经训练的新兵。尽管如此，在公元前202年扎马战役中，迦太基的抵抗几乎功败垂成。迦太基步兵顺利向前推进，但随后，罗马骑兵完成对迦太基骑兵的追击任务后重新集结起来，从背后给予其一击。迦太基全军崩溃了。迦太基别无选择，只得接受罗马的苛刻

的和平条约。

在公元前149年之前，迦太基一直作为罗马的附庸国而苟延残喘。在这期间，迦太基不断遭受到努米底亚的袭击，以致最终迦太基不顾投降条款而召集一支军队进行自卫。这就为那些赞成彻底摧毁迦太基的罗马人提供了一个借口。罗马提出了一系列越来越不合理的要求，直到迦太基最终拒绝执行。

一场惩罚性远征随之发生，但初战不利。其后，迦太基在公元前149—前146年遭到围攻。迦太基在陷落之后被完全摧毁了，但可能并不像传说的那样，其周围的土地并没有洒上盐巴。因为在古代社会，食盐是昂贵物品，而且无论如何，这个地区在不到几年的时间里即开始向罗马输出大量的谷物。

坎尼（公元前216年）

汉尼拔通过利用原本应该作为敌军——具有强大战斗力的罗马重步兵——的主要优势，成功地将罗马中线拖入其阵形当中，同时粉碎了罗马的两个侧翼。罗马军队主力部队受到四面八方的进攻，最终被全歼。

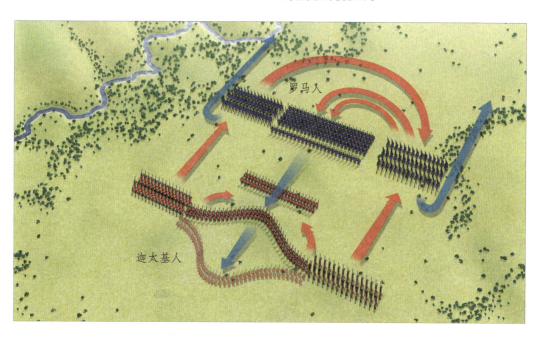

迦太基战争清除了一个与罗马争夺地中海控制权的主要对手。同样因为这场战争,罗马自此拥有了成为一个主要的海上强权的动力。事实上,后期的罗马共和国以及随后的罗马帝国不断壮大的一个最重要因素,就是地中海的控制权。

马其顿战争

第一次马其顿战争发生在公元前215—前205年,这是一场无足轻重的战争。罗马军队表面上是为了剿灭海盗,在爱琴海东岸登陆,并在此实施了一场针对希腊军队的袭扰战。其目的就是阻止马其顿军队对意大利本土的进一步干涉。就此而言,这次战役可谓是大功告成。罗马得到了希腊盟友的支持,尤其是埃托利亚同盟的支持。

第二次马其顿战争于公元前200年爆发,前后持续了四年。战争起源于一些希腊城邦国家的控诉,即马其顿与波斯缔结了一项条约。这一条约威胁到罗马在该地区的利益,因此一场针对马其顿的战役随之爆发。

经过一个阶段无足轻重的摩擦之后,在公元前197年,罗马与马其顿军队在狗头山相遇并进行会战。罗马军团卓越的指挥体系和灵活性展示了其巨大价值。在非常不利的地形上进行作战,导致交战双方的军队都有些混乱,但相对来说,马其顿军队受到的影响要远远超过罗马。

会战开始时,马其顿军队的一个优势是握有长枪,一旦双方军队短兵相接,马其顿人就发现罗马军队很难对付。虽然如此,罗马军团也遭受了巨大压力,尤其是在中央和左翼。罗马军队指挥官正在那里,要是换成其他军队的话,指挥官专注于其所在的正面形势,可能会严重地迟缓进攻速度,甚至瘫痪全军的整个指挥体系。

然而,罗马军队却是鼓励积极主动性

狗头山西诺塞法拉(公元前197年)

马其顿方阵在会战伊始即迫使罗马人后退,但由于地形崎岖和战斗激烈,马其顿方阵变得松散。方阵崩溃后,罗马军团以近战打败了敌军,并对马其顿中线发起侧翼进攻。

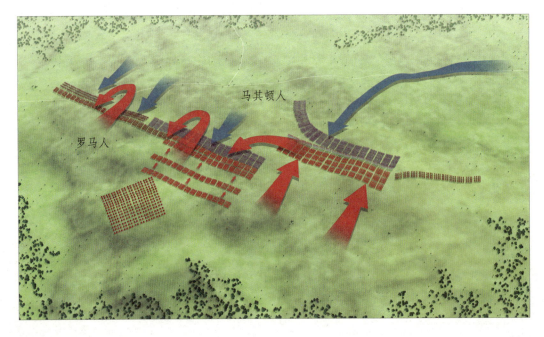

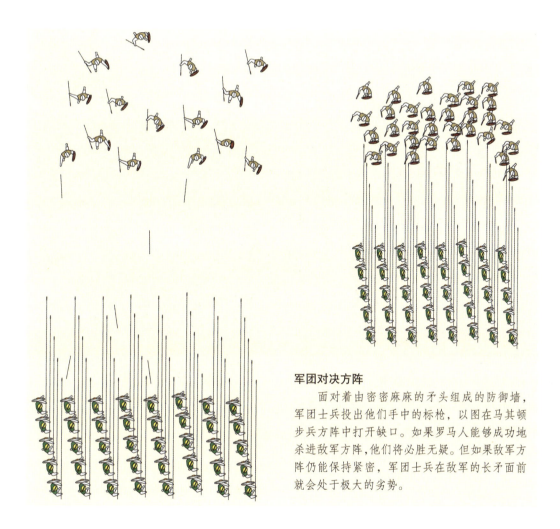

军团对决方阵

　　面对着由密密麻麻的矛头组成的防御墙，军团士兵投出他们手中的标枪，以图在马其顿步兵方阵中打开缺口。如果罗马人能够成功地杀进敌军方阵，他们将必胜无疑。但如果敌军方阵仍能保持紧密，军团士兵在敌军的长矛面前就会处于极大的劣势。

的。在没有上级明确命令的情况下，罗马右翼的军官运用他们手中的十几头战象发起进攻，极大地打乱了马其顿的阵形。在混乱不堪的情形下，他们又指挥军团的步兵发起一次猛攻。与此同时，所有能够集结起来的预备队也从侧面进攻敌军。

　　狗头山大捷主要归功于罗马小分队的集结能力和士兵们迅速回归到上级军官指挥之下的能力，这就是部队的战斗力，或战场行动指挥官的能力。这次胜利有效地结束了战争，签订了条约，许多马其顿的城邦国家变成了罗马的盟友，并规定马其顿本身不能自行处理对外关系。

　　具有讽刺意味的是，这场战争的目标是为了阻止马其顿和波斯结盟，而战后埃托利亚同盟与波斯缔结条约去对付罗马。其主要原因是，同盟的城邦国家对于罗马仅给予一些贫瘠的土地以回报其战时援助大为不满。波斯军队在希腊登陆，但公元前191年和前190年分别战败于塞莫皮莱和马格尼西亚。波斯请求缔结和约，被迫向罗马支付了巨额赔款。

　　经过大约20年的和平，马其顿再次起来试图恢复其权势与威望。这就威胁到罗马在该地区的利益，因为罗马试图对希腊分而治之，并使其不再成为一个大威胁。一

支罗马军队入侵马其顿领土，直到保卢斯被任命为统帅，罗马才有了大的斩获。保卢斯加强了军队的士气和训练，推行了一项新政策，即在下令遂行机动之前先发出预备命令。因此，他的下属能够保证他们的指挥能各就各位，进而避免部队因为突如其来的机动而陷入混乱。

公元前 168 年，决定性会战在皮德纳打响，罗马军团再次大战马其顿方阵。罗马军团把马其顿方阵引诱到崎岖不平的地形上，从而打乱了他们的阵形，进而在近战中打败了对手，造成其战略失败。这次战争后，马其顿分裂为四个共和国，而这些共和国在不久之后又再次分裂，马其顿最终成为罗马的一个行省。

罗马军团的战术

罗马军团招募新兵的来源与其他国家的军队并没有什么不同。罗马人并不比其他民族更强壮、更勇敢、更有忍耐力，但他们的

在公元前 168 年皮德纳战役中，罗马军团及其轻装部队大战马其顿方阵。罗马短剑与马其顿长矛在杀伤半径上的差距一目了然，但最后赢得胜利的却是罗马军队。

优势在于拥有巨大的组织才能。

因此，当其他国家可能在教授士兵如何使用武器，或进行一些分队层次人操练时，罗马军队已经有了精心计划的训练制度，其目的是打造出优秀的士兵和精武勇士。分队能够进行复杂的列阵演练而不会变得完全失控。罗马作战体系的关键因素之一，就是罗马军队能够集结和迅速回位到其指挥官的指挥控制之下，由此确保部队即使在激战当中也能保持战斗力。

罗马军团士兵不仅接受作战训练，同时还学习挖掘与建筑技能。在行军中每天晚上建造设防营地，这样做也许会费力累人，却能够让一支部队避免受到突然袭击。在罗马帝国漫长的历史上，这种做法的确阻止了重大的战略性灾难。架设临时桥梁的

能力还提高了战略机动力，进而让罗马军团可以在出其不意的地点上发起攻击。

罗马人的组织天赋还造就了一套无与伦比的后勤系统。它可以在关键性战役中让更多军队投入战场，也可以让他们在战场上比敌人坚持更长时间。所有这些优势共同发挥作用，使一支部队可以部署更多人员，行动更加迅速，遭受挫折后可以更快地恢复元气，并且部分地不受突降灾难的影响。然而，如果部队及其作战本身缺乏战斗力，这些优势都将一文不值。

罗马军队士兵的训练标准颇高，他们不仅要单独作战，还要相互帮助和支持。他们在需要之时能够组成密集阵形，比如在需要彼此紧扣盾牌去抵挡箭矢之时，但在正常情况下，要保证每个士兵都拥有足够的空间去挥动武器并实施一些战术机动。

标准战术是，在接触交锋之前先把重标枪投掷出去，然后手握短剑并向前猛冲，每名士兵不仅要与最近之敌作战，同时还要瞄准机会帮助战友。如果有机会刺杀那个正与同一排相邻的军团士兵作战的敌人的话，在道德上并没有任何不妥。

罗马军队还知道，在作战过程中，每名士兵只能保持几分钟的战斗力。替换前排受伤或疲劳的战士的训练始终未有松懈，从而使得军团在整体上能够在长时间交战

过程中保持战斗力。那些退出前线的战士在得到休息之后重新加入战斗，或成为预备队以处理一些问题，或利用别处的机会。

军团制度造就了一支职业化军队，其标准之高，在近代以前几乎没有能望其项背者。但是，这支军队经常四分五裂，为内战而大打出手，同样装备精良、训练有素的部队之间彼此为敌，而不是一致对外。因此，并不是军队的缺陷导致帝国覆亡，而是统领军队的政治制度出了问题。

皮德纳战役（公元前168年）

马其顿与罗马的同盟关系自公元前179年开始解体。公元前172年，一支罗马军队长驱直入开进马其顿。为反抗入侵，马其顿国王珀尔修斯征集了大约39000名步兵和4000名骑兵。他的步兵大多都是重装步兵，装备有长枪，接受过密集阵形的作战训练，即使用数杆长矛枪刺向同一个敌人。

罗马军队由一个执政官统领集团军，下辖两个罗马军团和两个意大利军团以及

早期的军团阵形

罗马军队使用了一种被称为"五线型"的阵形。在轻步兵的掩护下，主力部队组成三条阵线，每个步兵中队的正面都留下相同的空隙。这样，轻步兵就能机动到后方，而增援部队则可以冲到前面，去替换那些疲劳或战败的中队。

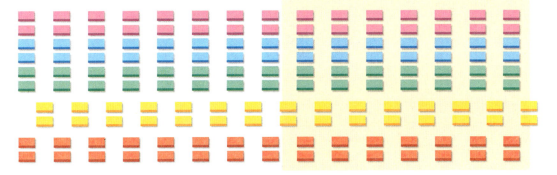

支援部队，后者包括 34 头战象。这支部队总共有大约 37000 名步兵和 2000 名骑兵，罗马人似乎成功在望。然而，罗马却并没有取得决定性的胜利。因此，任命了一名新统帅卢西乌斯·埃米利乌斯·保卢斯，在战火重新点燃以前，部队进行了一段时间的准备和训练。

公元前 168 年，两支军队在皮德纳附近迎头相撞。罗马军队马不停蹄地从行军队伍进入部署，而马其顿军队已经进入阵地，以逸待劳。保卢斯驱动其战象进攻马其顿左翼，给敌军造成巨大伤亡。然而，中央的军团士兵却不能突破敌军方阵。他们虽然抱着巨大决心发动进攻，但都被对面的致命矛头构成的防御墙所击退，以致马其顿重装步兵开始压了过来。

战象部队攻入，这就需要将马其顿方阵带入崎岖不平的地形，罗马军团趁机进

皮德纳（公元前 168 年）

马其顿人渡河后发动进攻，但其左翼却被罗马战象部队击溃。由于地形崎岖，马其顿方阵的其他部队陷入混乱，使得罗马小分队得以杀进方阵。马其顿方阵最终崩溃并四处溃散。

入其中。一旦短兵相接，罗马军团就会占有相当大的优势。甚至在马其顿重装步兵扔掉长枪，抽出短剑或匕首时，他们正是以罗马人的而不是他们自己的方式和罗马人作战，而这正中罗马人下怀。

在下级军官发挥其主动精神的情况下，罗马军团的各个中队利用形势，打破敌军方阵并从侧翼发起进攻。不久，马其顿拥有大约 21000 人的巨大步兵方阵土崩瓦解并开始溃散。

一些小股部队进行了顽强的后退抵抗，但大多数马其顿军队四散而逃。在逃离战场的人当中，就有国王统帅珀尔修斯。他不久之后宣布投降，其王国被分割成四个共和国，之后又被并入罗马在希腊地区的第一个行省。

装备与组织

罗马共和国的早期，军队经过改革成为一支更加卓有成效的力量。先前的"多个战斗群体"被分成两个军团，每个军团都由两名经过选举而统治罗马的其中一名执政

官来指挥。后来,出现了执政官集团军的概念。每个执政官集团军由两个罗马军团和辅助部队组成。

罗马军团根据需要召集或解散,但第一至四军团不在此列,这四个军团构成了两个执政官集团军。其他军团只有在需要之时才召集起来,并且盟国还提供一些部队。与罗马结盟的意大利城邦国家就被要求为有罗马参加的每一次战役提供一个军团。

罗马军团的组建过程始于民兵或者公民士兵制度,后逐渐演变成一种征兵制度。罗马公民在需要之时应征服役而成为军队的一员。男性公民一旦加入某个军团,他就必须服役到这个军团解散或直到他退役返乡。

这个制度的主要优点在于某个军团可以积累经验,并且如果这个军团长期存在,它就可以保持高水平的训练。任何一个男性公民应征服役最高年限不超过 16 年,但这就长期不能从事农业和商业。实际上,虽然男性公民可能会再次应征进入一个为了一场新战争而组成的新军团,但在绝大多数情况下他的服役年限要短得多。

在共和国早期,军团的支柱是重步兵,来自于那些能够置办得起必要装备的社会阶层。这些装备包括护身铠甲、头盔、盾牌,以及一把匕首、短剑和一支重标枪。

根据士兵的作战经验,步兵被分为三组。经验较少的年轻人使用标枪作战,故称"枪兵"("青年兵");年长一些(并且应该稳重一些)的处于壮年期的士兵,比如 35 岁左右或更年轻一些,被称作主力兵("壮年兵")。枪兵和主力兵在作战时构成了前两条阵线。

最有经验的士兵在第三列阵线参加作

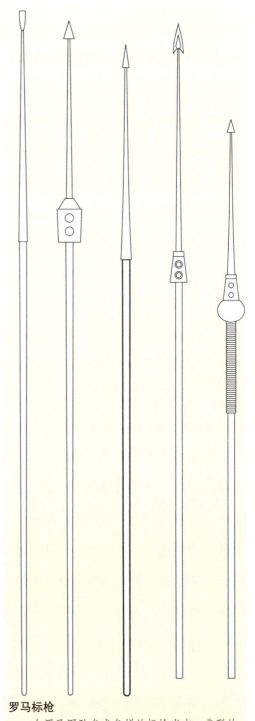

罗马标枪

在罗马军队各式各样的标枪当中,典型的一款拥有沉重的枪头和细长的枪杆,因而能够刺穿盾牌并刺伤持盾者。即使没有奏效,标枪也不能轻易地从盾牌里拔出来,而是会压坏盾牌,使其不再有用。

战。他们被称作"后卫兵"（"老兵"），他们的装备是长矛而不是罗马标枪。他们是一支稳定的预备队，如果第一条战线战败而退下阵来，他们就予以填补；或在战斗结果不明朗的情况下，他们就会冲上前去，扭转战局，从而有利于罗马人。后卫兵还是前几排阵线处于强大压力之下的那些士兵的精神支柱；这些老兵久经战火考验，正目睹他们身前的年轻士兵在战火中茁壮成长。

在这三列阵线中，每一列都由十个中队组成。一个枪兵或者主力兵中队由两个 60 人的百人队组成，而后卫兵中队则只有百人队兵力的一半。因此，一个满编的军团，由 1200 名枪兵、1200 名主力兵以及 600 名后卫兵构成重装步兵部队。

从名字可以看出，一个百人队最初是一个 100 人的分队，但是随着时间的推移，它变成了一个更小的百人队，后来又变成由两个百人队组成一个步兵中队。一个中队的两个百人队，分别称为前位百人队和后位百人队。前位百人队的位置位于后位

罗马短剑

大部分罗马剑都是从短剑（gladius）发展而来的。最左边的武器是一把"半骑兵剑"（semi-spatha），是一种长度接近于凯尔特骑兵剑（spatha）的罗马短剑。最右边的武器是一把匕首（pugio），或者叫短剑。

百人队的右方，前位百人队的百夫长负责指挥整个步兵中队。

中队的作战阵线部署按照棋盘模式，前列战线上的两个枪兵中队之间的空隙，等同于其后的一个主力兵中队的正面宽度。第三列后卫兵中队则直接部署在前线后面。这是一个极其灵活的编队，每个中队在需要之时都有足够的机动空间，同时又能形成一条坚固的前线。

军团还有一支由 1200 名轻步兵组成的部队。他们来自那些置办不起军团标准装备的贫穷阶层。他们充当侦察兵和侧翼守卫部队，同时还负责战场地形特征安全，因为这并不值得派遣一个中队。在会战中，轻步兵在重步兵面前形成一道掩护屏障，投掷标枪袭扰敌人，然后通过中队方块中间的间隔撤退到后面，从而避免在双方交锋时陷于其中。

军团还有一支骑兵部队，由十个 30 人的分队组成。重骑兵的装备颇为昂贵，因此只有上层社会阶层才能拥有。除了合适的战马之外，骑兵必须自己装备剑、长矛、头盔、护身铠甲和一副盾牌。有时，轻骑兵也拿来凑数，他们袭扰敌人，支援重骑兵战友作战。骑兵经常下马作战，如同他们的罗马王国的前辈们那样。

马略的改革

共和国早期的军事制度的主要缺陷是，军队征兵是在发生危机时一切从零开始做起。一些男性公民在应征入伍前可能服过兵役，但战争结束后，军团即宣告解散，军队作为一个整体就失去了作战经验。

此外，越来越难以招募到足够多的士兵以满足罗马大为扩充的领土需求。罗马虽然在名义上不是帝国，但却控制着一片庞大的领土，其中许多都在海外，而保卫这

片庞大领土的军队却只能从一个规模很小的人口基数当中进行招募。

到公元前 107 年，罗马与高卢部族麻烦不断，而北非又爆发了一场战争，这就需要更多的部队，而通过现有制度并不能征集到所需部队。另外还有一个问题，罗马社会按照军事服役资格而进行划分，具有重大的经济意义，而男性士兵长期脱离商业和农业活动正在摧毁罗马的经济。

由于大部分可调拨的部队都在北方参加对付高卢人的战事，执政官盖乌斯·马略面临着棘手问题。他受领的任务是，要针对那场朱古达国王的北非战争取得一个满意的结果。为完成这一任务，马略需要部队，但当时已无任何部队可用了。马

罗马枪兵

枪兵装备有标枪和短剑，站在军团的前列，最先与敌人交战。在必要情况下，他们会与装备相似但更富有经验的主力兵交换位置，得到休息后重新投入战斗。

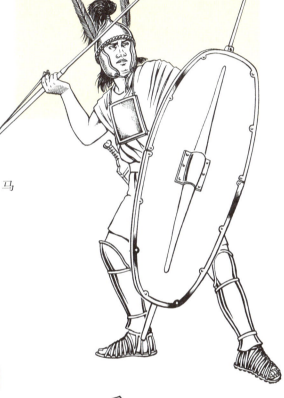

罗马后卫兵

后卫兵是作战经验十分丰富的老兵，年纪要比枪兵或主力兵大一些。他们扮演着最后预备队的角色，装备着长矛而不是标枪。"轮到后卫兵上了！"这句罗马人的格言，指的是形势万分危急时最后一拼，以及在同样十分危急情况下的一种战场战术。

罗马龟阵

在敌人猛烈火力下进行机动时,罗马人往往使用龟阵,例如在围攻战中靠近敌人的城墙时。尽管机动缓慢,但这一阵型在抵挡箭矢或其他投射武器时极为有效。

投枪战术

罗马标枪,即重标枪,在即将交锋之前投掷出去。标准做法是距离敌人还有 10~15 米的时候把标枪一齐投掷出去,然后在敌人阵形被打乱之际,手握短剑发起冲锋。标枪还用来粉碎敌人骑兵的进攻。

略推动了罗马军事体制改革,产生了深远影响。他打开了向社会最低阶层进行征兵的大门,并开始由国家负责装备和供给部队。

应征入伍对许多贫穷的罗马人来说是一个颇有吸引力的前途。当兵提供了稳定的职业,保证士兵拥有食物和酬劳,并在退役期满后无偿获得一片土地。对于盟国的公民,在罗马军队服役将会得到罗马公民身份的奖赏,而这正是许多人梦寐以求的地位。

马略不仅通过改革征集起一支军队,他还发明了一种新的军事制度。战士们不再是自己挣钱置办武器的公民,或仅在危机期间当兵服役。现在,罗马军队是一支始终存在的常备军,长期服役的职业士兵充实到第一个分队,并在每一次战争中始终保持其身份不变。

一支常备军可以持续不断地进行训练和演习,从而把军团的素质、能力和纪律水

日耳曼人的辛布里部落曾经数次沉重打击罗马军队,导致罗马全境谈虎色变。经过盖乌斯·马略的改革,罗马军队终于将其击败。

平提高到古代时期其他地区闻所未闻的高度。标准的训练制度在全军贯彻执行。其中一个做法是,树立一根木杆作为靶子,然后使用双倍重的木剑并手持一副加重的盾牌进行砍杀。这种训练塑造了力量、忍耐力和技巧,而且在罗马覆亡之后还作为标准训练方法存在了很长时间。

分配土地的做法也产生了额外的好处。由于退役士兵所授予的土地都在边境地区,因此他们就为守卫边疆提供了一支后备力量。更重要的是,这样做产生了社会和政治影响。所以这些被征服领土接受了罗马化影响,并逐渐地改变了文化属性。

然而,偏离公民军队的做法,带来了一个主要问题。军队首先效忠于指挥官,当这些指挥官发现他们与政治主人产生矛盾

时，军队就变成了政治内讧的一个工具。众多内战使罗马共和国及帝国历经折磨，而这些内战之所以发生，至少在一定程度上要归因于马略改革。

标准化的军团

经过马略改革，罗马军团在组织和结构上都实现标准化。最小的分队是一个八人小队，这些人在行军和扎营时共住一顶帐篷并共用一套厨具。在这个基础性的模块上，才构成了百人队和大队。

标准的战术分队是一个百人队，百人队士兵携带着战场行动所需要的所有武器装备以及数天的口粮。其他装备随军团大部队一起由行李运输车装运，但每个军团都有一个足够沉重的负载量，以致这些运输兵很快就有了"马略的骡子"的称号。

一个标准的百人队有 80 人，罗马军团共有十个大队，每个大队都有六个百人队，也就是每个大队有 480 人。军团的第一大队后来又进行了重组，拥有五个双倍人数百人队（每个 160 人），这样，第一大队总共有 800 人。在需要时，把两个或者更多的军团以及支援部队放在一起组建成集团军。

马略改革之后，一种逐渐的变化持续展开。来自意大利任何地方的军团都被看作是罗马军团而不是同盟编队，不再是辅助部队而只发挥支援作用了。军团由拥有标准装备的重装步兵以及支援性的辅助部队组成。辅助部队包括轻步兵、骑兵以及其他任何被视为作战力量必要组成部分的部队。

马略体系一直使用到帝国的后期。那时，形势发生很大的变化，组建一个军团已成平常之事，这时的军团大约 1000 人，而装备也与传统兵团的重步兵大不相同。

马略在非洲大获全胜，但对付高卢时却未能得手。公元前 105 年，五个罗马军团都败于

罗马步兵大队

每个大队包括六个百人队。其中，枪兵百人队和主力兵百人队各两个，以及两个位于后方的兵力只有一半的后卫兵百人队。每个百人队都配有附属的轻装步兵，由一名百夫长指挥，他的助手是一名老兵，被称为百夫长副手(optio)。

高卢人，而随着罗马声誉的毁灭，反叛接二连三地爆发。公元前102年，马略接过高卢的指挥大权，率军进至罗纳河畔并在此安营扎寨，等待高卢人前来应战。

马略对敌军的可怕声势以及己方士兵的紧张心理一清二楚。因此，在高卢部落向他的军团提出挑战时，马略先是拒绝进行会战，让部队躲在防御里。高卢人在蹂躏当地村庄后，逐渐失去了耐心。一些部民对罗马军营发动了零零散散的进攻，但轻而易举就被打败了。

这正中马略下怀。他的部队已经适应了身材高大、声音粗犷的野蛮人，他们不再那么惧怕高卢人了。他们已经在战斗中直接面对敌人并且打败了他们，虽然还只是一些小胜。现在，马略感到他的士兵能够面对高卢人而不会被他们的名声吓得半死。

高卢人如期向意大利方向实施撤退。罗马人紧随其后但避免交战，每天晚上都在便于防御的地形上安营并设防。马略本来计划在他选择的时机进行会战，但在六水河，双方的取水部队发生了摩擦，随之升级为一场大规模冲突，最后罗马人取得了胜利。马略随即将其信心大增的部队组织起来，准备第二天进行决战。

马略用他的骑兵冲锋去挑战高卢人，自己和士兵在斜坡顶上他们选好的位置上等待敌军。当高卢人费力地向上爬时，遭到罗马人的一阵标枪齐射。随后，马略一马当先率军冲下山坡。高卢人被赶回到山脚下，但又成功地在平地形成一条战线。这时，一支罗马特遣分队进攻高卢人的背后，造成其瞬间崩溃。

六水河（公元前102年）

罗马人挑动高卢人从山下向坡上发起鲁莽的进攻，然后，罗马主力部队先是向敌人齐射标枪火力，然后向敌人发起冲锋。同时，一支事先隐蔽好的罗马部队袭击了高卢人的侧翼与后方，将其彻底击溃。

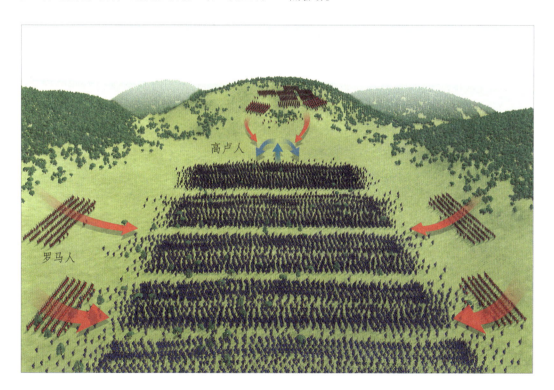

高卢人

罗马人

六水河战役消除了罗马面临的部分威胁，但高卢的主要力量仍然威胁着意大利北部。马略率军开回本土，加入了消除这一威胁的战役。现在，他的那支富有经验的军队能够给予勇气可嘉但组织涣散的高卢人以决定性的打击，可以重振罗马的声望并确保在若干年内罗马再不面临野蛮人威胁。

共和国后期的战争

从公元前 100 年往后，在意大利境内的几个罗马盟国对于他们参与最近战争所得到的他们认为是相当菲薄的回报变得日益不满。公元前 91 年，一些意大利城市起来造反，并彼此结成同盟。同盟者战争由此爆发，这是一场不同寻常的战争，因为它几乎是身份相同的军队之间的大打出手。

马略开启的标准化训练、战术以及装备，使得罗马军队在反叛者面前毫无优势，反叛者也能够出动大量富有经验的部队。罗马遇到了它之前碰到的一个问题，即如果它即将在战争中失败的话，它的其他同盟就会离它而去。然而，尽管有一些挫折和背叛，罗马及其拉丁同盟在战争的前半个阶段避免了失败。

公元前 89 年，北部的一场决定性胜利使得罗马在南方采取攻势，打败了他们的老对手萨莫奈人的一支军队。尽管萨莫奈人本身坚持作战，但这场胜利促使以前的一些盟友重新加入到罗马一方。

同盟者战争最终通过谈判和改革而告终，不仅缓解了叛乱者的一些不满情绪，而且奖赏了那些依然忠于罗马的同盟者。然而，如果不是罗马军队展现出最终能打败叛军的能力，或至少能够比其他任何交战方更能后延战争的话，这些让步也会毫无意义的。

米特拉达梯战争

在接下来的数十年里，罗马军队四处应付奴隶叛乱和海盗战争。他们出征高卢和伊比利亚半岛，实施了几次重大的征服战役。这些战役最终将巴尔干半岛和色雷斯置于罗马控制之下，但也导致罗马与本都王国的一系列战争。

以本都国王之名命名的米特拉达梯战争，第一次和第二次战争都无果而终，但在公元前 73—前 63 年之间的第三次和最后一次却是一场大战。罗马的注意力被伊比利亚的叛乱所分散，其领导者是罗马的叛变总督，他派遣顾问去帮助米特拉达梯训练军队。

在这里，当人们提到罗马帝国的伟大光荣之时，必须提到一个人的名字和事迹，这就是庞培大帝，因为他的丰功伟绩堪与亚历山大大帝相媲美。

——普林尼

米特拉达梯在卡尔西登战役中打败了罗马军队，关闭了博斯普鲁斯海峡的通道。从这里出发，他进军到战略要港塞齐库斯，米特拉达梯需要把该港作为他进一步行动的补给基地。此后他一直控制着这个港口，直到罗马军队通过海上抵达这里，并使这个战略要地变得对其有利。

塞齐库斯位于一个岛屿上，通过一条堤坝与大陆相连，米特拉达梯的部队主要部署在岛上的攻城工事里。罗马人穿过米特拉达梯的补给线，在大陆上站住了脚跟。这迫使米特拉达梯开始减少参与攻城的部队，并在补给耗尽之前，发起了孤注一掷的夺城之战。这些行动均告失败，许多打算重新部署到其他地方的部队也落入了罗马之手。

米特拉达梯放弃了对塞齐库斯的围攻，但在撤退途中多次遭到攻击。他的主力部队不断减员，以致软弱无力，而其他罗马部队打败了他的盟军和分遣部队。之后，罗马军队入侵本都，包围了数座城市，企图迫使对方进行一场决定性的会战。直到公元前72年或前71年（具体时间不详）才获得成功。米特拉达梯新组建的一支军队被打败，本都军队的士气宣告崩溃。

米特拉达梯向他那个统治亚美尼亚的女婿寻求保护。罗马稍作休息，在本都强行建立了适当的政府机构，将其变成了罗马的一个行省，然后，大约在公元前69年，罗马挥师进入亚美尼亚。这是罗马与亚美尼亚第一次交战，然而更重要的是，这也是与帕提亚首次交战。后者成为罗马的长期敌人。

亚美尼亚的军队在蒂格拉诺塞塔被彻底击败，但这并没有结束战争。罗马并未试图去围攻亚美尼亚首都阿尔塔沙特，不久，米特拉达梯率领一支主要在亚美尼亚征集的军队入侵本都，战争变得不利于罗马人。

米特拉达梯的军队进攻泽拉，造成本都的罗马驻军的一次惨败。失败的消息导致罗马从亚美尼亚撤回的部队的士气完全崩溃，许多分队拒绝执行命令。

罗马的反应迅速而果断，早就自视为

指挥官和政治家的格涅乌斯·庞培·马格努斯（庞培大帝），在新近对付西西里海盗的战事中取得了一场辉煌胜利，获得了战争的指挥大权。他还拥有不经参议院同意而缔结同盟以及签订和平条约的权力。

在与帕提亚结盟之后，庞培向米特拉达梯提出了一个和平解决方案，但遭到拒绝。米特拉达梯在达斯特拉的要塞坚守，但经过几个星期的战斗之后被迫撤出。在撤退过程中他的大营遭到庞培军团的攻击。米特拉达梯侥幸逃脱，躲到了克里米亚。在那里他苦苦支撑着他的王国的剩余土地，直到公元前63年，他的儿子推翻了他。米特拉达梯不久死去，可能是死于自杀。

与此同时，庞培发动了一场征服战争，相继进入亚美尼亚以及今天的格鲁吉亚。庞培还进入到叙利亚，在那里他得到了米特拉达梯死亡的消息，公元前61年，他以胜利的姿态回到罗马。

米特拉达梯战争结束之际，罗马得到了

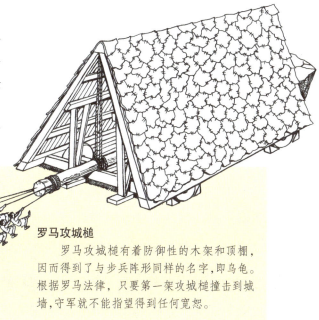

罗马攻城槌

罗马攻城槌有着防御性的木架和顶棚，因而得到了与步兵阵形同样的名字，即乌龟。根据罗马法律，只要第一架攻城槌撞击到城墙，守军就不能指望得到任何宽恕。

公元前 52 年阿莱西亚围攻战中的罗马攻城塔。罗马人极其擅长于打围攻战，建筑大规模斜坡这样的大规模工程如同家常便饭。他们的攻城机械和攻城塔的设计在很大程度上复制了希腊技术，但也根据战场经验而进行了改进。

大量领土和巨额财富。这场战争同样标志着塞琉古波斯帝国的终结。在亚历山大大王的所有继承国当中，只有埃及仍然独立于罗马的霸权统治。罗马还不是一个正式的帝国，但它在东方的领土几乎到达了极限。

尤利乌斯·恺撒的战役

作为获取财富和赢得军事荣誉的一种手段，尤利乌斯·恺撒需要进一步实现其政治野心。公元前 58 年，他精心设计了一场与赫尔维西亚人的战争，当时后者正被迫实施部落迁徙。在确保赫尔维西亚人与罗马同盟部落发生冲突后，恺撒找到了一个摧毁他们的借口。

恺撒指挥六个军团尾随赫尔维西亚人。他很好地运用了现代军队那样的侦察手段。巡逻骑兵与部落保持接触但避免行动，侦察兵紧随其后，以确保主力部队的行军路线避开障碍和埋伏。

恺撒的大军在比布拉克特附近遭到了赫尔维西亚人的攻击。他的骑兵侦察兵发出警报，恺撒在一座山丘上将他的军队部署成传统的三列战线。赫尔维西亚人向山丘上以逸待劳的罗马军队发起进攻，结果遭到六水河那样的命运。15 米远的标枪齐射打乱了高卢编队，第一列罗马步兵冲进了混乱不堪的敌阵。一支姗姗来迟的高卢军队对罗马的侧翼造成了威胁，但遭到了第三列罗马步兵的抵抗，在他们转过身来面对新威胁之时，第一列和第二列军队继

续向前推进。最终，经过 5 小时的战斗，赫尔维西亚人惨败。

不久，恺撒收到了更多高卢部族需要援助的请求，因而开启了一场新的战争。这次的敌人是一位高卢国王阿利奥维图斯，具有讽刺意味的是，他新近得到了"罗马之友"的称号。对于一些统帅来说，同一年内

作为颇有争议的最著名的罗马伟人，尤利乌斯·恺撒是位独裁者，但从未当过皇帝。如果他活得更久一些，他的无限聪明智慧与勃勃野心可能会让罗马帝国早些时日出现。

打赢两场大仗或许已经足够了，但对恺撒来说并非如此。

恺撒发起了一系列针对高卢人、日耳曼人甚至是不列颠人的战役。有一些战争是精心设计出来的。另一些战争是先前战争的延续，因为邻近的部落对于他们邻邦的战败变得担惊受怕。最终，传统上分为多个部族的高卢人，开始联合起来对抗恺撒的力量。阿维尔尼部落的韦辛格托里克斯崛起为最高领袖，在战场上部署了一支按高卢标准而言的组织良好的军队。公元前52年，许多部落起来反抗罗马及其同盟。

恺撒的部队被起义搞得措手不及，又因为补给不足，因而在一些地区相当虚弱。

阿莱西亚(公元前 52 年)

恺撒的大军在阿莱西亚国周建筑了两道城墙，既保护自己不受到外面的进攻，又把高卢人困在里面。尽管几次受到巨大压力，罗马人还是守住了城墙，阻止了高卢守军的突围和援军的进入。直到最后高卢人被迫投降。

尽管如此，进攻性和自信心为他们赢得了主动权，进而使得许多不结盟的部族置身于战事之外。罗马的同盟打消了顾虑，继续以谷物和饲料的形式提供支持。

罗马军团除了具备强大的战斗力以外，还拥有其他几大优势。完善的供给安排使得罗马军队能够保持兵力集中，而他们的敌人却要分散兵力去寻找食物。实施欺骗行动同样是为了获得有利条件，比如伪装成小股奴隶和随营人员，并且让他们离开部队去欺骗敌人的侦察兵。

高卢人逐渐耗尽了力量，其城镇遭到围攻，以致最后高卢主力军队躲在阿莱西亚避而不战。因为没有任何成功的把握，罗马军队不能发起直接进攻，因而开始围攻。为了防止突围，罗马人在城镇周围筑起了一道墙，第二层朝外，由一系列防御工事构成，用来保护围攻部队，并防止救援部队靠近城镇。

经过一段时间的围攻后，突围变得越

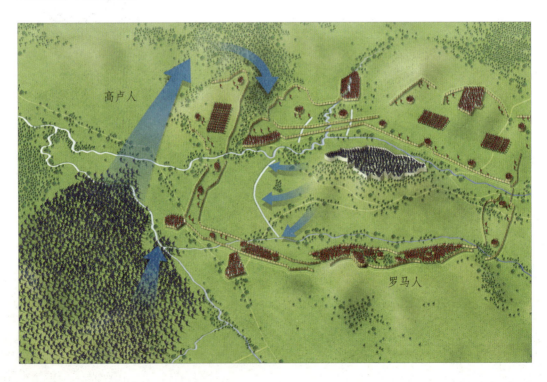

来越无望，高卢人承认战败并屈膝投降。这并没有全面终止高卢人的叛乱。第二年一场小规模的叛乱被轻而易举地镇压下去。残酷的报复措施与权宜的政治宽容相结合，最终恢复了该地区的稳定局面。

恺撒与内战

高卢战争的结束让恺撒带着崇高的荣誉回到了罗马。然而，他树了很多敌人，一旦他放弃军队统帅权，他们就会扑向他。这就产生了一个问题，因为他指挥军队的大权终结于山南高卢与意大利的边界，即以卢比孔河为界限。如果他率领军队进入意大利境内，那就是公开藐视法律，如果他不这样做，他将会任对手宰割。公元前49年，恺撒选择带领他麾下的一部分军队进入意大利，从而触发了内战。这就使恺撒直接面对参议院挑选的庞培大帝，而庞培认识到罗马不可能战胜恺撒的老兵。庞培需要时间训练出一支合乎标准的军队，因而转移

根据一些记载，高卢领袖韦辛格托里克斯骑着他那匹高大的战马出来投降，下马并把他的武器放在了恺撒的脚下。但恺撒自己对这件事的描述却没有那么壮观。

到马其顿，而恺撒用了不到两个月的时间就控制了整个意大利。

恺撒同时向西进军开往伊比利亚半岛。由于恺撒想要避免双方的重大伤亡，所以是一次战略机动而非正面冲突。当敌方军团最终被迫投降时，这一战略得到了回报，恺撒将他们并入他的军团。

最后，在公元前48年，恺撒登陆马其顿，用七个军团对抗庞培的九个。庞培的舰队切断了恺撒的补给线，让他得不到增援并造成食物短缺。通过一次大胆的偷袭，恺撒夺得了庞培的一个物资仓库，从而在某种程度上获得了补救，但数月后，恺撒的军队陷入了一种危险的境地。

在马克·安东尼率领四个军团增援后，恺撒终于可以实施进攻行动了。占领都拉

基乌姆的一次试攻导致了两军的正面交锋，双方竞相构筑防御工事以保护关键位置。恺撒试图包围庞培，庞培则建造了堡垒以阻止恺撒的围攻线包围其阵地。

工事构造期间，当恺撒的部队试图完成其他包围庞培军队的堡垒圈时，冲突逐渐加剧。双方都受到了挫折，但恺撒的军队摆脱了最糟糕的境况。恺撒打破了包围，将部队开进了内陆。庞培紧追不舍，双方在埃尼皮乌斯河畔的法萨卢斯发生激战。

恺撒依托河岸来部署左翼以保证其安全，骑兵部署在右翼，以轻步兵作为支援。庞培的骑兵数量远远超过恺撒的，因而希望其能够发挥决定性作用。他的计划是，运用他的军团直接面对恺撒的步兵，同时投入骑兵，在投石兵和轻步兵的支持下驱逐敌军骑兵，然后全面压向敌军侧翼和后方。考虑到当时的环境，这是一种明确可见的战术，恺撒正以逸待劳。步兵大队制度的战术灵活性使得恺撒能够从每个军团的第三列抽出一个大队，组成一个第四列阵线，从而掩护他那脆弱可欺的侧翼。这个第四列阵线隐藏在骑兵身后，庞培无法得见其形影。

恺撒的步兵向前进攻站在原地不动，而非罗马通常向前推进的庞培军团。与此同时，庞培的骑兵发起攻击，但在进攻过程中陷入了混乱。尽管恺撒的骑兵被打退，但第四列阵线的步兵却能够发起冲锋进攻庞培陷入混乱当中的骑兵。在历史上，步兵进攻骑兵实属罕见，取胜者更是寥寥无几，但这一次，条件却极为有利。

恺撒的步兵进攻引起了一场激战，大群士兵和密集阵形有助于庞培军队顶住经验丰富的恺撒士兵。恺撒军队第四列阵线发起的侧翼进攻决定了胜败，由于庞培骑兵逃离战场，他们腾出手来实施了机动。恺撒的第三列步兵向前推进加入战斗，庞培军队土崩瓦解，他逃离战场最终抵达埃及，在那里，一心想要巴结恺撒的埃及宫廷成员将其杀死。

在解决掉米特拉达梯之子法那西斯对本都的入侵之后，恺撒着手消灭剩下的对手。尽管战事数度准备不足甚至到了不计后果的地步，但恺撒的老兵军团还是取得

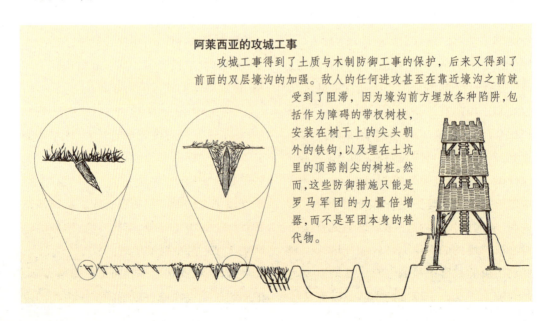

阿莱西亚的攻城工事

攻城工事得到了土质与木制防御工事的保护，后来又得到了前面的双层壕沟的加强。敌人的任何进攻甚至在靠近壕沟之前就受到了阻滞，因为壕沟前方埋放各种陷阱，包括作为障碍的带杈树枝，安装在树干上的尖头朝外的铁钩，以及埋在土坑里的顶部削尖的树桩。然而，这些防御措施只能是罗马军团的力量倍增器，而不是军团本身的替代物。

公元 1 世纪的罗马军团

　　到公元 1 世纪时,罗马军团已经发展到其经典形态,拥有 9 个标准的步兵大队,每个大队有 6 个百人队,另有一个拥有 5 个双倍人数的百人队。到此时,军团已经统一装备了短剑与标枪,并且得到 120 名骑兵的支援,他们充当侦察兵和通信兵。

　　了一次又一次胜利,直到最后打败了他的所有敌人,恺撒终于成为无可争议的罗马的主人。

　　作为终身独裁者,恺撒表现出相当的宽厚仁慈,甚至给予以前的敌人以高官厚禄。然而,公元前 44 年,他被一群有着各种动机的人在参议院的一次集会上刺杀了,直接催生了葬送罗马共和国的一系列事件,罗马帝国最终取而代之。

共和国的终结

　　尤利乌斯·恺撒的遇刺,导致了一段时期的政治动荡,最后发展成了一场刺杀者和复仇派之间的新内战,刺杀者自诩为解放派,而复仇派则要为恺撒报仇。解放派的两个首领布鲁图斯和卡西乌斯拥有东方省份作为其安全基地,他们还获得了邻近国家包括帕提亚的支持。与此同时,亲恺撒派以马克·安东尼、恺撒的继承人屋大维和马

克·奥里利乌斯·雷必达为首,留在罗马,控制着西部各省。

　　公元前 42 年,安东尼和屋大维率领一支军队开进马其顿。双方在腓利比发生交战,实力大致相当。第一次腓利比战役是一场势均力敌的作战,尽管卡西乌斯听到布鲁图斯战败的不实消息后自杀身亡。布鲁图斯接过所有指挥大权,但是,始终令解放派头疼的士气问题,现在越发严重了。布鲁图斯企图通过向士兵额外馈赠来改变境况,而士兵们本来已经获得了报酬,因此这份馈赠主要是一种津贴或贿赂。

　　此后,双方进入了防御工事攻防阶段,布鲁图斯希望其拥有制海权的舰队能够切断敌人的补给线。在他的海上封锁发挥作用之前,布鲁特斯的雇佣兵及其部分盟军却当了逃兵,迫使他运用仅有的一个集团军发起进攻。第二次腓利比战役仍然是两支相似军队之间旗鼓相当的作战。

　　布鲁图斯的军队最终土崩瓦解,纷纷想逃回营藏匿,却发现营门口已被屋大维

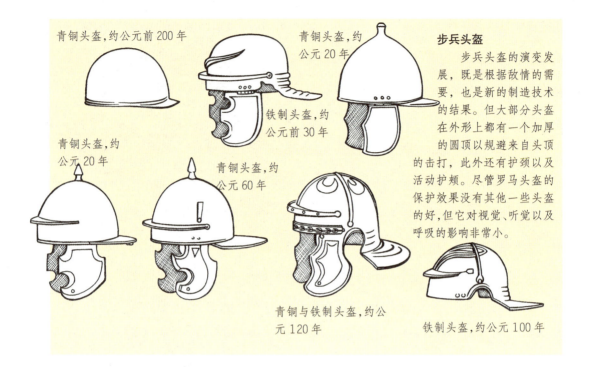

青铜头盔，约公元前 200 年

青铜头盔，约公元 20 年

铁制头盔，约公元前 30 年

青铜头盔，约公元 20 年

青铜头盔，约公元 60 年

青铜与铁制头盔，约公元 120 年

铁制头盔，约公元 100 年

步兵头盔

步兵头盔的演变发展，既是根据敌情的需要，也是新的制造技术的结果。但大部分头盔在外形上都有一个加厚的圆顶以规避来自头顶的击打，此外还有护颈以及活动护颊。尽管罗马头盔的保护效果没有其他一些头盔的好，但它对视觉、听觉以及呼吸的影响非常小。

的军队所控制。布鲁图斯把一切可以集结的部队集中到山上，但他不久即陷入绝望而自尽身亡。他的残兵败将均被俘虏，继而被整编进胜利者的队伍，这是罗马内战的一种寻常做法。

尽管解放派的一些首领纷纷在逃，但其集团的势力却在腓利比土崩瓦解了。然而，罗马面临的麻烦并没有终结。安东尼和屋大维因为内部分歧而一度兵戈相向，帕提亚军队已经入侵了罗马的东部领土。罗马与帕提亚的战争断断续续地也进行了若干年，而罗马远非一帆风顺。

以步兵为主的罗马军队并没有准备好如何应对帕提亚的作战模式，即混合运用马上弓箭兵和重装骑兵。公元前 53 年，在卡雷战役中，罗马军队遭遇了数世纪以来的最大一次失败，帕提亚再次证明了自己是一个难以对付的敌人。安东尼指挥的军队最终收复了失去的领土，但罗马入侵帕

提亚的行动却被击退，在攻城车途中遭到伏击并摧毁之后，罗马被迫撤军。

安东尼的军队严重减员，而屋大维派来的那点数量可怜的增援部队根本不能弥补他的伤亡空缺。但另一方面，埃及的克娄巴特拉女王提供了充足的军队，而安东尼和她的关系好到她为他生了三个孩子。他们两人的情事众人皆知，而政治同盟又导致了更多的暗斗，最终在公元前 31 年，罗马和埃及之间爆发了全面战争。

屋大维在陆地和海上占据了上风，安东尼的军队则因为开小差而受到削弱。最终，安东尼的舰队困在亚克兴湾，因而被迫试图从敌人优势兵力中突围出去。在克娄巴特拉军队的帮助下，安东尼的部分舰队得以逃脱，但他们的有生力量却不复存在。在亚历山大港再次战败后，安东尼和克娄巴特拉双双自尽身亡。

屋大维成为罗马的主人。公元前 27

舰载武器

右图:弩炮是绝佳的舰载武器。它们在陆地上使用的主要弱点就是缺乏机动能力,但这个缺点在海上却无关紧要,因为它们是战舰的一部分,随舰开动而移动。

下图:罗马海军建造了吨位越来越大的战舰。图中所示是一般"16桨战舰",有两排划桨,每个桨座上有16名桨手。

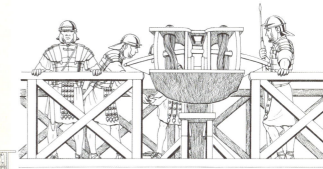

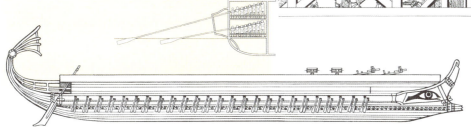

年,他被授予奥古斯都的称号,并借助修筑道路等民生工程,而不断增强了自己的权势和声望。其他的头衔和荣誉接踵而来,并且被后来的罗马皇帝所使用。

在奥古斯都的领导下,罗马大军四处征战,包括伊利里亚、潘诺尼亚、伊比利亚和加拉提亚,将更多的领土纳入到了罗马的统治之下。除了直接控制的地区,为了防止入侵,罗马建立了一些缓冲国家。包括位于阿尔卑斯山区的征服领土和东部的附庸王国。

在奥古斯都统治期间,罗马实施了几大经济改革。或许最重要的是各省税收制度的改革,从而为罗马提供了一种稳定且可预测的岁入来源。罗马的道路系统开始建造,因而可以更加迅速地进行通信和

调动部队。罗马还拥有专业的消防部队、警察部队以及禁卫军部队,后者开始之时是一支警卫力量,但最终发展成为了一支拥

亚克兴(公元前31年)

马克·安东尼的军队在陆地与海上都遭到了封锁,于是决定实施海上突围。在其左翼卷入激战之时,敌军舰队实施了一次侧翼包抄机动。这使得克娄巴特拉的舰队得以逃向外海。尽管安东尼本人侥幸逃脱,但其舰队大都被毁。

腰 带

军团士兵的腰带能够悬挂匕首和短剑。这些武器放在身体右侧而不是更常见的左侧。

胸 甲

典型的军团士兵铠甲是金属甲，是由相互叠加的金属片制成。它能够提供极好的保护，尤其是来自头上的击打偏过头盔而又速度不减地落在身上之时。这种铠甲用绳索金属环片的环扣而紧紧地连在一起。

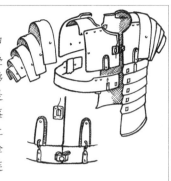

盾 牌

典型的罗马军团盾牌又叫作"罗马长盾"，是一种长方形盾牌，具有高高凸起的弧线，有助于挡避敌人的箭矢。这种盾牌用木板层层叠压制作而成，上面覆盖一块沉重的金属饰面，因而可以作为武器使用。

其他用具

罗马军用装备包括很多毫不起眼却又十分重要的用具。例如篮子就用来装运土石以建造防御工事。

凉 鞋

军用凉鞋或"罗马战靴"，鞋底钉有平头钉。在很多情况下，这种战靴比普通鞋子更有优势，因为靴子进水后还可以自行流出去。

镰 刀

军团士兵携带镰刀收割庄稼。一年只有某些时候有用，军团在行军过程中若是经过了农田，就可以用通过这种方式来补充军粮。

公元 1 世纪的军团士兵

并非所有军团士兵都有护胸铠甲。他们也使用锁子甲，尽管这种铠甲更沉更重。胸甲在罗马帝国的后期逐渐退出使用，但锁子甲成为后来几个世纪的标准军用装备。

镐与挖壕工具

军团士兵还携带挖掘工具，从而能够安营扎寨。军团的挖掘工具几乎与短剑和长盾一样重要。

标枪与尖木

军团士兵携带两支标枪以及一到两根尖木。尖木是前后两端都削尖的木杆。它们可以迅速用于安营扎寨。

有自身权力的政治势力。

然而，在奥古斯都统治下，并不是所有事情都一帆风顺。公元 9 年，入侵日耳曼的一支远征大军受到引诱陷入条顿堡森林的埋伏，三个军团以及辅助部队全军覆没。此役终结了罗马向日耳曼的扩张。此后，莱茵河成为罗马的边界。公元 14 年，奥古斯都去世。他的头衔和权力传给他的继子提比略，从而开始了罗马皇帝的漫长统治。

早期的帝国

罗马军队面临的第一项任务就是北方边境地区的绥靖行动。为了慑止日耳曼部落的攻击，炫耀力量是必要之举。公元 15—16 年，一支远征军进入日耳曼，大败日耳曼部落，在找到并埋葬了条顿堡森林牺牲的军团战士遗体后班师回朝。

公元 43 年，罗马入侵不列颠，并以典型罗马方式予以征服。罗马人在当地找到乐于帮助他们镇压对手的盟友，因此逐渐地把边界从英吉利海峡的登陆点向北和向西推进。

罗巴与帕提亚的战争在公元 58 年再度爆发，其导火索是亚美尼亚继承权之争。

与之前的冲突不同，这一次罗马大获全胜，并在业美尼业扶植了一个他们所中意的王位候选人。他们得到了帕提亚贵族掀起的多次反叛行动的援手。然而，帕提亚人一旦恢复了自身的秩序，他们便采取攻势，继而在朗戴亚打败罗马军队。公元 64 年，罗马帝国与帕提亚缔结了一项和平条约，但双方之间的战争仍在此后断断续续地持续了很多年。

罗马在朱迪亚行省的统治麻烦不断，公元 66 年又爆发一起新的起义。犹太人的反叛最初取得了成功，但在罗马军队以其惯常的强力推进的方式进攻时，犹太人在贝特霍隆山口遭致失败。

帝位继承战争

公元 68 年，尼禄去世之后，引发了罗马帝位继承权之争，从而打断了东方的战争。在著名的四帝共存之年，罗马军队为了他们各自支持的候选人大打出手。韦斯巴芗最终胜出，建立起弗拉维王朝。或许更重要的是，他的成功表明，一名拥有军队支持的将军，可以单凭武力而自我加冕为皇帝。

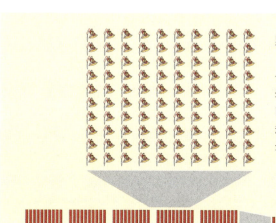

罗马帝国早期的军团阵形

每个军团的第一步兵大队重新组建为五个双倍人数的百人队，其具体时间已不可考。这个变化可能是渐进的，而且可能发生在恺撒时代。此后，第一步兵大队不仅比其他大队的规模更大，而且还是一支精英部队，拥有军团最优秀的士兵。

在朱迪亚，罗马逐渐恢复了对该行省的统治，包围了首都耶路撒冷并最终消灭了在迈萨代要塞的犹太教狂热派抵抗分子。国内和外国的麻烦逐渐平息，一段相对稳定的时期终于开始。罗马的权势随之迎来一个新的鼎盛时期。

罗马攻城战

罗马人非常擅长学习和改进别人使用过的成功技巧。他们的许多攻城设备都是在希腊模子的基础之上建造出来的，而这些方式和手段却源自远古时代的战争。

除了箭矢以外，罗马军队还使用投石机去消耗敌人，并掩护小股部队建造围城工事。投石机是一个轻型机械，类似于一把十分巨大的弓弩，可以在一个相当平直的弧度上射出石头或标枪。投石机随军队一起部署，有时也用于野战。从公元 1 世纪开始，罗马军团的每个百人队理论上都拥有一台投石机作为支援武器，尽管真实的数量因供应规模变化而不同。一种较轻的投石机，即"蝎式投石器"也得到应用，经常是安装在攻城塔上。当时有一种由曲柄控制的装填石块的投石器"野驴"，但被证明是作用有限。重型的投射武器是"野驴"弩炮，以较高的弧度猛烈投射，因为发射时会产生野驴那样的响亮的"踢腿"动作，所以被称为野驴。弩炮能够造成巨大的人员伤亡或摧毁轻型障碍物，有时也被用来发射燃烧投掷物。

这些射击武器用来支援攻城作战行动，尽管罗马的组织能力将其战争艺术推向一个新高度，但这些武器和此前军队所使用的没多大区别。城墙总是通过挖掘隧道而予以破坏，或者用攻城槌加以撞毁，撞

槌经常被安装在攻城塔上。

攻城塔可以装载不止一种武器。常见的做法是，在塔上安放了箭或者投石机装置，再加上一个攻城槌或一座吊桥，从而让士兵们轻而易举地通过城墙。然而，将攻城塔靠近城墙却是一件艰难的事，尤其是城墙建造在高地或者城墙前方挖有壕沟的情况下。攻城斜坡正是因此应运而生的。

斜坡的建造是一项了不起的工程，尤其是在交火的情况下建造。罗马人的天才组织能力是从事此类工事建设的有利条件，尽管防御者尽其所能地进行破坏，但罗马人能够快速而高效地向前推进。

罗马攻城战的一项约定俗成的规则是，当第一支防御工程锤撞击防御工事时，守军可以体面地投降。在大多数情况下，此时此刻，破城是不可避免的，如果守军继续抵抗，罗马肯定会以屠城相报复，用来抵偿进攻过程中围城部队所遭受的艰难与伤亡。

一旦城墙打开缺口或攻城塔的吊桥搭上城墙，罗马军团士兵就会发起猛攻，而他们的短剑正是近战的理想武器。此时，战术和攻城能力已无关紧要，现在是拥有专业战斗力的罗马军团战士和殊死一战的守城部队之间的一场较量。

耶路撒冷战役(公元 70 年)

在罗马占领期间，朱迪亚数次走到反叛的边缘。公元 66 年，一场全面的反叛终于爆发。经过初期的失败后，加之公元 68 年至 69 年内战的分心，公元 70 年罗马或多或少地平定了这个行省。

首都耶路撒冷仍然掌握在反叛分子的手中。当庞培大军在公元前 63 年发起猛攻

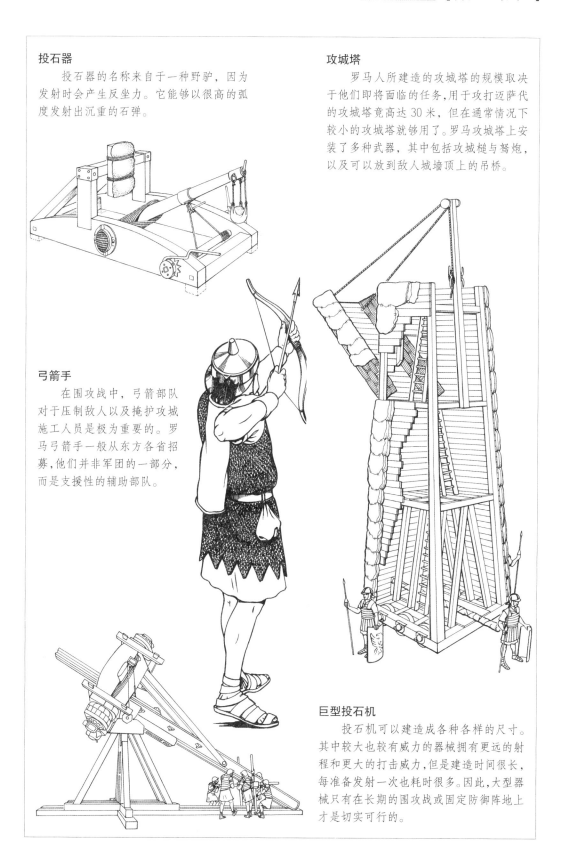

投石器

投石器的名称来自于一种野驴,因为发射时会产生反坐力。它能够以很高的弧度发射出沉重的石弹。

攻城塔

罗马人所建造的攻城塔的规模取决于他们即将面临的任务,用于攻打迈萨代的攻城塔竟高达 30 米,但在通常情况下较小的攻城塔就够用了。罗马攻城塔上安装了多种武器,其中包括攻城槌与弩炮,以及可以放到敌人城墙顶上的吊桥。

弓箭手

在围攻战中,弓箭部队对于压制敌人以及掩护攻城施工人员是极为重要的。罗马弓箭手一般从东方各省招募,他们并非军团的一部分,而是支援性的辅助部队。

巨型投石机

投石机可以建造成各种各样的尺寸。其中较大也较有威力的器械拥有更远的射程和更大的打击威力,但是建造时间很长,每准备发射一次也耗时很多。因此,大型器械只有在长期的围攻战或固定防御阵地上才是切实可行的。

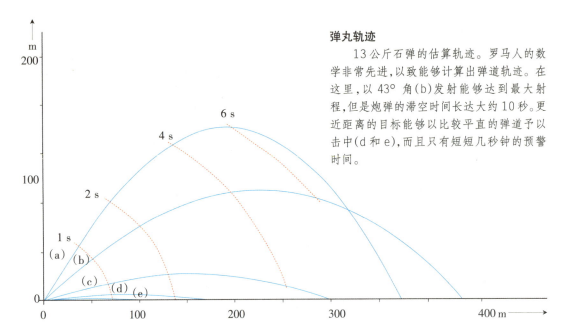

弹丸轨迹

13 公斤石弹的估算轨迹。罗马人的数学非常先进，以致能够计算出弹道轨迹。在这里，以 43° 角（b）发射能够达到最大射程，但是炮弹的滞空时间长达大约 10 秒。更近距离的目标能够以比较平直的弹道予以击中（d 和 e），而且只有短短几秒钟的预警时间。

时，耶路撒冷就成为一个难啃的目标，这时根本不可能轻而易举地将其攻下并摧毁。除正常人口外，大约有 24000 名犹太人反叛分子躲在耶路撒冷，他们受到坚固防御工事的保护，而城市被内墙分割成好几个区。

在耶路撒冷城外，罗马大约有 35000 名士兵，由提图斯·弗拉维乌斯指挥。他亲自对城市防御工事实施侦察，并且差点被一小股从防御工事里头冲出的犹太人杀死。罗马军队在城外立住脚跟后，随即发起了主攻。进攻根本不能奏效，在获得一项小胜利后，罗马人开始了攻城准备，准备工作非常充分。罗马加强营区堡垒的安全，建立起炮兵阵地。从这里，罗马军队开始射击守城部队，而他们也用那些从罗马驻军缴获的投石机进行还击。

在射击武器掩护之下，罗马军队开始大规模建造抵达城墙的攻城斜坡。守卫人员出城攻击，试图破坏罗马的攻城器械，并投掷武器以阻止攻城工事的修筑，但斜坡道还是抵达城墙，攻城槌开始撞击城墙。

城墙一被攻破，突击队随即进入，迅速击退了守城人员，罗马军队向街道推进。为了到达叛乱分子的据点圣殿，还必须突破两道内墙。街巷上的战斗，群众小组的伏击以及偶尔的突袭一度迟滞了罗马军队的推攻，但最终，据点迎来了攻击。

罗马军队花了 17 天时间建造了抵达圣殿墙的攻城斜坡，其间，反叛分子拼命进攻罗马大营。在攻城部队的士气受挫后，一些罗马士兵开了小差。提图斯·弗拉维乌斯命令建造一座防御墙，从而切断了城市的食物供给，并保护了他自己的部队。罗马又花了 21 天建造了另外一套攻城斜坡，最终攻破了城墙。

罗马军队反复实施猛攻，最终进行了整整一天的血流成河的肉搏战。罗马军队被迫在整个圣殿中奋力作战，对付殊死抵抗的犹太人。在战斗过程中，圣殿着火了，幸存的反叛分子撤退到他们最后的避难所——老城。

罗马人建筑起更多攻城斜坡，古城遭

到猛烈攻击,在这种情况下,抵抗者终于失去了士气,且处于饿死的边缘。抵抗土崩瓦解,反叛随之终结,尽管一群犹太教狂热派分子仍然控制着迈萨代要塞,而且需要一个巨大的攻城设施才能将其清除。罗马人建造了一道100米高的攻城斜坡,大约30米高的攻城塔推了上来,用来攻破城墙。

帝国的全盛时期

公元101年,图拉真入侵达契亚。达契亚国王德切巴鲁斯几十年来第一次把人民团结起来并开始招募士兵,其中绝大部分是罗马军团的逃兵。他用这支军队袭击了罗马领土,罗马军队遭受惨败,而那时罗马不得已向他们进贡。

图拉真率领九个军团进入达契亚,外由

耶路撒冷(公元70年)

罗马军队突破一道道城墙向前推进,依次扫荡了城市的每一个部分。尽管犹太人决心拼死抵抗,并力所能及地发动反攻,但其在圣殿与老城的最后据点还是在罗马军队的猛攻之下失陷。犹太人的反叛最终画上了句号。

其他军团的分遣队组成支援军队。图拉真的一些部队是集中部署的,但仍有几个小分遣队是分散部署以对付想定中的次要目标。

达契亚军队在通往其领土的山口构筑起防御工事,派步兵把守,萨尔马提亚的盟友则提供了盔甲骑兵。同时,罗马军队在多瑙河上架设了浮桥,并构筑防御工事以保护其后勤和通信。

达契亚人是以典型的原始步兵而进行作战的,他们几乎全无盔甲,仅使用短剑、标枪和弓箭。他们最令人生畏的武器是一把镰刀,长把手,弯钩形,刀刃能够伸到盾牌底下。这也是采用胫甲来保护双腿的一个原因。

当时,罗马军队的做法是,在前排阵线是辅助部队,反面才是军团。这么做的一个原因是,军团步兵的训练和纪律高人一等,他们能够更好更快地执行命令。相对于辅助步兵,军团士兵是一支更优秀的预备队,此外,这种做法拯救了更多罗马人的性命。

图拉真大军在塔帕伊战役中大获全

胜，并且继续向前推进，沿途烧毁达契亚人定居点。同时，达契亚派遣军队越过多瑙河攻击罗马驻军，迫使图拉真继续推动战争之前追剿袭扰部队。

这场战争打得很苦，但是公元102年，达契亚人终于投降。在所有条款中，其中一条规定削减达契亚军队人数，并被要求削减并移交罗马逃兵，而不是招募他们，但德切巴鲁斯很快毁约。在公元105年，战争重新爆发了。

通过交相使用武力和谈判，图拉真降服了当地领导人，从而逐渐削弱了德切巴鲁斯的地位。公元106年，罗马军队发动了一次主要攻势。这一次军队工程兵专门建造一座大石桥，军队通过了多瑙河。罗马军队一直推送到达契亚的首都，兵临萨米泽盖图萨王宫，将其团团围住实施了围攻。德切巴鲁斯自杀身亡而没有屈膝投降。战争宣告结束，达契亚成为罗马的一个行省。

公元114年，罗马与帕提亚之间爆发战争，原因还是亚美尼亚王位继承权之争。图拉真集结了当时拥有的30个军团中的17个，外加支援部队，并且储备了大量的物资。他的入侵一帆风顺，相继征服了亚美尼亚、美索不达米亚以及包括首都泰西封在内的帕提亚大部分领土。然而，公元116年，在所有新征服的领土上都爆发了叛乱，连同埃及也发生了起义，罗马军队像救火队一样四处奔波。

公元117年，哈德良继承图拉真而立，他在领土方面并非野心勃勃。他更有志于稳定而非扩张，没有发动一场征服战争，而是极力维护边境安全，委派精明能干的军官率领训练有素的罗马军团士兵驻守。哈德良下令建造了横贯英国北部的长城，基

本上是放弃了向北继续征服的打算。

在其他边境地区，哈德良下命令重建基地与堡垒，用石头替换了先前的木材。这就为罗马军队提供了更加安全的行动基地，但也使其部署成为一种常态。先前，只有当边境再一次向外扩展时，才打算使用这样的基地和堡垒体系。哈德良的新堡垒体系表明，帝国已经达到最大规模，其目前的主要关切是维持已有的领土。

帝国保持了一段时间的稳定与繁荣，被称为"五贤帝"时期，因为这一时期的帝位继承平稳有序，内部纠纷也并不常见。其中一个原因就是采用了确立储君的做法，而不只是将帝位传给最嫡长子嗣。帝位候选人必须证明其自身通晓经济、政治和军事事务，从而非常有资格统治帝国。并非巧合的是，这一时期也被称为罗马治下的和平，以纪念罗马帝国为其治下的领土带来的和平。

衰落之始

在罗马治下的和平时期，帝国内部和边境地区麻烦不断，当然，大部分麻烦都因为驻扎在潜在危机爆发点附近的具有战斗力的军队而得到遏制。因此，马可·奥勒留统治时期，尽管日耳曼人部落主动越过边境地区而进行袭扰，但帝国并没有受到严重威胁。然而，公元180年，马可·奥勒留的儿子康茂德继承帝位，开始变得疯疯癫癫，导致帝国大伤元气，此人不久遭暗杀身亡，空出了帝位。

康茂德之后是塞普蒂默斯·塞维鲁，塞维鲁王朝的第一位皇帝。塞维鲁增强了军队在政治领域中的作用，结果军队被当成了政治权力的基础，到公元235年亚历山

鹰旗手,公元 1 世纪后期

　　鹰旗手是罗马军团中扛着鹰旗的老资格标兵。他的称呼来源于旗帜类。从公元前 104 年起,这种旗帜成为军团通用的旗帜,但是在更早时候,狼、野猪、公牛以及马的旗帜也在使用。鹰旗是一个军团最重要的财产,如果它落入敌手,将是一支部队的奇耻大辱。

辅助部队,公元 1 世纪后期

　　在罗马帝国中后期的边境战争中,辅助步兵在守卫帝国边界前哨方面的重要性越来越大。他们没有传统的军团战士的装备和训练水平,但是在帝国日益拼命地寻找罗优良兵员时,他们也就随处可见了。

百夫长,公元 1 世纪

　　这是一位罗马帝国初期军队的百夫长。百夫长的位置是在百人队的右前角,那是会战中相当危险的位置。作为"身先士卒"政策的结果,百夫长的伤亡率往往比较高。

大·塞维鲁被暗杀为止，军队常常不受皇帝所控制。

在接下来的 50 年里（284—325 年），罗马出现了不少于 25 位皇帝。边境守住了，帝国幸存下来了，但政治内讧却变得比帝国防卫更重要。军队内部的帮派使其成为权力掮客，或接收贿赂或其他赏赐以支持他们青睐的候选人登上帝位。

这段时期的内部动荡酿成了著名的第三世纪危机，从而严重地削弱了帝国。然而，边境保持安定，叛乱均被平息，罗马的军队又一次让摇摇欲坠的帝国恢复了平衡。

边境战争

罗马皇帝戴克里先在公元 284 年获得帝位，他认为帝国过于庞大而难以统治，因此将其一分为二。西罗马帝国受罗马的统治，而前希腊殖民和贸易城市拜占庭被选作东罗马帝国的首都。在君士坦丁皇帝死后，拜占庭被称为君士坦丁堡，但是在西罗马帝国灭亡后，东罗马帝国仍然被任性地称为拜占庭帝国。

两任皇帝统治着罗马帝国，一个在西，一个在东，从公元 293 年开始，每个皇帝都有一个被授予恺撒称号的副君来辅助他们。公元 306 年，君士坦丁大帝在他的父亲

死后被军队拥戴为新帝，之后，这一体制也烟消云散。

内战随之而来，终结之时，帝国又一次只有君士坦丁一个皇帝了。然而，这是一个非常动荡的时期，君士坦丁刚刚撒手人寰，帝国大权就被他的三个儿子瓜分一尽，且相互之间大打出手。当尘埃落定之后，只有君士坦提乌斯活了下来，他那个原打算要一统天下的帝国却似乎日益摇摇欲坠。一个名为西尔瓦努斯的高级将领被派去解决高卢问题，但被其军队拥立为皇帝，从而证明了相信一个拥有一

公元 2 世纪初期的罗马骑兵

帝国初期的罗马骑兵。在锁子甲和头盔的保护下，骑兵通常使用一块椭圆形盾牌和长剑，而不是军团战士使用的长盾牌和短剑。长矛一般用作骑枪，但也可用于投掷。

支规模庞大到足可以作为有效政治工具的军队将领是多么得危险。

然而，军事问题有待解决。法兰克人已经占领了科洛尼亚(今天的科隆)，而另一支日耳曼人部落阿勒曼尼人，已经对帝国发起了大规模的袭扰。当阿勒曼尼人围攻奥古斯托都努姆(今法国欧坦)时，在边境地区安置老兵的好处即刻显现。城镇的防御由退役老兵领导，他们运用老兵的技能尽量长期坚守，等待援军到来。

西尔瓦努斯遭到暗杀而被推翻后，君士坦提乌斯求助于他的同族亲戚尤利安，希望血亲联系能够铸就忠诚。尤利安率领一支军队被派到高卢，这支军队包括通常的罗马军团以及辅助步兵，还有盔甲骑兵(骑兵部队在罗马军团中已日益常见)、弓骑兵和投石机等轻型野战武器。有了这些部队后，尤利安发动了针对阿勒曼尼人的惩罚性战争，将这些部落人赶出了他们一度占领的城镇。

最后，阿勒曼尼人聚集起来反对罗马人，在战场上集结了大约 35000 人。这支军队的核心是各个部落领袖的家族部队，他们都是装备精良和经验丰富的战士。阿勒曼尼人构筑起一个不太严密的阵线，用各支分队组成了一个大致的三角形。这主要应归功于最具进攻性的勇士们杀出一条通往前线的道路。

尤利安拥有 10000 步兵与他们对阵。他的 3000 骑兵部署在地形有利的右翼。他们的对面是所有日耳曼人骑兵，中间夹着小队的轻步兵。这些部队就比对面的敌军占有有利之处，罗马人能够击溃他们，但其中一些部队又集结起来而重新参加战斗。

步兵交战漫长且极为激烈，因为罗马军队的第一条阵线已被突破，第二条阵线也受到严重威胁。但最终，罗马人却比对手

轻型弩炮

轻型弩炮在帝国时期配备给各个军团使用。与当时的许多军队相比，罗马军队较少使用弓箭部队。但是他们通过部署这种轻型野战弹射武器而弥补了这一项短板。

更能坚持，阿勒曼尼人土崩瓦解。在获得胜利之际，尤利安的士兵们拥戴其为奥古斯都，即皇帝称号，但他迅速予以制止，命令他的士兵宣誓永远效忠于现任皇帝。

尤利安继续采取行动打击阿勒曼尼人，并重新修建边界防御工事。这意味着罗马意图在此驻扎军事力量，从而促使阿勒曼尼人请求缔和。然而，法兰克人仍然活跃，尤利安受命挥师对付法兰克人的袭扰力量，直到将其剿灭。

公元 360 年，尤利安成功地恢复了边境的相对安宁，但与此同时，英国北部遭到了边界以北部落的蹂躏。小规模部队被派去支援那里的驻军，因为同时需要派遣一支大规模的部队去支援君士坦提乌斯皇帝对付波斯人。这又一次激起尤利安的军队拥戴其为奥古斯都。这一次，他接受了称

号，并且拒不执行调动部队的命令。值得指出的是，尤利安被他的士兵放在盾牌上并扛在肩上，而这是日耳曼酋长才有的礼遇。

终于，第二年（公元 361 年），君士坦提乌斯死去，尤利安成为皇帝。公元 363 年，他率领 4 世纪罗马最大规模军队向波斯开战。他虽然到达了波斯首都，却未能将其占领。尤利安皇帝在撤退的行动中被杀死，迫使他匆忙之中挑选的继承人与波斯达成一项不那么有利的和平条约。

尤利安军队失败的一个原因，是缺乏指挥大规模军队的经验。那个时期的罗马军队主要是用小规模部队对付边界上的袭扰行动。没有哪个统帅有指挥大规模军事行动的经验，因此低级错误就是不可避免的。

西罗马帝国的覆灭

匈奴人来到欧洲东部边缘地区，是罗马帝国最终崩溃的一个主要原因。无家可归的部落开始向西涌入罗马境内。这就加重了对于罗马日益脆弱不堪的边界的压力。罗马试图利用当时的形势，即允许这些部落作为"联盟部落"在罗马定居下来。实质上，这意味着部落从罗马得到土地和支持，而他们以保卫帝国边界作为回报。然而，无论是因为其本质还是由于罗马不公正对待，许多联盟部落都是靠不住的。

哥特人先是得允在罗马边境地区定居，最终又被推上了反叛的道路，公元 378 年，他们在阿德里安堡粉碎

了一支来镇压他们的罗马军队。在对付哥特人的战争中，不只瓦伦斯皇帝命丧疆场，更重要的是，罗马军队的一支重要力量被摧毁殆尽。这一度削弱了帝国边界，使其面临着前所未有的压力。东罗马帝国在接踵而来的灾难中存活了下来，以拜占庭帝国而进入了中世纪，但西罗马帝国却因为哥特人连续不断的入侵而走向覆亡。

日耳曼部落包括阿兰人、哥特人、苏比人和汪达尔人在内，从公元 405 年起，他们开始向高卢进军，沿途四处劫掠。一些部落定居下来，另一些则继续前进到伊比利亚半岛。汪达尔人穿过海峡进入北非建立了自己的王国。罗马城分别在公元 410 年和 455 年遭到西哥特人和汪达尔人的洗劫。最后一任西罗马皇帝罗慕洛斯·奥古斯都在公元 476 年被东哥特人废黜，后者最终在意大利建立起自己的王国。这个事件正式标志着西罗马帝国的灭亡。

公元 533 年，东罗马皇帝查士丁尼做出最后一次重大努力，试图收复西罗马领土，他派遣他的将军贝利萨留，以把汪达尔人从北非和意大利驱逐出去。这次战事大获全胜，但在关键时刻，查士丁尼对他的天

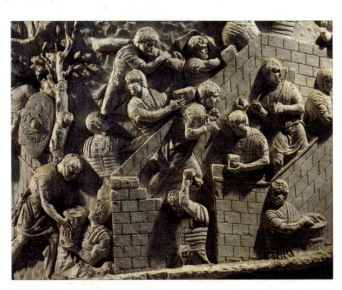

在这块图拉真胜利柱复制品上的浮雕中，罗马士兵正在建造要塞防御工事。图拉真皇帝通过胜利柱的雕刻大肆宣扬其丰功伟绩。

才下属起了疑心，加之瘟疫爆发又削弱了
帝国，从而阻止了贝利萨留的战果永远留
在帝国。

东罗马帝国何时开始自称拜占庭帝
国，具体已不可考；其何时放弃收复西罗马
帝国的希望也无从知晓。但是，到公元 7 世
纪中叶，拜占庭帝国本土也遇到了麻烦。

战术和组织

罗马帝国后期的军队与初期岁月殊为
不同。军队内部的主要区别是边防部队和
野战部队的划分。边防部队主要驻扎在边
界地区，执行边界卫戍和巡逻任务，而野战
部队理论上遂行作战任务，是作为机动预
备力量去对付所有那些边防部队所无法处
理的情况。

出于政治考虑，罗马削减了任何一位
统帅所指挥的军团的数量。一些省份一度
驻扎了多达四个军团的部队，因而不能把
这么庞大的一支军队交给下级去指挥。军队
规模受到削减，或者省份被进一步划分，原
先分给行省的军队被分散到新设的地区。

部队规模越来越小。传统的军团包括
大约 5000 名重步兵，现在大多数军团只有
1000 人左右。随着时间的推移，其他类别
的军团，比如骑兵和轻步兵而非重步兵得
到部署。辅助部队的规模也比之前有所缩
小，一个骑兵编队最多不超多 500 人，或许
是步兵编队的两倍。

无限制地授予帝国境内所有人以罗马
公民身份的做法，消除了人们参军服役的
主要动力。因此军团主要从帝国以外招募
兵员。这些"蛮族"士兵按照罗马方式进行
装备和训练，以致数年之后罗马军队便不
再拥有任何优势。训练标准和军事效率一
落千丈，罗马对于蛮族步兵的主要优势大
体上不复存在。

罗马帝国晚期的军队很适合在边境地
区遂行小规模作战行动，击退蛮族的袭扰，
但在应对主要威胁或进行恶战已经远不如
过去那么富有战斗力而能征善战。指挥控
制水平因为政治顾虑而陷入瘫痪，因为这
就要求强大的军队不被野心勃勃的人所控
制，不管他是多么精明能干。

公元 2 世纪的罗马军团战士
　　尽管背负着铠甲、武器、军粮、工具以及
营帐设备，军团士兵依然能够快速行军，到达
适合战斗或扎营的目的地。这不仅仅需要体
能，还需要纪律。在罗马帝国灭亡后，这种军
事素质也大致不复存在，直到近现代时期宣
告来临。

第五章

后罗马时代的武士

罗马帝国的北部边境地区是多种多样的"野蛮"民族的家园。其中一些民族，如高卢人和布立吞人，为罗马所征服，并在罗马帝国鼎盛时期或多或少地罗马化了。其他一些民族，如莱茵河以外的日耳曼部落，依旧保持独立，虽然他们与罗马的接触确实产生了一些文化上和军事上的影响。

匈奴人来到东欧后，迫使许多日耳曼部落西迁，从而导致了一个部落逼迫下一个部落离家迁徙的多米诺骨牌效应。这是摇摇欲坠的罗马边界坍塌的其中一个原因。民族大迁徙时期（公元300—700年）的大动荡不可避免地重塑了欧洲版图。

罗马重要人物的生平事迹会在死后得到纪念。这块公元260年的石棺雕刻描绘了罗马军队与东哥特人之间的作战。

185

一些部落进行了长途迁徙，从日耳曼尼亚迁至伊比利亚半岛，甚至又迁到北非。在民族大迁徙末期，许多近现代意义上的区域性人口已经立地生根，一些现代国家可以追根溯源到民族大迁徙末期而定居下来的部落民族。例如，意大利北部的伦巴第是以伦巴第人命名的，而伦巴第人原来属于日耳曼民族。

哥特人

哥特人是一个日耳曼部族，这个部族崛起后统治了许多其他部落并建立起一个强大的王国，但在公元 370 年被匈奴人推翻。这就迫使大量哥特人迁移至罗马帝国

境内，其他哥特人依旧留在祖辈的土地上，接受匈奴人的统治。

哥特人的其中一个主要群体即后来以西哥特人而著称的那一支，迁移到了巴尔干半岛地区的罗马领土上。罗马帝国允许他们在多瑙河两岸地区定居下来，作为回报，他们帮助帝国保卫边界并对付抵抗匈奴人。这项约定很快就成为一纸空文，西哥特人随即与罗马帝国发生战争。公元 378 年，西哥特人在阿德里安堡战役中打败罗马军队，与帝国达成和平协议，从而得以在罗马境内定居。这是一项令人难受的安排，不断受到摩擦和突出事件的折磨，15 年后，全面战争终于爆发。

在国王阿拉里克一世的带领下，西哥特人进军意大利，成功洗劫了罗马城。当时西罗马的首都在拉文纳，但无论如何这次事件带来了巨大的象征性影响。随后，西哥特人定居于高卢，这是其与罗马新条约中的一项规定。高卢的西哥特王国逐渐发展

哥特骑兵

哥特人和其他蛮族逐渐在战争中使用了马，然而只有最富有的人才能够买得起马骑上战场。蛮族骑兵只是简单地把徒步战斗搬到了马背上，两种战斗中使用的武器几乎完全一样。

这幅 19 世纪的绘画描述了在公元 552 年塔基纳战役中，东哥特国王托提拉战死的情景。此役，托提拉率领着一支斗志昂扬但却注定要失败的军队进攻了占据优势的拜占庭帝国军队。

关系坎坷多难，时而友好平静，时而剑拔弩张。西奥多克里本人被授予罗马职衔。作为一名帝国军官和本民族的国王，西奥多克里被派往为帝国收复意大利。公元 493 年，东哥特人占领了拉文纳，将其作为王国的首都，并最终统治了罗马帝国从前的腹地。在其鼎盛时期，东哥特王国囊括意大利、西西里岛和达尔马提亚。

作为一名东罗马帝国的军官，东哥特国王西奥多克里受到了后罗马时期意大利人民的认可，以至他们与新来的东哥特人相安无事地共同生活在一起。东哥特国王统治着两个民族，但各自遵循着他们自身的律法和习俗。然而，不久之后，拜占庭皇帝决定以合适的方式将意大利纳入帝国的轨道。

公元 540 年，东哥特首都拉文纳沦陷，后经过几次谈判，东哥特王国重新加入帝国。不到五年，东哥特掀起叛乱，再次与拜占庭开战。公元 552 年，东哥特国王托提拉在塔基纳战役中战败身死。拜占庭军队在战场部署上以日耳曼盟军的密集阵形作为中央阵线，以拜占庭正规部队作为两翼，两翼还部署了大量的弓箭兵。东哥特在兵力规模上处于劣势，因而对拜占庭战线中央发起骑兵冲锋。这次冲锋在拜占庭弓箭兵的射杀下被打得七零八落，之后拜占庭逐渐取得上风。东哥特军队坚持战斗到夜晚，但最终还是败退。

成为欧洲的一支主要力量。除了高卢领土外，西哥特人还控制了伊比利亚半岛，迫使汪达尔人继续向北非迁移。然而，公元 6 世纪初期，随着法兰克王国的权势成为该地区的主要力量，西哥特王国开始走向衰落。西哥特人仍控制着伊比利亚半岛，但他们开始遭受北非摩尔人的不断侵袭。随着伊比利亚半岛的逐渐沦陷，一些西哥特人迁进法兰克王国境内，其他人则沦为新的穆斯林统治者的臣仆。

哥特人的另一个主要群体被称为东哥特人，他们留在故土，接受匈奴人的统治。最终，在匈奴人的一代伟大领袖阿提拉死后，东哥特人打败了阿提拉的继承人埃拉克率领的一支匈奴军队，建立了自身的独立国家。随后，东哥特人向西迁入巴尔干半岛，开始与东罗马帝国发生联系。当时有一个习俗，东哥特人上层家庭的孩子要作为人质在君士坦丁堡抚养长大和接受教育。西奥多克里就是这样的一名孩子，他后来成为了东哥特民族最伟大的领袖。

西奥多克里和东哥特人与帝国之间的

高卢武士（公元前 50 年）

典型的蛮族武士配有剑和刺枪等轻武器，并依靠木盾牌以及也许还有头盔来护身。小型盾牌对付手持武器乃是绰绰有余，但在箭矢面前却起不到多大的防身作用。

塔基纳战役后，东哥特人进行了相对不大的抵抗，最终归于失败。在反叛失败后，东哥特人放弃了意大利，在今天的奥地利扎下根来。东哥特人悄无声息地退出了历史的舞台。

蛮族步兵战争

大多数的部落战士都是志愿兵或处在非常宽松的管束之下，如果一场战争拖得太久或离家太远，他们可能会离开部队。维持一支军队的存在既需要富有魅力的领袖，又要有看得见的胜利，从而才能激发战士继续战斗而不是逃离部队。在任何情况下，都必须让士兵回到他们自己的农田或工场，以避免经济灾难。

即便缺乏这些因素，蛮族军队罕有在组织水平上足以拥有大规模的后勤系统从而能够妥善供应一支大军的情况。因此，虽然能够集中大量战士而打上一场会战，但他们为了吃饱肚子又不得不很快离队四散。

最常见的情况是，蛮族战争在本质上往往是规模相当有限的战争，而且以小股部队之间的袭扰和冲突为主。这些冲突血腥残暴，但很少会引起当地权势结构的长期变化。大规模的袭扰，尤其是针对拥有大量劫掠物资的文明地区的袭扰，往往更难以组织，但又可以产生丰厚的回报。袭扰不只是为了获得战利品，城市还受到诱导，以纳贡去换取免受袭扰之苦。因此，那些好战的部落就得以大张旗鼓地从事所谓的"保护"勾当。

大规模的变化往往经由长期的袭扰和冲突所造就，而不只是单单一场大会战。这正是罗马帝国走向衰亡的其中一个原因，即帝国边界上的部落逐渐蚕食日薄西山的帝国力量，直至冲破设防的边界。

民族大迁徙也同样经由长期因素而非任意一场会战所造成的。一个民族整体迁徙的重大事件，需要一个思想认识上的前提，即在当前地区上扎下根来最终会导致征服或灭族，也许并不会发生一次性灭顶之灾，而只会是在不断袭扰中一步步地增加损失，以致愈益相信，最终的失败只是一个时间问题。

野蛮人的作战是高度个性化的。他们或加入一个非正式的战斗群体，听命于一位有蛊惑力的或高尚的领袖，或以同乡战士为伍共同作战。大多数情况下，他们不会劳心费力地去建立一支武器配备整齐划一的部队，相反，他们会根据社会分层界限组建部队，而各支部队的战士则就使用他们所拥有的任何武器上阵杀敌。

然而，大多数蛮族战士的武器装备都差不多一样，战场上的武器标配只是一把不太长的长矛。但配备长矛的部队会在必要的时候组成一个基本的但具有高效防御能力的阵形。战士们将其盾牌互相搭在一起而成为一个紧密相连的整体，因此组成一面保护自己的防御壁墙。同时，他们把长矛枪伸出盾墙去刺杀敌人。虽然盾墙并不能成为一个活动的阵形，但在防御上确实能起到很好的防护作用。在发起进攻时战士们可以稍稍松开队形，一边向前推进，一边用长矛去刺杀躲在盾牌后面的敌人。盾牌不仅仅是防御工具，还可以用来推压敌人，使敌人站立不稳从而成为长矛刺杀的目标。

日耳曼士兵所持的短矛在近战中能够有效地刺杀敌人，但许多士兵却宁可用手持武器去杀敌。短剑和手斧相对来说不需要多大的空间即能展开行动，但典型的日耳曼长剑却很长，而且往往是用于砍杀而非刺杀。这就需要士兵周围得留有一定的活动空间，以便近战开始之后战士们能够保持一种宽松的阵形。

在战术上，蛮族军队不能够达到高度精致复杂的水平。侧翼进攻、伏击以及相应的计谋是可能的，但是一旦交战开始，作战往往就会变成一支小规模队伍只顾拼命向前冲杀，直至交战的其中一方败退为止。

这幅 7 世纪的法兰克墓葬浮雕表明，墓葬主人拥有很高的地位，因为他有一把长剑。社会地位较低的人是配备不起长剑的。

这种不讲计谋和技巧的作战，其缺陷在一定程度上因以下两个因素而得到弥补：一是英勇无畏的领袖所激发的残暴凶猛和高昂士气，二是与盟友和邻邦共同作战的习惯做法。战士们明白，他们在前线战场上的表现都会成为家乡的街谈巷议，因

此他们宁愿冒着死亡或身残的危险去战斗，从而保证哪怕在战争结束很久之后，他们自己也会在同乡当中扬眉吐气地做人。

阿德里安堡战役（公元 378 年）

由于匈奴人的入侵，哥特部落的人民被迫背井离乡。但他们在罗马帝国境内迁徙游动时遭到罗马军队的攻击。公元 376 年，罗马帝国在马西亚那堡失败而归。公元 377 年，双方又在柳树林镇（Ad Salices）打了一场不分胜负的遭遇战。

哥特人在这几次战役之后拥有了大量的军事装备，因此罗马帝国将其视为巨大威胁。东罗马帝国皇帝瓦伦斯率领一支 15000 人的大军在阿德里安堡附近迎战哥特人。

在瓦伦斯大军抵达时，哥特人只有大约 10000 名战士可用来上阵鏖战。由于物资和家眷的拖累，哥特人进行了一种防御性部署，他们将马车围成一圈，组成了一个堡垒，再由一些步兵在圈外守卫。其余士兵则在附近的山冈上结阵待战。

战役开始之时，在场的哥特骑兵人马不多，然而，当开战的消息四处传开后，附近寻找粮草的大约 1 万骑兵迅速撤回助攻。罗马军队对此毫不知情，他们在中央布置了双列重步兵，两翼布置了骑兵，一些散兵部署在阵前以掩护主攻部队。

罗马人停下会战脚步，两军谈判。但就在这个停歇空档，罗马右翼骑兵向前推进

日耳曼部落酋长

虽然被贴着"蛮族"的标签，但日耳曼部落却能够制造装饰华丽的服装和高质量的武器。这位日耳曼酋长就拥有这两样象征其地位的物品。

而发起进攻。这个行动的发生,可能要归咎于罗马军队的纪律涣散,右翼骑兵部队是由老兵和低素质分队混编而成的。不管具体原因如何,这次进攻打击了哥特人的侧翼,但被轻而易举地击退。

这就酿成大规模交战,罗马人期望通过正面步兵进攻的传统方式打败敌军。罗马左翼骑兵发动攻势,而且起先进展顺利,虽然他们所处的部署阵地并不利于发起进攻。哥特步兵被退回到马车堡垒,但他们奋力守住马车防御圈,直到救兵前来支援。

哥特骑兵迅速回援,猛攻罗马左翼并将其逐出战场。哥特步兵大受鼓舞,开始向前进击,将罗马人推回。在步兵大战正酣之际,哥特骑兵砸向侧翼,击溃了多支人马。至此,尚未参战的预备队一哄而散。

瓦伦斯只得指挥剩下的两个作战经验丰富的军团继续作战。这两个军团当时各自只有1000人左右,因而只能坚持一段时间。虽然许多罗马部队在逃散时被哥特骑兵杀得落花流水,但这两个军团吸引了哥特人的注意力,因而在一定程度上挽救了一些战友的性命。瓦伦斯的这两个军团几乎被杀得片甲不留,而皇帝本人也身死疆场。次日,哥特军队试图猛攻阿德里安堡,但被击退,损失惨重。在经过一段时间不分胜负的作战之后,双方签订了一项新的和平条约,哥特人据此获得了一片土地,但以守卫罗马边界作为回报。

法兰克人

公元230年前后,一个日耳曼部落联盟开始出现,最终演变成法兰克民族。随着罗马帝国土崩瓦解及其边界的防御松懈空

阿德里安堡(公元378年)

糟糕的战场侦察导致罗马人错误地认为,他们只面对着1万哥特人和少量骑兵。罗马军队的进攻颇为顺利,但另外1万哥特骑兵出乎意料地袭击了罗马侧翼。大部分罗马军队被击溃了,皇帝瓦伦斯殒命疆场。

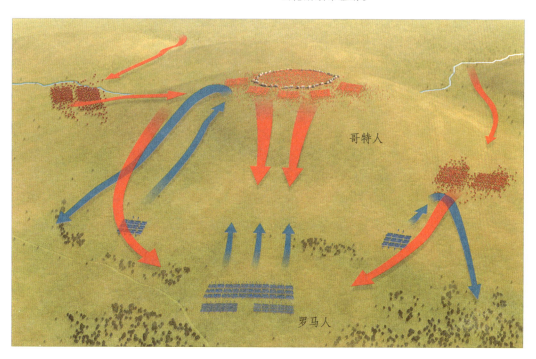

虚,法兰克人不断向西进入高卢,并逐渐占领其中的大部分领土。虽然很多法兰克人不断袭扰日薄西山的罗马帝国,但其他民族依旧坚守着帝国。最终,在公元260年前后,罗马政府在高卢倒台,法兰克军队和贵族乘机将这个行省纳入统治之下,法克兰军队继续支配着该行省名义上的罗马驻军。

当时,法兰克军队按照罗马军队的方式进行训练和装备。但是他们通常用掷斧取代罗马标枪,法兰克军队还青睐一种被称为"日尔曼枪"的短矛,这种枪既可用于投掷,也可用于刺杀。

法兰克民族曾经短暂地统一于克洛维斯一世的统治之下,正是这位国王把西哥特人逐出了高卢。公元751年,法兰克成为加洛林王朝统治之下的一支主要力量。加洛林王朝逐渐崛起,统治了大部分西欧地区。

斗转星移,法兰克军队从一支后罗马的步兵部队变成一支以骑兵为主的军队,由贵族为士兵提供锁子甲、长矛和战马。法兰克人还十分重视堡垒攻防能力,运用攻城技巧和投射机械,而所有这些,他们均借鉴于罗马军队。

汪达尔人

汪达尔人很可能起源于斯堪的纳维亚地区,在公元前200—前100年开始向南迁移,跨越波罗的海而进入日耳曼地区。汪达尔人不断袭扰多瑙河地区的罗马领土,历经斗争才与罗马帝国达成条约协议。汪达尔人得允定居于罗马边境地区,而罗马指望由此为帝国构成一个缓冲地带。

自公元400年起,由于匈奴人的侵略,

法兰克武士

法兰克步兵的装备,一如同时期的"蛮族化"的罗马军团。他们更青睐掷斧或短枪,而不是罗马标枪,这种掷斧或短枪既可以投掷,也可以手持作战。

汪达尔人被迫向西迁移,奋力穿过高卢在伊比利亚半岛定居下来。站稳脚跟后,汪达尔人开始征服北非。以此为基地,他们的战舰袭扰了地中海的各个角落。他们的主要定居点分布在今天的突尼斯和阿尔及利亚沿岸。

这幅 17 世纪的绘画展示了罗马与蛮族军队之间的战役。栩栩如生地重现了战场的混乱场景。

公元 493 年，汪达尔人征服了迦太基，并将其作为都城。汪达尔王国在力量鼎盛时期统治着整个西地中海，并辖有巴利阿里群岛、科西嘉岛、撒丁岛和西西里岛。由于罗马帝国不同派别的援助请求，他们还卷入了帝国政治的纷争之中。结果，汪达尔军队在意大利如入无人之境，并将罗马城洗劫一空。

后来，汪达尔人的权势走向衰落，这就使他们成为东罗马皇帝查士丁尼一世的目标——查士丁尼雄心勃勃地想要重新统一罗马帝国的西部领土。公元 533 年，拜占庭军队登陆北非，直逼迦太基。

汪达尔军队在迦太基城外 16 公里处截住拜占庭远征军。他们计划挡住拜占庭的进军步伐，并且从侧翼发动进攻。然而，拜占庭军队击退了侧翼进攻，并最终占领

了敌军封锁阵地。迦太基沦陷，汪达尔人也在次年的提卡梅伦战役中全面崩溃。

后来，拜占庭军队在意大利发动战争，一度将意大利交还罗马帝国统治，当时，帝国都城远在君士坦丁堡。这场战役的主帅贝利萨留得到了凯旋游行的奖赏，而他是最后一个享有此项殊荣的将领。换言之，

十里哨会战（公元 533 年）

汪达尔人在十里哨（此战由此得名）截住拜占庭军队，挡住他们的前进道路并全部压向其侧翼。纪律严明的拜占庭军队重新集结起来，发动反攻，将一场濒临失败的会战扭转为一场大捷。

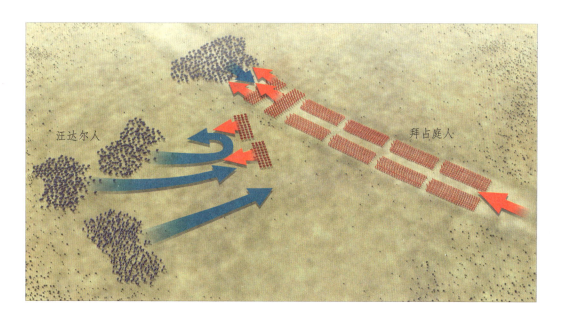

汪达尔人　　　　　　　　　　　　　　拜占庭人

贝利萨留打败汪达尔人的战役标志着一个时代的结束。此次大捷的主要队伍并不是步兵，而是重装骑兵，而这样的军队将成为此后几个世纪的榜样。

装备与组织

早期的哥特人、法兰克人和汪达尔人都是定居的农民，其平民百姓并没有骑马的传统。因此，组建骑兵对于他们而言绝非易事，即使这样做似乎是十分迫切的。

军事组织是这些部落民族的典型生活形态。这些职业战士是上层贵族或充当贵族的地位象征，或成为实现贵族政治意愿

的政治工具，甚或作为贵族的近身卫队。当然，在战争时期，他们也会成为军队的核心力量，还通过袭扰手段增加收入。但是所有部落民族的军队主力都由非正规人员组成，他们要么是为了履行社会契约而为其领土服役，要么是为了战利品和社会承认而上阵打仗。

这种性质的蛮族军队往往由一群激情澎湃而又骁勇善战的士兵组成，特别是如果他们在之前的袭扰或战争中积累了作战经验，但他们又几乎毫无大规模的凝聚力。其标准战术是死缠烂打，直至敌人逃散或投降。

蛮族战士的装备往往是非常简单的。许多人根本就没有铠甲，另外一些人也许只有一顶皮头盔或金属头盔。贵族和一些职业战士能够置办得起金属盔甲，但普通士兵只能依靠盾牌以及诸如此类的武器来发起猛攻来迫使敌人转入防御。手斧和长刀是常见的随身武器，长剑则是昂贵的武器，既是有用的战场武器也是身份的象征。大多数蛮族士兵都以长矛作为主要的作战武器，但在长矛丢失或近身作战的情况下，他们就得使用随身武器。一些士兵会配合弓箭，但是向敌人投掷长矛、手斧却更为普遍。据说法兰克人的掷斧能够将敌军盾牌劈成两半，敌军士兵经此一击即使保住了性命，却失去了防身盾牌。在罗马帝国服役

古代不列颠人

古代不列颠人以典型的"蛮族"方式进行作战，使用劈砍的长剑，因而不适合组成紧密队形。个人技巧与进攻精神能够在对付其他不列颠人之时获取胜利，但是纪律严明的罗马军队却擅长于打败混乱无序的蛮族攻杀。

的蛮族，其配备的武器一如当时的罗马军队（或大多数情况下是完全相同的）。但此时，传统的军团已消失许久，许多罗马士兵使用长枪、盾牌和长剑作战。因此，许多罗马化的蛮族士兵使用的罗马武器装备，跟他们本族的武器装备相差无几。

随着时间的推移，骑兵对于蛮族军队愈益重要。但是，日耳曼骑兵并没有采用草原民族马上弓箭的作战方式，他们只是把自己那种近身白刃战搬到了马背上。因此，日耳曼骑兵通常配备一把砍剑，其长度足以让他攻杀敌人，或一把短枪，在徒步作战时使用。他们可以有铠甲，也可能没有，但头盔和盾牌却很普遍。富人们尽其所能地置办防身装备。

虽然作战模式不断变化，但蛮族军队

的封建性质大体未变。军队由低等级贵族组建和指挥，而低等级的贵族又依次效忠于更高一级的贵族，从而形成了建立在贵族等级而非军事经验和训练基础上的结构。结果，指挥与控制逐渐松弛，后勤根本就不存在。因此，在战场上长期维持一支蛮族军队是一个大问题。部族在迁徙过程中，往往能够派遣最大规模的部队上阵打仗，此时，家庭和物资都离前方部队不远。用于运输行李物资的马车，既可以在必要时刻组成一处有效的移动堡垒，又能够充当后勤供应基地。蛮族军队在大多数情况下都是通过就地取粮而维持生存，因此往往在经过一个地区时大肆劫掠。相较于罗马军队纪律严明、供给有序的行军，蛮族军队的机动速度颇为缓慢。 由此，敌军可以通过袭击粮草部队而逐个击败其军队的各支部队。

然而，若不改变部落社会的结构，便断无可能改变其军事组织。依照罗马模式那样组织有序而纪律严明的职业军在作战中往往更富有战斗力，但在那些造就了民族大迁移时期的大规模蛮族军队的社会中，这样的目标是不可获求的。

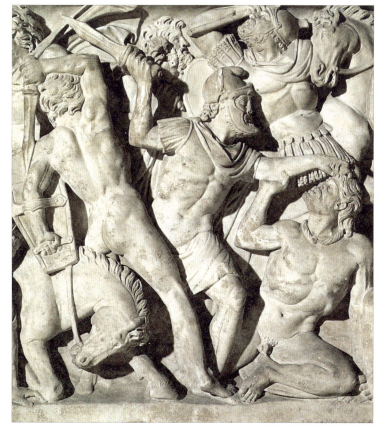

这块罗马石棺浮雕刻绘了罗马与裸体的加拉提亚蛮族之间的作战。这种雕刻是一种宣传，旨在表明罗马的敌人都是需要加以文明改造的野人。

匈奴人

匈奴人的起源至今根本无从知晓，但人们广泛认为，匈奴人从中国以北的广大区域不断向西迁移，或许是迫于蒙古人先辈的压力而离乡出走。匈奴人是一个游牧民族，他们的骑术是日常生活不可或缺的组成部分。他们的军队无论在战术还是战略上都是迅速机动的，他们尤其精于马背上的射箭术。

如同其他游牧民族那样，匈奴人在经久的历史记录当中并未留下浓墨重彩，因此关于这一民族的大部分信息是经由间接材料累积或推断而来的。据记载，在公元 370 年前后，来自东方的骑马民族抵达欧洲边缘地区，其所到之处将各个部落一一逐离。公元 395 年，匈奴人出现在罗马帝国边界上。他们的马上射箭术很难对付，只得任由他们对几个东部行省烧杀抢掠。但是，那时的匈奴民族缺乏一个核心领袖，所以可用通过贿赂诱惑而让他们离境，甚至让他们为罗马利益而服务。

匈奴弓骑兵

匈奴人是极为娴熟的弓骑兵，他们甚至学会了在全速奔跑的战马上准确射中目标的技能。这绝对是骑马民族的一大骄人能力。在没有马镫的情况下，许多骑手甚至连稳稳地坐在马背上都十分费力。掌握这种水平的技巧需要经常不断的训练，而许多定居民族绝不能达到这个目标。

公元 434 年,历史上最伟大的匈奴领袖阿提拉(公元 406—453 年)与兄长布莱达共同继承了统领大权。这一时期的匈奴比以前更团结、更强大,所以有能力向罗马各城索要朝贡,并踩踏那些拒绝进供的城市。公元 439 年,匈奴与东罗马帝国的合约成为一纸空文,因为拜占庭决意不再支付匈奴索要的巨额贡金。

匈奴人对罗马帝国采取蓄意而为的野蛮战略,因为恐吓是他们一大主要武器。匈奴进抵多瑙河之时,摧毁了好几座城镇,把那里的居民卖为奴隶,或杀戮殆尽。最终,他们在阿卡迪奥波利斯遭遇上一支罗马大军,这并非一场大决战,匈奴人利用其灵活机动实施了一系列小规模行动,导致罗马军队龟缩到切隆苏斯峡谷而无路可退。切隆苏斯峡谷之败迫使罗马皇帝屈膝求和,允诺支付更多的贡金。公元 443 年,双方达成条约,暂时确保了东罗马帝国的生存,但在帝国停止支付贡金后,战火再次点燃。

公元 446 年,阿提拉下令谋杀了他的兄长布莱达之后,成为匈奴人的唯一领袖。阿提拉挥师进军君士坦丁堡,打败了罗马帝国两支数量庞大但训练不佳的军队。由于未能掌握进入君士坦丁堡的通道,阿提拉接受了一项罗马人提出的新条约,包括更加丰厚的贡金。之后,匈奴继续向西进军。公元 451 年,匈奴发起了对西罗马帝国的战争。关于这场战争的具体细节我们无

这个铜盘将阿提拉描绘成"上帝之鞭"。许多人认为上天派他来惩罚人类的罪过。

从得知,但有一些资料显示,匈奴实施了此前战争中的那种劫掠和杀戮。

阿提拉的军队包围了设防城市奥尔良,后者进行了长期抵抗直到救援部队前来相救。匈奴军队开始撤退,但被追上。匈奴人的大部分军队由行进缓慢的步兵而非传统上灵活机动的弓骑兵所组成。而救援部队则是由罗马士兵所构成,其中包括帝国以外的大量日耳曼蛮族战士,另外还有一支西哥特国王派来的部队。这次交战血

流成河，双方厮杀了几乎一整天。夜幕降临时，匈奴人被逐回营地，但并未战败。

之后，匈奴人在大营里等待了数日，也许期望敌军先发动进攻。西哥特军队想要发动进攻，但罗马统帅却顾虑西哥特人打败匈奴人的政治后果。随后，西哥特军队离开战场，有些史料声称罗马人让西哥特军队打道回府，匈奴人由此抽身撤退。

阿提拉向东撤退到今天的匈牙利，在此恢复元气，随后又在公元452年起进入意大利并挑起战争。然而，罗马军队避免了失败，而匈奴军队因疾病流行而损兵折将，所以，阿提拉接受了罗马教皇居中调停提出的条件。罗马答应支付的贡金相对较少，但足以让匈奴人不失颜面地撤军离开。

公元453年，阿提拉死去。他的儿子们勉强维持住统治地位，但他们缺乏阿提拉

匈奴人进攻东罗马帝国的战役（公元443年）

匈奴人在东罗马帝国境内一路烧杀抢掠，没有几座城市能够安然无恙。阿德里安堡、君士坦丁堡和赫拉克利亚的城防殊为坚固而没有沦陷，但附近的城镇无一幸免于洗劫。东罗马帝国的一支主力部队在切隆苏斯峡谷战败之后，不得不请求议和。

的统治手腕和领导魅力。所以，匈奴人不再是一支团结一致的力量，因而也不再对欧洲事态施加强大的影响。

装备和组织

骑马是匈奴人的一种生活方式，他们甚至在马背上商讨大事。他们的马匹则是那种体型矮小但强壮有力的草原矮种马，这种个头的马跑得快，而长途奔跑后又不会过度疲劳。每个战士都有好几匹坐骑，轮换骑用，进一步缓解疲劳。战士的坐骑几乎是清一色的母马，这样可以为骑士提供马奶而保证弥足珍贵的营养。

匈奴首先是弓骑兵，他们使用一种强大的反曲弓。虽然马镫尚未问世，但匈奴骑手的马术非常娴熟，以至能够在战马疾速奔驰时准确无误地射中目标。他们的反曲弓对于铠甲来说并没有多大的杀伤力，但倒刺箭矢对于任何一个无盔甲的敌人而言都是致命的。万箭齐射一定能够让那些身穿铠甲的敌人迟早中箭受伤。

弓和其他手持武器一起在近战中配合使用。手持武器往往包括长矛，更常见的是长剑。然而，匈奴人的战术是典型的弓骑兵作战模式，尽可能避免近身作战。战士以个体和小队的方式蜂拥至敌人四周，射击敌人的阵形，然后撤退以免遭报复。匈奴的战争模式跟希腊方阵或罗马军团的作战方式截然相

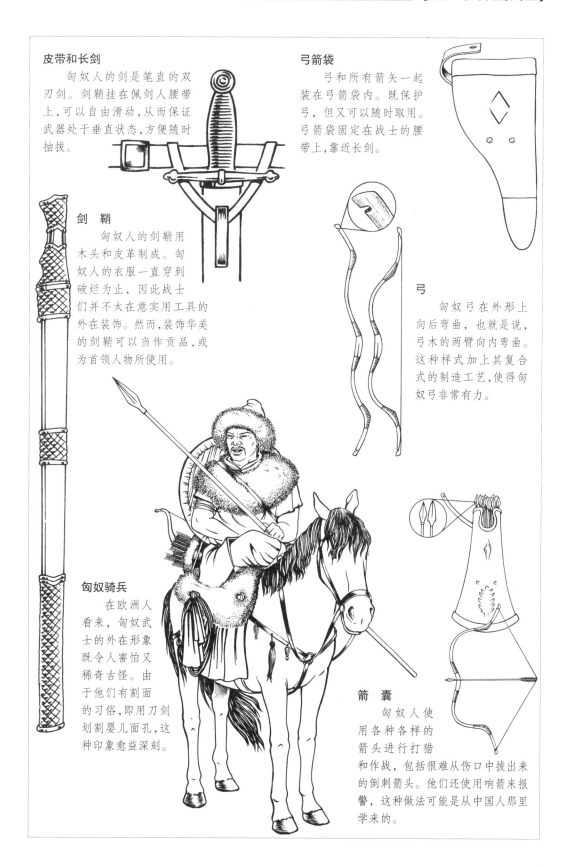

皮带和长剑

匈奴人的剑是笔直的双刃剑。剑鞘挂在佩剑人腰带上，可以自由滑动，从而保证武器处于垂直状态，方便随时抽拔。

弓箭袋

弓和所有箭矢一起装在弓箭袋内。既保护弓，但又可以随时取用。弓箭袋固定在战士的腰带上，靠近长剑。

剑鞘

匈奴人的剑鞘用木头和皮革制成。匈奴人的衣服一直穿到破烂为止，因此战士们并不太在意实用工具的外在装饰。然而，装饰华美的剑鞘可以当作贡品，或为首领人物所使用。

弓

匈奴弓在外形上向后弯曲，也就是说，弓木的两臂向内弯曲。这种样式加上其复合式的制造工艺，使得匈奴弓非常有力。

匈奴骑兵

在欧洲人看来，匈奴武士的外在形象既令人害怕又稀奇古怪。由于他们有割面的习俗，即用刀剑划割婴儿面孔，这种印象愈益深刻。

箭囊

匈奴人使用各种各样的箭头进行打猎和作战，包括很难从伤口中拔出来的倒刺箭头。他们还使用响箭来报警，这种做法可能是从中国人那里学来的。

反。匈奴人不会去寻求决定性会战，他们只是不停地消耗对手，直到敌人无力还手。一群群在马背上身轻如燕飞奔而来、瞬间射击又绝尘而去的匈奴士兵不断出现，身在战场内外，这本身就是一种心理战武器。如果敌人没有因为恐惧而自乱阵脚，也会被匈奴人的箭矢逐渐消耗到阵形土崩瓦解。

良好的机动灵活性也使匈奴人不断骚扰敌军，或通过迅速的奇袭夺占其兵力薄弱的地区。他们能够迅速撤退以避免失败，然后在形势比较有利时重整旗鼓恢复

战斗。

帕提亚人和萨珊王朝

历史上第一次提及帕提亚时，它是波斯帝国的组成部分。帕提亚一直是波斯帝国行省，直到塞琉古波斯的一次惨败，造就了反叛的大好机会。公元前247年，帕提亚获得独立，但不久之后，帕提亚又被发源于里海西南部的帕尼人所征服。

从公元前 209 年起，帕提亚重新并入塞琉古波斯，但在安息王朝统治时又再次独立，而安息人是帕尼征服者之首领的后裔。安息王朝实行封建制度，在此制度下，帕提亚贵族在被征服地区获得了一些封地，而他们以支持安息王朝作为回报。然而，帕提亚贵族对安息王朝的支持并非全心全意。政治内讧、反叛和边界地区部落民族的袭扰，逐渐耗尽了帕提亚帝国的力量，而与罗马的战事又使其面临着彻底覆灭的威胁。

帕提亚在内部压力之下逐渐土崩瓦解，被效忠于阿尔达希尔一世的军队所征服。阿尔达希尔一世曾是帕提亚帝国的藩属，在帕提亚内忧外患之际借机发动叛乱，逐步夺取了帕提亚的领

帕提亚浮雕上处在作战行动中的弓骑兵。与匈奴人不同的是，帕提亚人用重装骑兵去支援弓骑兵。

土。公元 224 年阿尔达希尔取得大捷，标志着安息王朝的寿终正寝。

阿尔达希尔成功地缔造了一个新的波斯帝国，建立起自己的王朝，后来被称为萨珊王朝。萨珊王朝是前伊斯兰波斯的最后一个王朝统治者。在鼎盛时期，这个王朝强大之极。在所有相邻帝国和国家中，萨珊被公认为与罗马帝国并驾齐驱。公元 230 年，萨珊军队袭扰罗马领土，对后者发动了一场惩罚性战争，但未见胜负。萨珊又对罗马统治下的美索不达米亚发动征服战争，导致该地区的统治权几经易手。这种争夺态势持续了多年。

> 没有军队就没有实力，没有财富就没有军队，没有农业就没有财富，没有公正就没有农业。
>
> ——波斯萨珊王朝缔造者阿尔达希尔一世

虽然边境不断受到阿拉伯部落和其他敌人的侵扰，但萨珊军队却能够在罗马东部边境展开战争，尽管并非无往不胜。公元 259 年，萨珊军队在埃德萨大败罗马军队。但是，野战的胜利经常被夺取设防城池的失败所取代，因而波斯发动的战争并不能取得真正而持久的胜利。

公元 380—500 年，萨珊王朝与罗马帝国处于和平的相对时期。双方发生了两场小规模战事（公元 421—422 年和公元 440 年），但罗马内部麻烦不断，而萨珊并不想采取行动去挑衅这个日渐衰落但依然强大的邻居。

除其他麻烦外，从公元 483 年起，波斯不断遭受来自匈奴人的攻击，因而被迫支付巨额贡金，直到霍斯鲁一世（公元 530—599 年）统治之时打退了匈奴人，开始重振波斯国运。然而，自公元 502 年起，波斯再次与罗马发生冲突。此后一个世纪，罗马与波斯之间战争不断，叛乱和内讧又如影随

形，削弱了波斯帝国的实力。

公元 7 世纪初期，波斯帝国遭到了来自阿拉伯部落和东罗马帝国的双重攻袭。公元 626 年，霍斯鲁二世成功地围住了君士坦丁堡，但遭到侧翼攻击，继而，公元 627 年，又在尼尼微大败。这次战役标志着萨珊波斯帝国开始走向覆灭。公元 628—632 年，一系列政变导致了波斯十年的内部安宁，但波斯军队却日益无力应付阿拉伯部落的侵袭。公元 636 年，阿拉伯军队在卡迪西亚打败波斯军队，公元 642 年，又在尼哈万德打垮波斯。公元 651 年，萨珊波斯的最后一位统治者被杀，伊斯兰完成了对这一地区的征服。

装备与组织

帕提亚军队由封建侍从和雇佣兵组成。每个大贵族都有一支军队，而每逢战争爆发则另外组建军队。这种制度有着封建军队的普遍缺陷，即军队的组建在很大程度上取决于交战双方的身份和时间。帕提亚所面临的军事问题相当严重。除了四处驻军以保护贸易和维持内部稳定的日常之需外，帕提亚还经常性地面临西部（罗马和波斯）的有组织侵略和来自东部的部落民族袭扰的威胁。

这就需要很大的战略机动性，以便部队在必要时可从一个地区调往另一个地区。因此自然而然地，帕提亚军队的主力是骑兵，步兵则用作卫戍部队。如果附近有适合的步兵可能会把这支部队纳入野战军，但不会把他们作为主力部队看待。

帕提亚的骑兵分为两种，一种是轻骑

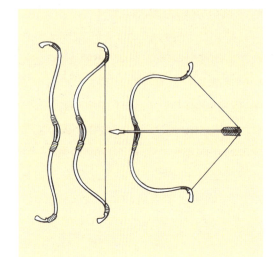

兵，没有盔甲，配备一把短小但威力强大的反曲弓，外加一柄供近身作战用的剑，如果近战不可避免的话。轻骑兵以典型的骑射模式参加作战，并且因为其骑射技艺而美名远扬。"帕提亚之箭"（回马箭）这个术语如今已不经常使用，意为临走时所说的或明确或含蓄的刻薄话。这个术语来源于帕提亚骑兵战术，即他们在策马飞离追兵之时返身对敌人射出一箭。

轻骑兵骚扰和麻痹敌人，重装盔甲骑兵则给予敌人以致命打击。骑士和战马都穿戴鱼鳞甲，这种铠甲由小金属片制成。盔甲骑兵的武器包括弓、重标枪或重矛以及剑或匕首之类的贴身武器。重骑兵的弓箭武器用于削弱敌人或消耗敌军步兵力量，致使敌人阵脚混乱，进攻无序，而盔甲骑兵能轻易地将其冲垮。

帕提亚弓骑兵

帕提亚弓骑兵使用匈奴人那样的反曲弓。他左手拿着准备使用的箭矢，因为这样做比从箭囊取箭更快。射手能够在战马奔跑的任何一个点上射击，但在战马慢跑的最高点，也就是四蹄腾空之时，是射击精准度的最佳时刻。

依照现代的标准来看，帕提亚骑枪又长又重。尽管没有马镫，但帕提亚的盔甲骑兵有着一枪刺杀两个敌人的本领。但是，更可取的战术却是使用弓箭削弱敌人实力，以避免近战的不可避免的损失。只有在需要肃清战败之敌时，他们才会持枪上阵刺杀。

有时候也使用骆驼作为射击平台。骆驼的高大远视和持久耐力是优势，而马匹在这方面不敌骆驼。骆驼的古怪声音和难闻气味能够吓住战马，其实人类也会害怕，如果他们从未见过奇形怪状的动物的话。骆驼还常常用于后勤运输，为战士运送食物、饮水和备用箭矢。

帕提亚军队不擅长打长期战争，也不大会打围攻战，但他们能够有效地将部队从一个地区调往另一个地区，从而应付多种威胁。

可想而知，萨珊波斯的军队也非常相似。在萨珊王朝初年，盔甲骑兵得到广泛运用，在与匈奴人交手后才知道，弓骑兵的密集行动更有杀伤力，而重装骑兵并不那么举足轻重。

萨珊波斯广泛运用弓骑兵，其轻骑兵装备了标枪和盾牌，这些战士往往从阿拉伯盟友或匈奴人那里招募而来。散兵战术和轻骑兵部队所用的战术大致相同。萨珊

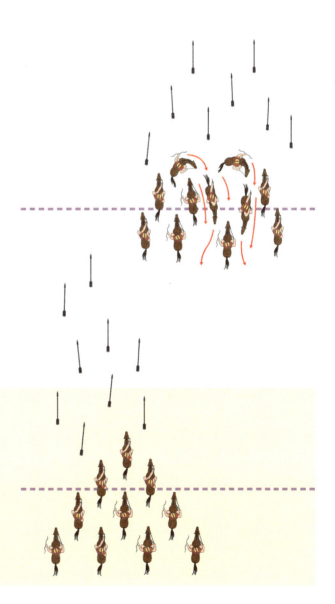

弓骑兵战术

在对付敌人步兵的时候，由于步兵无法迅速靠近，弓骑兵会在靠近敌人时向敌军万箭齐发，然后向右转身，持弓对着敌人。最准确的射击显然是在最靠近的那一刻。但在对付敌人骑兵时却不能靠得太近，以防他们突然发起冲锋而让弓骑兵措手不及。

军队比帕提亚军队更多地运用步兵，尽管步兵不受重视。枪兵不穿盔甲，但有一块编织物轻盾防身，他们与不穿盔甲的弓箭兵和投石兵并肩作战。步兵主要在围攻战中发挥作用，被当作可以牺牲的炮灰。波斯军队还在战场上使用从印度获得的大象，这种令人害怕但靠不住的动物，在作战中的价值根本无法预测。如果一切顺利，它们可能会冲垮敌军阵线，但在对付一个擅长破坏大象战术的敌人时，它们又可能成为累赘。

骑兵战争

骑兵部队大体上分为两种。一种可称为"匈奴式"的骑兵，整个部队几乎由清一色的弓骑兵组成。正如其他各章所记，弓骑兵部队主要依靠投射火力去削弱敌人，直至其阵形大乱，然后迅速撤退至安全地带以免遭报复。

马上骑射术是一门很难掌握的技艺，需要经年累月的练习才能学成。对于定居民族而言，组建一支弓骑兵部队不具备现实可能性。所以，大多数定居民族组建了另一种类型的骑兵，这种骑兵部队是基于手持武器而非弓箭。

在民族大迁移开始之时，大多数地方的军队都是以步兵为主，骑兵被用作侦察兵和支援部队。然而随着时间的推移，骑兵的作用越来越重要，并最终发展成为几乎所有国家军队的主力部队。

从步兵到骑兵的逐渐转变有以下几个原因：除了拥有战马的赫赫声望以外，在马背上作战确实有不少巨大优势。一名骑兵可以穿戴更多的盔甲而不会感到疲劳，同时敌人也更难接近

西哥特重骑兵

西方的蛮族部落逐渐学会了用铠甲来保护战马的做法，这与东方的盔甲骑兵一度所采用的方式大致相同。这个进步逐渐催生了中世纪的铠甲骑士。

并攻击他。此外，战马具有灵活机动性，这一点至关重要，因为一方面，在民族大迁徙开始之际，人们要与那些入侵欧洲的高度机动的敌人作战，如"马背上的蛮族"；另一方面，还要对付那些采用了骑兵作战方式的相邻部落。

这幅 19 世纪的绘画展现了匈奴人迁入欧洲的场景。他们的抵达是欧洲历史上最为重大的事件之一。

在某种程度上，骑兵的问世，是那个时代如火如荼的军备竞赛的结果。如果一个相邻部落有了骑兵，那么另一个部落就需要拥有同样的优势，要么就承担失败的风险。

重骑兵之所以成为可能并不是因为马镫的问世。在马镫出现以前的几个世纪里，重骑兵已经在使用骑枪冲杀敌人。马镫问世以前的枪骑兵和弓骑兵所用的技能现已失传，但众所周知的是，没有马镫，也能够发起骑枪冲锋。平握骑枪，即将枪紧紧夹在胳膊下的做法主要盛行于中世纪。早期的枪骑兵使用武器的方式完全不同，使用相对较轻的矛，以便无论如何要穿透铠甲而刺中敌人。骑兵要么上手使用武器刺杀敌人，要么将武器夹在胳膊下。一名技艺娴熟的枪骑兵不仅能够刺杀迎面之敌，还能够刺杀身边四周的目标，因而足以对付敌军的骑兵冲撞行动。因此，使用骑枪可能会达到相当精妙的水平，虽然骑在奔跑不定的马背上枪柄随马步晃动不停而瞄准目标是一种不大不小的挑战。

在作战中，骑枪往往会折断或丢失，所以备用武器就有必要。剑之所以得到普遍使用，很大程度上是因为比其他武器更方便携带，也更有杀伤力。骑兵用剑需要有一定的长度，所以即使在步兵喜欢使用短剑的罗马军队里，骑兵武器也比较能够让士兵够得到目标。

骑兵的集中冲锋有时候能导致敌军混乱，然后又单单因为害怕而四散逃窜。在这种情况下，在一场会战获胜之后，骑兵就是追击敌人的绝佳兵种，因为他们比逃跑之敌跑得更快，而且他们可以长时间地追击而不致疲倦。这就是骑兵的另一个传统的作用：不断实现更大战略目标。

总的来说，轻骑兵比重骑兵更善于追击敌人，他们还是更有效的侦察兵和散兵。因此，骑兵部队通常含有轻骑兵，充当上述这些角色。轻骑兵有时会配备弓箭和标枪，从而给予部队投射火力支持，有时也会配备手持武器，供发动冲锋之用。其中一种战术是，用重骑兵打头阵发起第一次冲锋，然后使用轻装骑兵跟着出击，加强进攻的力度和势头。

一些骑兵部队混编了轻骑兵和重骑兵，通常从部落中招募技艺娴熟的弓骑兵作为雇佣军和同盟军，从而催生了不同兵种之间的联合作战方式。其中，轻装骑兵以投射火力（还从事侦察或类似任务）来削弱敌人，而重装骑兵则承担着发动冲锋行动打垮敌军主力的任务。

盔甲骑兵，全身铁罩。
——引自萨鲁斯特(公元前86—前34年)

另一种战术是，许多地方的军队将重骑兵作为主要突击力量，而步兵作为支援力量。这些步兵从毫无训练的新兵到经验丰富的职业士兵不一而足：新兵手持长矛，成群结队走上战场；职业老兵则在必要时刻大可依赖而大显身手。

兵种联合作战方式具有多项优势，尤其是灵活性。一支协调一致的军队能够在骑兵受到限制的地形上进行作战，能够根据不断变化的形式而随机应变。如果骑兵被击退，他们可以撤退，在步兵掩护下重整旗鼓；要么就逃离战场，把步兵留在后面作为迟滞追兵的障碍部队。

卡雷战役(公元前53年)

公元前54—前53年，罗马入侵帕提亚，战争的原因主要是罗马执政官马库斯·李锡尼乌斯·克拉苏的野心作祟，他一心想要拥有其盟友庞培与恺撒那样的军事荣誉。克拉苏率领七个军团（以及军团的辅助部队）和大约7000名骑兵，经过长途跋涉，穿过今天的土耳其，进入帕提亚境内。在克拉苏大军压境之下，几座城市几乎闻风而降。在获得大量战利品之后，罗马军队在他们夺取的城市中驻扎下来，在舒适宜人的大营里等待冬天雨季的结束。

罗马人信心满满，因为在过去他们征服过所有形形色色的敌人。然而，帕提亚的战争模式对于罗马人而言完全是陌生的，他们对新敌人可谓知之甚少。他们找到了一个有用的盟友，这就是亚美尼亚国王，他不仅了解帕提亚，还能提供一支能够以帕提亚方式进行作战的军队。但是，帕提亚国王奥罗德斯二世足智多谋，他出兵亚美尼亚，使亚美尼亚自顾不暇，从而将亚美尼亚踢出棋局。

罗马人向前推进，穿过沙漠，直逼塞琉西亚。他们在途中遭遇到帕提亚的地方军队，后者全部由骑兵组成。克拉苏命令部队组成一个加长的会战阵线，但在得知其侧翼安全绝无可能得到保障后，他又更改了命令。罗马军队又重新部署成一个中空的方阵。这种阵形在步兵对阵骑兵或被大量轻装军队四面包围的情况下已经沿用了几个世纪。然而，罗马军团士兵缺乏远程的投射武器。罗马标枪在正常情况下只能够投掷大约15米远。如果帕提亚对方阵发起冲锋，罗马人只能以他们传统的方式迎战。否则，就只能束手待毙。

罗马军队在劳心费力地组成侧翼不加防守的阵形后，继续慢速进军，直到帕提亚军队进入视野。这时，克拉苏的7000名骑兵中有6000人突然迅速离队。这些人是阿拉伯雇佣兵，他们既愿意冒险与参战，但又十分清楚帕提亚人是一支难以对付的敌军。罗马人败局已定，但他们不想就此罢手认输。

帕提亚军队由大约 1000 名重装盔甲骑兵和 1000 名弓骑兵支援部队组成。他们将罗马方阵团团围住,并开始射击。在罗马阵形中,大约有 1500 名轻装士兵拥有弓箭,他们尽力用弓箭进行反击,但他们无论在人数还是弓箭威力上都不如对手。此外,罗马弓骑兵在快速奔跑的马背上射击,而帕提亚人则是对着前面的巨大方阵而几乎箭无虚发。

罗马人拼力反攻,开始时似乎进展顺利。帕提亚人开始逃离,一边逃跑一边回身射击。一旦他们成功地将剩下的罗马骑兵和步兵支援部队骗离主力队伍,"逃离"的帕提亚士兵即返身而来,与其他更多的战友兵合一处加入战斗。罗马的反攻部队被打退,骑兵拼命掩护战友撤回到主力部队。他们成功地实现会合,但又败于帕提亚盔甲骑兵及其武器之手。参加反攻的 5500 名罗马士兵中,有 500 人成为俘虏,其余全部战死。

在反击战过程中,帕提亚弓骑兵持续不断地射击罗马主力部队,使其消耗殆尽。小队盔甲骑兵开始发动局部进攻,打击方阵的部分阵线,然后在作战形势不利于他们时,又后撤而退。他们之所以能够返回作战,归功于他们卓尔不群的机动灵活性。

罗马人幸赖夜幕降临而免遭进一步杀戮,他们趁黑夜时分逃离战场,在卡雷镇找到了藏身之地,那里有一支罗马驻军。然而,由于给养短缺,他们又被迫退往亚美尼

卡雷(公元前 53 年)

在遭到弓骑兵的四面包围和猛烈火力的打击下,以步兵为主的罗马军队发起反攻。反攻部队离开主力部队后,立即被对方所压倒。随后,罗马主力部队也被逐渐消耗殆尽。

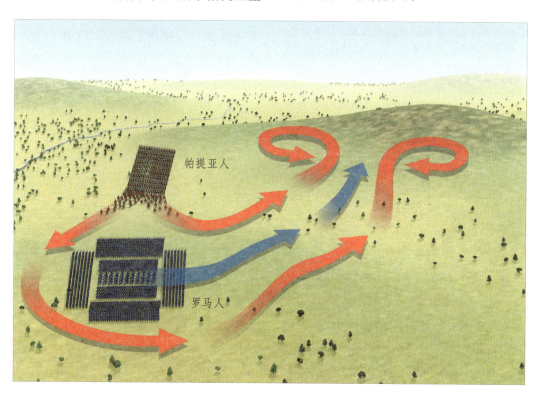

这是一幅关于卡雷战役的中世纪插图。克拉苏颇不明智地企图在帕提亚那里赢得军事荣誉，但结果却酿成一场灾难，大败于机动能力强得多的敌人。

亚。在卡雷一战中，42000 名罗马和盟军士兵中只有 5000 人得以逃脱。其余均被杀或被俘，要么在战场上，要么在撤往安全地带的途中。

拜占庭帝国

拜占庭帝国（亦称东罗马帝国）最终还是接受了不可能恢复西罗马帝国的现实。实际上，在这一切事态公开明朗之时，自公元 634 年起，阿拉伯势力正不断掠取附近领土，拜占庭的注意力逐渐也日益转移到家门口。

尽管内忧外患不断，但是拜占庭帝国还是作为一个强国苦撑了几个世纪的时间。自公元 1025 年起，帝国开始走向衰败，但这期间也出现过复兴阶段。直到 1453 年，君士坦丁堡陷入奥斯曼土耳其人之手，拜占庭才宣告覆亡。随着最后一位拜占庭统治者康士坦丁十一世的死去，拜占庭帝国最终走到了尽头，罗马帝国的最后残余随之成为历史。

东罗马帝国的军事制度在本质上是罗马的，直到很久之后才显示出拜占庭帝国的风格，而正是这种军事制度，尽管其部署的军队不同于传统的罗马步兵军团，在长期动荡的历史时期中，维系了帝国的存在。

装备和组织

拜占庭帝国划省而治，每个行省都是一个军区，委派一名司令监督其防御。这名司令还拥有一些民事权力，以确保该地防御绝不因其他考虑而有所影响。

每个军区都根据普遍征兵制度而组建军队。军队组建后，划分为300~400人的分队，从而形成基本战术单位，相当于罗马步兵大队。五到八个分队组成一个团，由一名将军指挥，两到三个团组成一个军。

各个行省所组建的军区部队可能还不是正规部队。他们可能是半职业化的民兵或卫兵部队，他们得到一笔高于其正常薪酬的补助。这些部队在许多情况下成功地打退了入侵，但他们也时不时地发动叛乱，而且往往难以镇压下去。

拜占庭也拥有一支职业军队，被称为近卫军。近卫军开始之时只是宫廷守卫团，不参与作战，但后来逐渐演变成一支拥有高级配备和训练水平的、具备真正战斗力的部队。这些队伍构成了8世纪以后拜占庭作战部队的支柱。

骑兵和步兵的规模完全相同，拜占庭帝国在整体上部署了同等数量的骑兵和步兵部队。拜占庭步兵纪律严明，配备长矛，以弓箭兵作为后援，为拜占庭军方所高度重视，这很可能是受罗马的影响。拜占庭军队卓尔不群的后勤系统是另一大罗马遗产

卡塔隆平原（公元451年）

匈奴人对欧洲的入侵最终止步于卡塔隆平原上一场硬碰硬的会战。尽管这并非一场决定性的失败，但会战之后匈奴人的军事命运开始走下坡路，骑兵部队再也未能重振雄风。

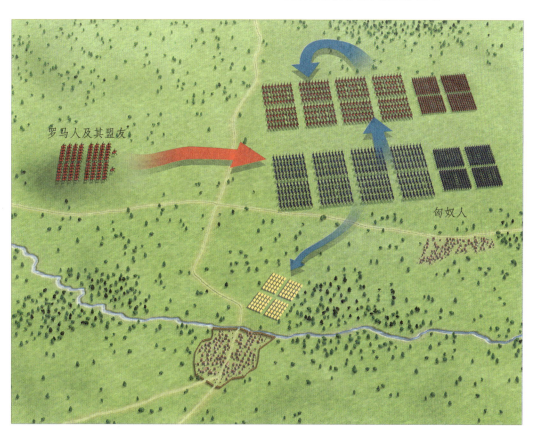

罗马人及其盟友

匈奴人

的结果。

不同于传统的罗马军团,拜占庭军队的主力突击部队由重骑兵构成。拜占庭盔甲骑兵也随着时间的变化而不同,因为新技术和新战术不断付诸实践。在一些时期内运用盾牌,在另一些阶段又弃之不用。身前的铠甲极其沉重,身后的又很轻,但都经过了反复尝试。

但是盔甲骑兵的作用从未出现过变化。盔甲骑兵是冲锋部队,他们机动灵活,

防护周全,往往把所遇之敌打得落花流水。沉重盔甲能让他们在作战中存活下来,严明纪律又能让他们即使遭遇重大挫败也能重整旗鼓。

有一些盔甲骑兵携带弓箭,因而可以为战友提供火力支援。坚固的步兵阵形足以抵挡敌军冲锋,但会遭受到远距离的射击。然而,重骑兵的主要武器是骑枪。一旦敌军阵形出现松动或缺口,盔甲骑兵就会猛冲而去。

公元300年的拜占庭盔甲骑兵

拜占庭重装甲骑兵很可能是装甲骑兵的终极产物。重装甲骑兵装备着弓箭、长矛和剑,几乎能够对付任何环境。通过战马的机动能力,他们将恐怖的战斗威力带到了战场。

后记:向中世纪过渡

在民族大迁移开始之际,大部分地区的军事力量均以步兵为主。这些步兵并不总是罗马军团训练有素的棋盘式步兵,而是称职合格的徒步战士。作为一项通则,大多数国家和部落都有一个军人阶层,其中包含了一个规模不大的统治阶层。

军人阶层的成员提供职业士兵以及指挥他们上阵打仗的贵族。随后,这支力量得到危机持续期间通过强征或其他手段所组建部队的补充,这些人并不是职业士兵,但有过一些统治者认为是有用的经验甚或训练。

随着时间的推移,大多数地区的军人阶层开始日益使用马匹。开始可能只是作为来往于战场的运输工具,不久发展为骑在马背上作战的精英部队。除了这个明显的优势之外,马上作战还有许多其他的优势,一个骑在马上的士兵比徒步士兵更有高度优势。骑兵还可以穿戴较重的铠甲而不觉得过分累赘,而且比步兵具有更大的机动灵活性。骑兵的外表具有一定的威胁性,尤其是对于缺乏训练的部落民兵而言。由上而下的打击或疾驰战马的长矛冲锋比起单单由臂力发起的打击,要更加有力。因此,出现了向精英骑兵不断发展的趋势,有时由轻骑兵作为后援。但是这种制度并没有发生多大变化,军人阶层依旧构成了社会的一小部分势力,但却为社会提供了绝大部分的作战力量。

重装骑兵是一项代价昂贵的投资,但却集中代表了难以攻克的作战能力,以致步兵变得愈益在战场上无足轻重,或至少在许多社会是这样认为的。将军事能力集中于一个小规模的统治阶层,还有其他一些好处。如果普通百姓并不拥有军事经验和有效武器,那么任何下层发动的叛乱都不大可能成事。

因此,由贵族指挥的步兵部队向着那个代价高昂的以小规模精锐骑兵和盔甲部队为基础的军事制度的演变,是符合逻辑的一种变化。但是,这种变化却导致军队从组织有序的职业士兵的军事制度退回到以单个武士为核心的模式。

这种转变也并非完全彻底。大多数国家除了骑兵之外还拥有一些训练有素的步兵,通常是弓箭兵或其他投掷兵,同时征募一些装备低廉的枪兵或类似步兵来充实军队。对于围攻战和卫成任务,步兵是必不可少的,而且在一些情况下必须训练有素和装备精良。同样,蛮族步兵向盔甲骑兵的转变也不总是普遍或同时发生的。

然而,随着中世纪一路向前,大多数国家的军事制度都以贵族重骑兵为基础,他们是武士而非战士。个人战斗能力和作战勇气代替了战场上的军团或方阵借以维持凝聚力所需的训练与纪律。

在某种程度上,这是一种退步。狩猎采集式的武士成为战士,其作战技艺发展到一个新高度,现在又再次退回到一群只擅长最基本分队技巧的武士阶层中的其中一员。然而,随着社会需求的变化,这个循环还会继续下去。

今天的军队由士兵而非武士组成,由职业军官而非社会任命的贵族或英雄主义领袖指挥。但是,曾几何时,战士必须同时也是武士,作为松散的同乡队伍的一部分或一个人去打仗。特种部队,如突袭队、小巡逻队、盘查组、狙击组或其他小分队,往往单独行动而不需要支援,他们必须同时作为纪律严明的战士和单个武士而完成任务。

因此,武士和士兵之间,无论是过去还是现在,似乎都有一条清晰而明确的界线。

参考书目举要

Adcock, Frank E. *The Greek and Macedonian Art of War*. Berkeley, University of California Press, 1957.

Anderson, J. K. *Military Theory and Practice in the Age of Xenophon*. Berkeley, University of California Press.

Barker, P. *Armies and Enemies of Imperial Rome*. Worthing, Wargames Research Group, 1981.

Caesar, Julius. *Commentaries*.(Ed. and trans. John Warrington), London, 1953.

Campbell, Duncan B. *Greek and Roman Artillery, 399 BC–AD 363*. Oxford, Osprey Publishing, 2003.

Carter, John M. *The Battle of Actium*. London, Hamish Hamilton, 1970.

Casson, Lionel. *The Ancient Mariners, Seafarers and Sea Fighters of the Mediterranean in Ancient Times*. 2nd ed, Princeton, Princeton University Press, 1991.

Cannolly, P. *Greece and Rome at War*. London, Macdonald Phoebus, 1981; American ed. Englewood Cliffs, Prentice-Hall Incorporated, 1981.

Ducrey, Pierre. *Warfare in Ancient Greece*. (Trans. Janet Lloyd), New York, Schocken Books, 1986.

Ellis, John. *Cavalry: The History of Mounted Warfare*. New York, G. P. Putma's Sons, 1978.

Ferrill, Arthur. *The Origins of War: From the Stone Age to Alexander the Great*. New York, Thames and Hudson, 1985.

Fields, Nic. *The Hun*. Oxford, Osprey Publishing, 2006.

Fuller, J.F.C. *The Generalship of Alexander the Great*. Wordsworth Military Library, Cambridge, 1998.

Garlan, Yvon. *War in the Ancient World*. (Trans. Janet Lloyd), London, Chatto & Windus, 1975.

Gibbon, Edward. *The Decline and Fall of the Roman Empire*, two vols., Everyman's Library Series, New York, Knopf, 1993.

Gilliver, C. M. *The Roman Art of War*. Stroud, Gloucestershire, Tempus, 1999.

Goldsworthy, Adrian. *Roman Warfare*. London, Cassell, 2000.

Goldsworthy, Adrian. *The Punic Wars*. London, Cassell, 2000.

Goodfellow, D. ed., *Atlas of Military History*. Lomdon, Collins, 2004.

Grant, M. *Romans*. Edinburgh, Thomas Nelson & Sons Ltd, 1960.

Grayson, A. K. 'Assyrian Civilization' in J. Boardman et al.(eds). *Cambridge Ancient History*. Cambridge, Cambridge University Press, 1991, pp. 194–228.

Green, Peter. *The Year of Salamis, 480–479 BC*. London, Weidenfeld and Nicolson, 1970.

Gurval, Robert A. *Actium and Augustus*. Ann Arbor, University of Michigan Press, 1995.

Hackett, J.ed. *Warfare in the Ancient World*. London, Sidgwick and Jackson, 1989.

Hanson, Victor Davis (ed). *Hoplites: the Classical Greek Battle Experience*. London, Routledge, 1991.

Head, D. *Armies of the Macedonian and Punic Wars, 359BC–146BC*. Worthing, Wargames Research Group, 1982.

Healy, Mark. *The Ancient Assyrians*. Oxford, Osprey Publishing, 1991.

Heather, Peter J. *The Fall of the Roman Empire: A New History of Rome and the Barbarians*. New York, Oxford University Press, 2006.

Holmes, R. *The World Atlas of Warfare*. London, Mitchell Beazley, 1988.

Humble, Richard. *Warfare in the Ancient World*. London, Cassell, 1980.

Hyland, Ann. *Equus: The Horse in the Roman*

*World.*London and New Haven, Yale University Press, 1990.

Josephus. *The Jewish War.* London, Penguin Classics, 1981.

Keegan, John. *A History of Warfare.* London, Hutchinson, 1993.

Kern, P. B. *Ancient Siege Warfare.* London, Souvenir, 1999.

Lazenby, J. E. *The First Punic War.* Stanford, Stanford University Press, 1996.

Leach, John. *Pompey the Great.* London, Croom Helm, 1978.

Livy. *History of Rome.* (trans. B. O. Foster, E. T. Sage, and A. C. Schlesinger), Loeb Series. 14 vols. Cambridge, Mass., 1919 – 1957.

Livy. *The War with Hannibal.* London, Penguin Classics, 1970.

Marsden, E. W. *Greek and Roman Artillery.* Oxford, Clarendon Press, 1971.

May, Elmer C. *Gerald P. Stadler, and John F. Votaw. Ancient and Medieval Warfare.* The West Point Military History series, Wayne, N. J., Avery Pub. Group, 1984.

McCartney, Eugene S. *Warfare by Land and Sea.* New York, Cooper Square Publishers, 1963.

Morrison, J. S., J. F. Coates and N. B. Rankov. *The Athenian Tireme.* 2nd ed., Cambridge, Cambridge University Press, 2000.

Perrett, B. *The Battle Book.* London, Arms and Armour Press, 1992.

Plutarch. *The Fall of the Roman Republic.* London, Penguin Classics, 2005.

Plutarch. *Lives.* New York, Penguin, 1987.

Pritchett, W.K. *Ancient Greek Military Practices.* Part I, University of California Publications, Classical Studies, vol.7, Berkeley, University of California Press, 1971.

Pritchett, W. K. *The Greek State at War.* Part II, Berkeley, University of California Press, 1974.

Richmond, I. A. 'The Roman Siege–works at Masada, Israel', *Journal of Roman Studies*, 1962, pp. 142–155.

Rodgers, William Ledyard. *Greek and Roman Naval Warfare.* Annopolis, US Naval Institute, 1964.

Sage, Michael M. *Warfare in Ancient Greece: a Sourcebook.* London, Routledge, 1996.

Shipley, G. *The Greek World after Alexander, 323–30BC.* London, Routledge.

Simkins, Michael. *The Roman Army from Caesar to Trajan.* London, Osprey Publishing, 1992.

Stark, F. *Roman on the Euphrates.* London, John Murray, 1966.

Starr, Chester G. *The Influence of Sea on Ancient History.* New York, Oxford University Press, 1989.

Tacitus. *The Histories.* London, Penguin Classics, 1975.

Thucydides. *History of the Peloponnesian War.* London, 1954.

Warry, John G. *Warfare in the Classical World: An Illustrated Encyclopedia of Weapons, Warriors, and Warfare in the Ancient Civilizations of Greece and Rome.* Norman, University of Oklahoma Press, 1995.

Webster, G. *The Roman Imperial Army.* London, Adam and Charles Black, 1974.

Whitby, Michael. *Rome at War*, AD 293 – 696. Oxford, Osprey, 2002.

Vegetius. 'The Military Institutions of the Romans', in T. R. Phillips (ed.), *Roots of Strategy.* Harrisburg, 1940.

Yadin, Y. *The Art of Warfare in Biblical Lands.* London, MaGraw Hill, 1963.

Yadin, Y. *Masada, Herod's Fortress and the Zealot's Last Stand.* London, Weidenfeld and Nicolson, 1966.